AF269721

Controlar la ira

Controlar la ira

10 estrategias sencillas para ayudarte
a controlar la ira y tener una vida más feliz

Raymond Chip Tafrate

Howard Kassinove

Prólogo de Matthew McKay

EDICIONES OBELISCO

Si este libro le ha interesado y desea que le mantengamos informado
de nuestras publicaciones, escríbanos indicándonos qué temas son de su interés
(Astrología, Autoayuda, Psicología, Artes Marciales, Naturismo,
Espiritualidad, Tradición…) y gustosamente le complaceremos.

Puede consultar nuestro catálogo en www.edicionesobelisco.com

Colección Psicología
CONTROLAR LA IRA
Raymond Chip Tafrate y Howard Kassinove

1.ª edición: octubre de 2019

Título original: *Anger Management for Everyone*

Traducción: *Verónica D'Ornellas*
Maquetación: *Isabel Also*
Corrección: *Sara Moreno*
Diseño de cubierta: *Coffeemilk*

© 2019, Raymond Chip Tafrate y Howard Kassinove
Impact Publishers, sello editorial de New Harbinger Publications, Inc.
www.newharbinger.com
(Reservados todos los derechos)
© 2019, Ediciones Obelisco, S. L.
(Reservados los derechos para la presente edición)

Edita: Ediciones Obelisco, S. L.
Collita, 23-25. Pol. Ind. Molí de la Bastida
08191 Rubí - Barcelona - España
Tel. 93 309 85 25 - Fax 93 309 85 23
E-mail: info@edicionesobelisco.com

ISBN: 978-84-9111-521-2
Depósito Legal: B-21.889-2016

Impreso en los talleres gráficos de Romanyà/Valls S. A.
Verdaguer, 1 - 08786 Capellades - Barcelona

Printed in Spain

Prólogo

Aproximadamente uno de cada cinco estadounidenses tiene un problema de ira. La ira tiene un enorme costo para el individuo y para nuestra sociedad. La persona que tiene este tipo de problemas suele sufrir consecuencias serias en su salud, su carrera y sus relaciones. La investigación médica ha implicado a la ira en afecciones como la hipertensión, la enfermedad cardiovascular, la colitis ulcerosa y en un aumento en todas las causas de mortalidad. La ira tiene como consecuencia una menor satisfacción en el trabajo y, en palabras del investigador de la ira Myer Friedman, «Es la responsable de constantes desastres: carreras destrozadas y negocios enteros y grandes empresas amenazados con la ruina». En nuestras relaciones, la ira puede ser una fuerza destructiva que provoca mayores índices de divorcio, amistades y lazos familiares rotos, un mayor aislamiento y soledad y una disminución del apoyo social y de la comunidad. Una gran proporción del maltrato físico y emocional que sufren los niños en nuestra sociedad es impulsado por unos padres y cuidadores crónicamente enojados. Estos niños suelen tener problemas de depresión, alienación social, comportamiento agresivo, delincuencia, bajo rendimiento escolar y una mala adaptación en general. Como adultos, estas víctimas de los cuidadores coléricos presentan mayores índices de depresión, disfunción en las relaciones, vacío, trastornos alimenticios, maltrato conyugal y crimen violento.

Controlar la ira ofrece soluciones efectivas, integrales y con base empírica a los altos costos personales y sociales de la ira. Además de las clásicas herramientas de la TCC (terapia de comportamiento cognitiva) como la relajación, el *mindfulness,* la restructuración cognitiva y el entrenamiento en asertividad, los doctores Tafrate y Kassinove ofrecen nuevas técnicas para demorar la respuesta, nuevas intervenciones para abordar los problemas con soluciones sociales (en lugar de basadas en la ira), estrategias innovadoras para desarmar y evitar provocaciones y técnicas especiales para soltar y perdonar.

Dado que son unos de los principales investigadores de la ira en Estados Unidos, los autores conocen la clave para un eficaz control de la ira: *las técnicas para controlar la ira deben aprenderse mientras la persona está enojada.* Los estudios sobre el aprendizaje dependiente del estado nos han demostrado que, con frecuencia, las habilidades que se aprenden en un estado relajado (como, por ejemplo, leyendo este libro) no pueden ser recordadas o utilizadas en un estado activado (de ira). Por este motivo la exposición a la ira (visualizar episodios y provocaciones recientes desagradables mientras la persona está enfrentándose al malestar y al impulso de atacar) es esencial para cambiar el comportamiento colérico.

En el corazón de este libro está el programa SMART *(Selection Menu for Anger Reduction Treatment),* que significa Menú de Selección para el Tratamiento de Reducción de la Ira. El menú SMART proporciona múltiples opciones para responder a las provocaciones. Los lectores aprenderán a seleccionar inmediatamente estrategias que funcionan para ellos y son apropiadas para la situación detonante. El programa SMART entrena a los lectores para responder rápidamente y de forma flexible a los detonantes de la ira, y ello convierte a *Controlar la ira* en el mejor libro de autoayuda sobre la ira entre todos los que existen actualmente. Las técnicas presentadas aquí cambiarán tanto la frecuencia como la intensidad de la ira y de su expresión. Cambiarán vidas.

Matthew McKay, PhD
Coautor de *When Anger Hurts*

Prefacio y agradecimientos

En 2002 publicamos *Anger Management: The Complete Treatment Guidebook for practitioners* (Impact Publishers). Aquel texto estaba dirigido a profesionales que trabajaban con adolescentes y adultos con problemas de ira. El libro y su programa fueron bien recibidos y se publicaron ediciones en árabe, coreano, español, chino y ruso. Muchas personas nos enviaron cartas y correos electrónicos diciéndonos cuánto les había servido el programa.

Al mismo tiempo, éramos conscientes de que la mayoría de la gente no busca ayuda profesional ante sus problemas de ira. Por lo tanto, en 2009 publicamos *Anger Management for Everyone: Seven Proven Ways to Control Anger and Live a Happier Life* (Impact Publishers) y lo dirigimos a las personas interesadas en aprender por sí solas y en ayudarse a sí mismas. Ese libro también tuvo mucho éxito.

Pero desde entonces han surgido muchos descubrimientos e ideas, y hemos aprendido todavía más sobre cómo reducir la ira, el conflicto y la agresividad. En consecuencia, decidimos compartir nuestros conocimientos actualizados y expandidos en este volumen, la segunda edición de *Anger Management for Everyone*. Todos los capítulos han sido actualizados, se han añadido nuevos capítulos y hemos incorporado diverso material (incluyendo consejos para la gestión del estilo de vida, información sobre *mindfulness* y meditación, ideas sobre cómo están relacionadas las palabras con la realidad y directrices para mejorar las habilidades sociales e interpersonales) que, en esta edición, equivale a diez estrategias para alcanzar el objetivo de reducir la ira no adaptativa. Además, por primera vez, todos los ejercicios prácticos, así como una serie de otros materiales, están disponibles para ser descargados en la página web de este libro, www.newharbinger. com/42266

Continuamos reconociendo el importante trabajo de nuestros numerosos colegas que han hecho contribuciones significativas al estudio de la ira. Ellos han contribuido a nuestro conocimiento, han creado técnicas para minimizar las reacciones excesivas y han sido pioneros en el desarrollo de habilidades de vida positivas para la felicidad. La mayor parte de los capítulos del libro no incluyen citas formales de estudios científicos, pero hemos aludido a la obra de nuestros colegas proporcionando una lista de referencias selectas y vinculándolas con determinados capítulos. Asimismo, hemos proporcionado recursos adicionales en los dos apéndices del libro.

Algunas personas especiales merecen un reconocimiento. Damos las gracias a nuestros numerosos clientes, pacientes y alumnos, quienes han compartido sus experiencias personales de ira con nosotros. Nuestro conocimiento y nuestro crecimiento como profesionales han mejorado cuando hemos viajado con ellos a través de sus experiencias y conflictos personales. Damos las gracias también a Jerry Deffenbacher, Thomas DiBlasi, Raymond DiGiuseppe, Christopher Eckhardt, Albert Ellis, Jeffrey Froh, Damon Mitchell, Raymond Novaco, Denis Sukhodolsky y Joseph Wolpe, todos ellos colegas que han dado forma no sólo a nuestras ideas, sino a todo el campo del control de la ira.

En la producción de la primera edición, fuimos muy afortunados de trabajar con el doctor Robert Alberti, un líder en el campo del entrenamiento en asertividad. En la producción de esta edición, fuimos igualmente afortunados de trabajar con el doctor Matthew McKay, con Xavier Callahan, Tesilya Hanauer y Caleb Beckwith, quienes ofrecieron una orientación muy seria y, a nuestro parecer, muchas mejoras.

Agradecemos también a nuestras instituciones académicas por apoyar nuestro estudio de temas relacionados con la ira.

Por último, continuamos apreciando el apoyo y el amor de nuestras esposas, Lauren Tafrate y Tina Kassinove, quienes nos han ayudado a vivir nuestras propias vidas con mínima ira y máxima felicidad.

RAYMOND CHIP TAFRATE
Universidad Estatal de Connecticut Central

HOWARD KASSINOVE
Universidad de Hofstra

Introducción

¿Qué te saca de tus casillas? ¿Tu hijo adolescente que no escucha tus consejos? ¿O tu pareja que es coqueta y a veces no llega a casa cuando lo esperas? Quizás tu jefe no aprecia todo el trabajo duro y honesto que realizas. O quizás tu madre o tu padre siempre parecen estar metiéndose contigo; los padres pueden volvernos locos, ¿verdad?

¿Y qué me dices de todos esos estúpidos conductores? Se abren paso en el carril rápido, se pegan a tu coche por detrás y te cierran. Ciertamente, ¡merecen que les den una lección! También puedes chillar a tus hijos, a tu madre o a tu marido. O puedes cabrearte y decirle a tu jefe que has tenido suficiente. Después de todo, ya es hora de que esa gente sepa que no vas a tolerarlo más. Como mínimo, puedes pensar que es importante mostrar tu enojo y no permitir que otros te maltraten.

Quizás estés pensando en tu ira, o en la ira de otras personas, porque piensas que ya es hora de hacer algo al respecto. O tal vez un amigo o un profesional con el que trabajas te haya recomendado este libro. En cualquier caso, es muy probable que tu ira sea algo que no puedes seguir ignorando. Tu comportamiento agresivo puede estar asustando a las personas a las que denigras en voz alta, a las que haces exigencias o amenazas con gestos corporales. Y si te examinas con honestidad, es posible que te alarmes cuando pienses en tus propias reacciones excesivas y hacia dónde te va a llevar tu ira.

¿Cómo se manifiesta la ira en tu vida? Dado que estás leyendo este libro, probablemente has pensado mucho en esa pregunta. ¿Tu vida realmente mejorará si continúas expresando la ira? En realidad, como te mostraremos en los próximos capítulos, continuar actuando movido por el enojo probablemente haga que tu vida empeore.

Frank, un conductor de camiones de carga de treinta y seis años,
solía estar fuera de la ciudad hasta dos semanas seguidas.
Divorciado de su primera mujer, llevaba seis meses saliendo con Amy
y pensaba que habían acordado dejar de salir con otras personas.
Frank incluso estaba pensando proponerle matrimonio a Amy.
Una tarde, después de un viaje de trabajo de cinco días, condujo
hasta la casa de Amy y observó que había un coche que no conocía
en la entrada. Naturalmente receloso, se asomó a la ventana del
dormitorio y vio a Amy teniendo relaciones sexuales con otro hombre.
Enfurecido, Frank fue a un bar del barrio a tomar una copa. Luego
fue a su casa y tomó una escopeta. Regresó a casa de Amy y la mató,
y también asesinó al hombre que estaba con ella. Todo el episodio
duró menos de una hora. Como resultado de ello, Frank
estará en prisión por el resto de su vida.

Incluso si no te enfureces tanto como Frank, tu ira puede haber llegado a un punto en el que estás preocupado, o tus seres queridos lo están. E incluso si te parece que tu ira te hace sentir vivo y apasionado y te da energía para enfrentar los problemas, también puede llevarte a cometer actos impulsivos, e incluso agresivos y destructivos. Tu ira puede hacer que te resulte más difícil pensar con claridad, tomar buenas decisiones y mantener relaciones saludables, pues los demás se sentirán incómodos con tu comportamiento y se alejarán de ti. De hecho, es posible que ya seas dolorosamente consciente del precio que estás pagando por tu ira.

Lo que aprenderás de este libro es que la frustración, la mala fortuna, la injusticia y la decepción son circunstancias que ocurren en la vida de todos, pero no tienen que desencadenar la ira o la agresividad. Te mostraremos cómo pensar de forma constructiva acerca de esas circunstancias y cómo responder a ellas también constructivamente.

Resumen de los contenidos

El subtítulo de este libro habla de estrategias comprobadas para controlar la ira, pero en el mundo de la ciencia del comportamiento, así como en todos los demás ámbitos de la ciencia, muy pocas cosas están realmente demostradas. Antes bien, el conocimiento se acumula con el tiempo a medida que los científicos van aprendiendo cada vez más sobre el comportamiento, incluido el comportamiento colérico. A tenor de la calidad científica, entonces, esta segunda edición de *Controlar la ira* presenta mucha información nueva y tres estrategias adicionales a las siete que se ofrecían en la primera edición. Aunque la mayor parte de los capítulos no citan formalmente estudios científicos, el libro se basa en nuestra experiencia y en una investigación de gran calidad, realizada por nosotros y por otros investigadores en los campos de la terapia, la psicoterapia y la terapia cognitivo conductual (TCC). De hecho, creemos que la TCC ha producido las técnicas más avanzadas y científicamente respaldadas para ayudar a las personas a mejorar su vida, y nosotros nos apoyamos mucho en ella.

Dicho esto, este libro –que se divide en seis partes, con cuatro capítulos nuevos para esta edición (4, 8, 10 y 12) y dos capítulos extra (14 y 15) disponibles sólo en línea y descargables junto con ejercicios prácticos– trata sobre cómo poner a la ira en el lugar que le corresponde para que puedas tener una vida llena de vitalidad, feliz y dichosa. Cuando trabajas con los capítulos y los ejercicios, aprendiendo a reducir tu ira, serás más capaz de tomar buenas decisiones de vida, mejorar tus relaciones y comportarte de una forma que produzca los resultados que deseas.

La parte 1, «Aspectos básicos de la ira» (capítulos 1, 2 y 3), contiene información destinada a ayudarte a comprender tu ira y prepararte para el cambio. En el capítulo 1, respondemos a algunas preguntas frecuentes sobre la ira. En el capítulo 2, te guiamos por el proceso de convertirte en un observador atento a los detalles de tus propias reacciones iracundas (este proceso se conoce como un *análisis de un episodio de ira)*. En el capítulo 3, te pedimos que contemples tus propios argumentos a favor (y en contra) de reducir tu ira.

La parte 2, «Cambiar los detonantes de la ira» (capítulos 4, 5 y 6), presenta las primeras tres de las diez estrategias de este libro para controlar tu ira. El capítulo 4 te ofrece ayuda para gestionar aspectos de tu estilo de vida. El capítulo 5 te muestra cómo cambiar las situaciones que desencadenan tu ira y cómo eludir las dificultades cambiando la forma en que te relacionas con esas situaciones detonantes. En el capítulo 6, exploramos maneras de encontrar soluciones a los problemas en contextos que van desde el matrimonio y la paternidad (o maternidad) hasta el trabajo y los atascos del tráfico.

La parte 3, «Cambiar los pensamientos que causan la ira» (capítulos 7, 8 y 9), te ayudará a aprender a pensar de una forma distinta sobre los eventos negativos de la vida (capítulo 7) y averiguar cómo desprenderte de la ira hacia aquellos que te han tratado mal (capítulos 8 y 9).

La parte 4, «Cambiar las experiencias internas de ira» (capítulos 10 y 11), trata sobre el papel que la relajación y un estado mental meditativo pueden jugar en ayudarte a calmar tu ira (capítulo 10) y cómo la exposición deliberada y repetida a situaciones que te provocan ira puede ser una de las mejores medicinas para la ira inadaptada.

La parte 5, «Cambiar la expresión de la ira» (capítulos 12 y 13), te enseña las estrategias para mejorar tus habilidades sociales e interpersonales (capítulo 12) y a expresarte de una forma más efectiva y asertiva.

La parte 6, «Otros problemas» (capítulos 14 y 15), se centra en opciones a considerar si la ira continúa siendo un problema para ti (capítulo 14), y en cómo usar estrategias del campo de la psicología positiva para vivir una vida más vibrante y dichosa (capítulo 15). Estos dos capítulos se pueden descargar en www.newharbinger.com/42266, donde también podrás encontrar todos los ejercicios prácticos del libro.

Los dos apéndices del libro alistan programas que ayudan a controlar los problemas que normalmente se superponen a la ira (apéndice A) y medios para encontrar terapeutas cualificados en diferentes zonas geográficas.

Ser SMART

A lo largo del libro, presentamos historias basadas en nuestras experiencias con clientes, pacientes, colegas y participantes en estudios, para mostrarte nuestras estrategias en acción con muchos tipos de ira (entre amigos y familiares, en el trabajo o en la escuela, entre padres e hijos, en relaciones de pareja, en el tráfico y en decisiones de divorcio). Naturalmente, hemos cambiado los nombres y otros detalles de identificación para respetar la privacidad y garantizar el anonimato de las personas reales cuyas historias hemos compartido.

Lo que el libro ofrece es nuestro Menú de Selección para el Tratamiento de Reducción de la Ira (SMART). Esto significa no sólo que nuestro programa es inteligente, sino también que tú puedes decidir lo que vas a elegir y lo que vas a utilizar, de la misma forma en que elegirías algo en el menú de un restaurante. Todos tenemos preferencias y nuestro enfoque de «escoger y usar» te da la libertad de explorar y trabajar con alguna o con todas las estrategias que creas que es más probable que te ayuden. Enfatizamos este enfoque porque es respetuoso con el hecho de que tu ira existe en el contexto particular de tu vida y es algo que sólo tú puedes gestionar.

Nuestro programa te enseñará a controlar la llama de tu ira. Además, aprenderás a expresar tu enojo de una forma asertiva y a buscar un diálogo constructivo, para que puedas tener menos discusiones con los demás. Y para aquellas ocasiones en las que te es imposible expresar tu ira o tener un diálogo, te enseñaremos a relajarte, aceptar, perdonar, apagar la llama y avanzar con tu vida.

Saca el mayor provecho de este libro

Nosotros sólo estamos aquí para guiarte en tu búsqueda de una vida más serena y más feliz. Nuestras diez estrategias para reducir la ira son poderosas, pero nadie puede obligarte a usarlas. Simplemente esperamos que consideres las estrategias que creas que pueden serte útiles y luego las pruebes. En términos prácticos, esto quiere decir que te ayudaremos a *ver* nuevas estrategias para pensar y comportarte, te pediremos que las *pruebes* y te animaremos a que *practiques* las nuevas técnicas con frecuencia. Esta fórmula *(ver, probar, practicar)* es una de las mejores maneras de mejorar rápidamente. De modo que lee todo el libro, entiende el programa y elige las estrategias que deseas utilizar. Éstos son algunos consejos para sacar el mayor provecho de la lectura de este libro:

- *Tómate tu tiempo.* Éste no es un libro que deba leerse de un tirón. Es mejor abordar un capítulo a la vez.
- *Sé abierto.* Es posible que alguna parte de la información que presentamos vaya en contra de ideas que has tenido durante años. Desgraciadamente, hay mucha confusión acerca de la ira. Esperamos que tengas la mente abierta respecto a nuestras recomendaciones.
- *Descarga y completa los ejercicios prácticos.* Da lo mejor de ti. Limitarte a leer acerca de las estrategias no será suficiente para aprender a controlar tu ira.
- *Intenta transferir tus nuevas técnicas a situaciones en tu vida.* La repetición y mucha práctica hará que te sientas más cómodo con la nueva forma de pensar y comportarte, y será más automático.
- *Siéntete libre de seleccionar y elegir.* Si pruebas una estrategia y no encaja bien con una situación específica en tu vida, no te preocupes, simplemente pasa a la siguiente.

Es importante reconocer que un libro de autoayuda no puede sustituir un programa completo de psicoterapia. Esperamos que no tengas tanta ira como Frank, quien acabó con dos vidas y destruyó la suya en un solo episodio de ira. Pero si la ira sigue siendo un problema para ti después de haberle dado una verdadera oportunidad a nuestro programa, quizás necesites ayuda profesional. En cualquier caso, tanto si estás trabajando con un terapeuta como si lo estás haciendo solo, la buena noticia es que *puedes* aprender a reducir tu ira y a modificar tus reacciones al enojo. Y cuando escojas, utilices y domines nuestras estrategias para reducir tu ira, abrirás las puertas de una mayor felicidad y una vida más satisfactoria.

PARTE 1

Aspectos básicos de la ira

CAPÍTULO 1

Preguntas y respuestas habituales sobre la ira

El enfado no es el mejor medio de ganar la estimación de los demás.[1]
BALTASAR GRACIÁN

La ira puede ser realmente horrible. Quizás hayas experimentado el dolor y el sufrimiento que produce. Sus efectos tóxicos interfieren en varias áreas de la vida. La ira puede arruinar relaciones. Puede aumentar el riesgo de tener un infarto. Y tener una vida llena de ira es simplemente desagradable.

Quizás no estés seguro de poder cambiar tu forma de actuar cuando estás enojado. Pero nosotros creemos que sí puedes y te aplaudimos por estar leyendo este libro y examinando el papel que la ira desempeña en tu vida. Es un gran paso para tener una vida más serena y productiva.

Es muy habitual que la gente reaccione con vehemencia cuando está enojada. Personas de todas las edades, niveles educativos, orígenes étnicos y niveles económicos lo hacen. A lo largo de este libro presentamos historias de personas que han tenido problemas de ira en una amplia gama de situaciones. Lo que tienen en común todas las historias es que la ira interfirió con su capacidad de enfrentar eficazmente los desafíos de la vida. El propósito de este capítulo es responder algunas preguntas básicas sobre la ira, ofrecer información precisa y presentar una base de conocimientos a la que puedas recurrir mientras

---

1. Baltasar Gracián, *The Art of Wordly Wisdom*, trad. Joseph Jacobs (Londres: Macmillan, 1982).

avanzas hacia tu objetivo de mejorar tu comportamiento cuando estás enojado. Te ayudaremos a entender las diferentes partes de la ira y responderemos a preguntas habituales sobre ella. Y en algún momento tendrás que hacerte esta pregunta elemental: «¿Me sirve la ira?».

Entender la ira

La ira puede ser difícil de entender. De hecho, es posible que te hayas sentido al mismo tiempo feliz e infeliz después de haber expresado tu ira. Posiblemente recordarás, por ejemplo, numerosas ocasiones en las que tu ira parecía estar justificada, casi ser adecuada. Si eres como la mayoría de la gente, probablemente te has dicho, «¡Tengo derecho a estar enojado después de lo que él me ha hecho!». Sin embargo, si eres honesto contigo mismo, podrás reconocer que ha habido ocasiones en las que tu ira fue demasiado intensa, duró demasiado tiempo, creó problemas innecesarios o simplemente fue ridícula. Seguramente recuerdas ocasiones en las que tu ira produjo discusiones, dolores de cabeza, arrepentimientos, un comportamiento estúpido u otros problemas, incluso cuando tú creías que era apropiada.

La ira es uno de nuestros cuatro sentimientos básicos. Estudiosos (incluidos Charles Darwin, naturalista; Robert Plutchik, psicólogo evolutivo, y Paul Ekman, profesor emérito de psicología) han escrito sobre la ira en personas de todas las culturas y de todas partes del mundo.[2] La ira es común en las familias, en los centros de trabajo y en la mayor parte de las relaciones. La ira, como cualquier otra emoción, está presente en el tejido de la existencia humana.

Algunos aspectos de la ira son positivos. Forma parte de los altibajos en las relaciones y puede ser una señal útil de que algo no está bien. Un poco de ira también puede mejorar el entendimiento entre las

---

2. Charles Darwin, *The Expression of the Emotions in Man and Animals* (Nueva York: Oxford University press, 1998); Robert Plutchik, *Emotions and Life: Perspectives from Psychology, Biology, and Evolution* (Washington, D.C.: American Psychological Association, 2003); Paul Ekman, *Emotions Revealed: Recognizing Faces and Feelings to Improve Communication and Emotional Life* (Nueva York: Owl Books, 2003).

personas. Por ejemplo, si elevas tu tono de voz al estar enojado, ello puede indicar a las otras personas que estás hablando sobre algo realmente importante y puede hacer que te escuchen con mayor interés. O la ira puede motivarte a hacer cambios en tu vida e incluso a enfrentar problemas que has estado evitando. La ira también puede producir ánimo, excitación y pasión. La pura verdad es que no quisiéramos vivir en un mundo sin ira. Tiene sus beneficios, de manera que este libro no pretende eliminar enteramente la ira de tu vida.

Pero la ira también puede provocar una pérdida y un sufrimiento considerables. El daño en las relaciones con miembros de tu familia, amigos y compañeros de trabajo es una consecuencia habitual de la ira. Las personas enojadas no piensan con claridad y toman malas decisiones. Además, la ira prolongada durante mucho tiempo puede conllevar graves problemas médicos como enfermedad coronaria y apoplejía. Éstos son sólo algunos motivos para mantener la ira bajo control. Te daremos otros a medida que vayas leyendo.

Preguntas habituales sobre la ira

«¿Por qué me enojo?», «¿Por qué me tratan tan mal las otras personas en mi vida?», «¿Cómo puedo mejorar mi vida?». Como psicólogos, hemos trabajado con muchos adultos y adolescentes a lo largo de los años y hemos notado que las mismas preguntas aparecen una y otra vez.

¿Qué es la ira?

La ira es una respuesta emocional que sientes conscientemente. En esencia, la ira es una conciencia interior de agitación, acompañada de unos pensamientos, sentimientos y deseos específicos. Observemos detenidamente sus elementos:

- Diálogo interno
- Imágenes
- Sensaciones corporales
- Patrones de expresión

En el capítulo 2 regresaremos a estos elementos y te ayudaremos a analizar tus propios patrones de ira.

Diálogo interno

El diálogo interno está integrado por las palabras que te dices a ti mismo que normalmente no compartes con los demás. El diálogo interno es perfectamente normal. Pensamos en palabras y todos tenemos un flujo constante de diálogos dentro de nuestra mente durante todo el día. Cuando estás enojado, es muy posible que te digas frases como éstas:

- ¿Cómo pudo hacerme eso esa perra?
- Lo odio.
- Es un verdadero imbécil. Realmente me gustaría hacerlo sufrir.
- Es muy injusto.
- ¡Estoy realmente furiosa!

Un padre podría decirse a sí mismo, «Ya no aguanto a estos niños. Su comportamiento es intolerable. Nunca me escuchan. Estoy sencillamente furioso con ellos. Tengo que salir de aquí». O una mujer de negocios podría decirse, «Estoy realmente furiosa. Mis colegas no aprecian lo que hago por ellos y cómo les ayudo a solventar sus errores. ¡Les voy a enseñar lo que es bueno! Ya no voy a seguir arreglando las cosas y veremos lo que dice el jefe entonces».

Todos los tipos de diálogo interno tienen elementos en común:

- *Una descripción del sentimiento:* Me siento molesto (enojado, furioso…).
- *Una descripción exagerada del problema:* Esta situación es simplemente terrible.
- *Culpar:* Mi jefe me ha hecho enfadarme mucho; es culpa suya.
- *La creencia en la propia incapacidad para hacer frente a los problemas:* Sencillamente ya no puedo lidiar con mi hijo; no soporto su holgazanería.

- *Pensamientos críticos basados en la moral:* Ella debería haber actuado correctamente; la gente buena no hace ese tipo de cosas.
- *Una idea condenatoria:* Es una estúpida, una basura.
- *Pensamientos de venganza:* Ya no voy a soportarlo más. ¡Le voy a mostrar quién es el verdadero jefe!

Aunque el diálogo interno es mayormente privado, en ocasiones es compartido con otras personas. Por ejemplo, si una persona iracunda está en una situación social dominante y se siente justificada, como cuando un padre discute con un niño, los pensamientos de esa persona pueden ser expresados directamente cuando los grita en voz alta. No obstante, es posible que, en el ámbito laboral, cuando alguien tiene pensamientos negativos sobre un supervisor desagradable, no los exprese directamente por temor a ser despedido o no ser ascendido, de la misma manera que un estudiante no va a expresar directamente sus pensamientos furiosos a un profesor por miedo a que le ponga una mala nota. En estos casos, es más probable que la persona enojada exprese su ira de forma indirecta, cotilleando con otros, por ejemplo, en lugar de enfrentar el problema directamente.

Imágenes

La gente suele recordar imágenes del hecho que produjo su ira. Es posible que imagines en tu mente a tu jefe echándote una reprimenda. Quizás escuches a tu hijo adolescente maldiciendo en una discusión con su hermano y luego lo veas salir furioso para reunirse con sus amigos. Quizás veas a tu mujer o a tu novia coqueteando con sus amigos. Estas imágenes pueden aparecer durante las horas del día cuando piensas en privado en el problema o hablas sobre ello con un amigo; no obstante, pueden ser más vívidas cuando estás solo, especialmente cuando estás apunto de dormirte. Es posible que también albergues imágenes y fantasías sobre cómo vas a hacer justicia y llevar a cabo una venganza. Por ejemplo, podrías imaginarte echando una bronca a tu vecino, ganando una discusión con tu pareja o con tus suegros, dando un empujón a alguien o robándole a tu jefe. El peligro, ciertamente, es que esas imágenes pueden provocar un comportamiento agresivo real.

Sensaciones corporales

Cuando estás enojado, es posible que seas consciente de sensaciones corporales como un nudo en el estómago, tensión en los hombros, sudor o dolor de cabeza. Tal vez no notes ningún síntoma físico hasta más tarde, o quizás seas consciente de que tienes el puño apretado o los labios fruncidos en el momento de la ira. En este sentido, la ira es una emoción de *excitación*. Puedes sentir cómo todo tu cuerpo se llena de energía para realizar algún tipo de acción, como gritar, romper algo o resistirse a las ideas de otra persona.

Patrones de expresión

Determina si por lo general eres alguien «interior» o «exterior» cuando se trata de expresar tu ira. Eres «interior» si generalmente echas humo por dentro pero exteriormente aparentas estar tranquilo. Si tiendes a mostrar tu ira gritando, chillando, discutiendo y siendo sarcástico, entonces eres «exterior».

Si eres «interior», tu ira es algo que normalmente te guardas para ti. Es posible que creas que sufrirás consecuencias negativas si eres sincero o si gritas y dejas que los demás sepan cómo te sientes. Quizás, a lo largo de los años, hayas aprendido a esconder siempre tu ira y a no expresarla jamás. Bien podrías ser como una olla de presión que tiene un cierre hermético para que el vapor no pueda salir. La historia de Michelle muestra este patrón.

Michelle era una mujer de cuarenta y cuatro años subdirectora de una escuela secundaria en el centro de la ciudad. Bien preparada, con un doctorado en Administración, se consideraba una buena educadora. Desafortunadamente, Michelle, quien era de raza blanca, tenía la preocupación constante de que alguien perteneciente a una minoría podría quitarle su empleo. Aunque no había ninguna evidencia

*de que esto pudiera ocurrir, su preocupación la llevó a ser
extremadamente cauta con sus compañeros de trabajo y con
sus superiores. Michelle nunca expresaba fastidio, decepción o ira.
Exteriormente, mostraba su apoyo y estaba de acuerdo con todo
el mundo, dijeran lo que dijeran. Si estaba en desacuerdo, Michelle
se quedaba callada. Jamás tomaba partido.*

*Sin embargo, internamente, Michelle pasaba horas en su oficina
o en casa pensando en lo que ella veía como numerosas deficiencias
del sistema escolar. Sufría frecuentes dolores de cabeza y de estómago,
y solía tener dificultad para dormir.*

*Aunque Michelle generalmente caía bien a la gente, la veían
como una persona ineficiente, porque nunca expresaba con firmeza
sus ideas para un cambio educativo. En consecuencia,
nunca logró ascender al puesto de directora.*

A diferencia de Michelle, el comportamiento de una persona que es «exterior» puede ir a más, hasta llegar a dar portazos, romper cosas y empujar a la gente. Si eres «exterior», es posible que seas consciente de los potenciales resultados negativos de ese tipo de comportamientos, pero lo haces de todos modos. En ocasiones, los «exteriores» dicen, «No me importa lo que ocurra. Ya no aguanto más. Sólo quiero expresar lo que siento». Ser «exterior» puede llevarte a tener problemas importantes con los demás, ya que a muy pocas personas les gusta estar cerca de alguien que es visiblemente tan iracundo.

---

*Paul, un estudiante de posgrado de veintiséis años, nos contó
que durante toda su infancia le tuvo miedo a su padre. Éste le gritaba
y lo denigraba prácticamente a diario.*

*El resultado fue que Paul evitaba a su padre en la medida de lo posible.
Paul se sorprendió al enterarse de que la mayoría de sus compañeros
no temían a sus padres. Claramente, el padre de Paul era «exterior».*

Andy había creado una empresa de contabilidad con su viejo amigo Rob. Durante cinco años, el negocio prosperó y los beneficios aumentaron, pero con el tiempo empezaron a estancarse. Los ingresos netos de la compañía disminuyeron significativamente, a pesar de que nuevos clientes solicitaban sus servicios. Con el tiempo, este declive provocó discusiones entre Andy y Rob acerca de cuántos empleados debían contratar y cuánto tiempo estaba dedicando al negocio cada uno de los socios, y finalmente esto terminó con su amistad.

Cuando las discusiones se hicieron más intensas, pues cada socio acusaba al otro de no trabajar lo suficiente y de no cumplir con los acuerdos del negocio, Andy, frustrado, decidió pasar un fin de semana en la oficina revisando los libros y descubrió que Rob había estado pagando mucho dinero a una agencia de publicidad para conseguir más clientes. Además, consideró que Rob estaba pagando excesivamente a sus empleados y permitiéndoles tomarse demasiadas vacaciones pagadas.

Furioso, se enfrentó a Rob y tuvieron una fuerte discusión. Andy gritó, lanzó libros sobre la mesa del despacho y lanzó amenazas vagas. Rob negó haber hecho nada malo e intentó explicar sus acciones, pero Andy se negó a escucharlo.

Ambos hombres empezaron a dedicar menos tiempo al negocio y sus ingresos continuaron menguando. Al final, cerraron la empresa. Desafortunadamente, Andy no tenía dinero ahorrado para poner un nuevo negocio. Después de pasar tres meses sin trabajar, consiguió un empleo de sueldo inferior en una empresa local de camiones. Se deprimió y empezó a tener problemas cardíacos que requerían una medicación diaria muy costosa y tenía dificultades para pagar sus cuentas.

Algunas personas no son ni «interiores» ni «exteriores»; suelen guardar la ira en su interior, pero en momentos de gran frustración la dejan salir. Si tú actúas de esta manera, es importante que determines cuándo es más probable que suprimas tu ira y cuándo es probable que la expreses. El objetivo es expresar en enojo apropiadamente, en lugar de guardarlo siempre dentro o siempre dejarlo salir.

¿Qué causa la ira?

En realidad, la ira tiene muchas causas distintas. Por ese motivo, uno ve a los expertos expresando diferentes opiniones en la televisión, en los diarios, en la radio y en Internet.

Empecemos por una explicación que incorpora lo que es aceptado por la mayoría de los profesionales que estudian y tratan la ira:

La ira es una reacción emocional al comportamiento indeseado, y a menudo inesperado, de otra persona. Se desarrolla basándose en una amenaza percibida a nuestro bienestar físico, a nuestra propiedad, a la imagen personal, al sentido de la justicia o a un deseo razonable de tranquilidad. La forma en que las personas comunican la ira depende de dónde están y de si expresar su ira les ha funcionado en el pasado.

Esta explicación bastante formal se refiere a lo que llamamos una *causa inmediata:* algo malo ocurre (como enterarte de que una amiga ha estado hablando mal de ti) y respondes inmediatamente con ira: culpas a la otra persona por la manera en que *tú* actúas cuando estás enojado. Los psicólogos llaman a esto un patrón *estímulo-respuesta.* El estímulo es el chisme de tu amiga sobre ti; tu respuesta es la ira.

Pero resulta ser que esta explicación es demasiado simple. Y además es incorrecta. Como verás en el capítulo 2, llamamos *el gran error* a la creencia que está detrás de esta explicación. Aquí comentaremos las siguientes causas de la ira:

- Aprendizaje
- Pensamiento
- Naturaleza humana

Aprendizaje

Una gran parte de tu ira proviene de hábitos que has desarrollado a lo largo de los años. Aunque siempre hay algún detonante inmediato que te enciende, has pasado mucho tiempo aprendiendo *cuándo* y *cómo* enojarte.

El aprendizaje suele incluir lo que los psicólogos llaman *modelado*. Esto significa aprender viendo lo que le ocurre a otras personas cuando se enfadan (en otras palabras, aprender por el ejemplo). La gente tiende a copiar los actos de los demás, especialmente cuando cree que esos actos producen buenos resultados. El aprendizaje por modelado puede venir de la observación del comportamiento colérico de los padres, o los compañeros o de personajes en la televisión, en las películas y en los videojuegos, por nombrar sólo algunos ejemplos. Hay muchas oportunidades para aprender de esta manera sobre la ira. Cuando tomas lo que has aprendido sobre la ira y lo conviertes en reglas para ti, como «Si alguien me falta al respeto o cuenta chismes sobre mí, me pondré furioso y gritaré. ¡Así soy yo y eso es lo que hago!».

Ciertamente, no todo el comportamiento iracundo proviene de la observación de otras personas. Tú tienes tus propias experiencias únicas y tu historia de aprendizaje. Tu historia de aprendizaje está compuesta de dos partes que los psicólogos denominan *refuerzo y castigo*. Aunque probablemente no piensas mucho en ello, todo tu comportamiento tiene consecuencias.

Uno tiende a repetir el comportamiento que produce una consecuencia que a uno le gusta. Por ejemplo, si le gritas a tu hijo para que ordene su habitación y lo hace, es muy probable que le vuelvas a gritar la próxima vez que quieras que ordene su habitación. El comportamiento que es *reforzado* a corto plazo (gritarle a tu hijo) se convierte en un hábito a largo plazo.

Por el contrario, en ocasiones a tu comportamiento le sigue una consecuencia que no te gusta. Por ejemplo, si en el cine les dices a unos desconocidos de mala manera que se callen y ellos te insultan, una respuesta que conduce a una confrontación ruidosa e incómoda, es menos probable que digas a unos extraños que se callen en el futuro. El comportamiento que es *castigado* a corto plazo (decir a unos extraños que se callen) no se convierte en un hábito.

Con el tiempo, los refuerzos y castigos dan forma a tus hábitos de una manera poderosa. Tu modo de actuar ahora cuando te enojas tiene que ver con las consecuencias de tu comportamiento agresivo en el pasado.

Pensamiento

Ciertas formas de pensar producen ira. Por ejemplo, puedes malinterpretar o distorsionar lo que otras personas dicen o hacen. Puedes exagerar, haciendo que los problemas pequeños se tornen grandes. O podrías ser exigente e inflexible en tus exigencias. Cuando estás enojado, probablemente crees las siguientes ideas:

- Has sido desatendido, ignorado o tratado injustamente.
- La otra persona ha actuado mal.
- La persona que te hizo enojar podría haber actuado mejor si realmente hubiese querido.
- La persona que provocó tu enfado debería haber actuado mejor.

Tus creencias acerca del comportamiento de otros pueden ser ciertas o no. Es posible que haya ocasiones en las que te has equivocado respecto a los motivos de las otras personas. Quizás el amigo que no está devolviendo tus llamadas o respondiendo a tus textos tenga problemas de salud, o tal vez eso le esté ocurriendo a un miembro de su familia. Esa persona con la que quieres salir y te está dando largas quizás esté desbordada con proyectos de trabajo. O quizás tu hija adolescente, que se suponía que debía llegar para cenar, se retrasa porque se detuvo en el centro comercial para comprarte un regalo de cumpleaños y no quiso decírtelo para no estropear la sorpresa.

Si eres como la mayoría de la gente, no evalúas conscientemente la forma en que piensas sobre el mal trato por parte de otros. Tus pensamientos parecen llegar automáticamente. Pero desgraciadamente, con el tiempo, tus conclusiones pueden llegar a estar distorsionadas y ser inexactas y exageradas. En ese sentido, es tu *pensamiento* el que provoca tu ira. Volveremos a esta idea en el capítulo 7 y te enseñaremos cómo valorar tus pensamientos y cambiar las partes que son exageradas y están distorsionadas.

Naturaleza humana

Resulta que la ira es parte de la naturaleza humana. La ira también puede existir en los animales no humanos, y los motivos de la ira y el comportamiento agresivo en otros animales son muy similares a los nuestros.

Los monos, por ejemplo, muestran ira cuando invaden su territorio y cuando otros monos les roban la comida o se aparean con sus parejas. Otros animales, cuando están enojados, hacen cosas para parecer más grandes y fuertes. Estos actos incluyen hacer que sus cuerpos parezcan más grandes, pararse sobre sus patas traseras, sisear, gruñir, morder, patear y arañar. Este comportamiento se parece mucho al nuestro. Cuando los animales gruñen o sisean, es una señal de que los demás deben mantenerse alejados. Nuestros gritos son como sus gruñidos. Cuando los animales se mantienen erguidos y se hacen más grandes, están diciendo que son muy poderosos y que mejor no te metas con ellos. Esto se asemeja a cuando nosotros mostramos el puño cerrado o nos inclinamos hacia adelante en una postura amenazadora.

La ira sale cuando nos sentimos amenazados, porque eso les funcionó a los humanos prehistóricos. Por otro lado, nuestra similitud con otros animales conlleva solamente la *tendencia* o el impulso de actuar con ira. Como humanos que también estamos moldeados por los pensamientos, los refuerzos, la familia, la escuela y la cultura, tenemos el poder de controlar esos impulsos.

¿Qué es la agresividad?

La ira y su prima, la agresividad, suelen confundirse. La ira es una *emoción* que sentimos principalmente en nuestro interior. La agresividad es un *comportamiento* que los demás pueden observar.

El comportamiento agresivo se muestra normalmente contra otras personas e incluye el lanzamiento de objetos, patadas, empujones, golpes y maltrato. También incluye actos solapados e indirectos como rayarle el coche a alguien o esconder los artículos de oficina de un compañero de trabajo que no te cae bien. El comportamiento agresivo va de relativamente menor (un adolescente que empuja a un compañero de la escuela cuando se enoja) a grave (asalto y asesinato). Cuando decimos que una agresión es menor, no queremos decir que no sea importante reconocerla y examinarla. El comportamiento intencionalmente destructivo dirigido contra otra persona casi siempre es inaceptable. No obstante, los diferentes actos agresivos tendrán distintas consecuencias negativas. Que te lancen un lápiz es un acto menor en comparación con que te den un puñetazo.

La historia de Roscoe nos muestra cómo el hecho de actuar agresivamente cuando estamos enojado puede crearnos problemas con el sistema de justicia penal.

Roscoe era un hombre de veintidós años que vivía en una zona urbana peligrosa. Había crecido en la pobreza, no había acabado la secundaria y había estado preso por ofensas como desorden público y participación en una reyerta.

Roscoe no tenía éxito en sus intentos de encontrar un trabajo estable en la construcción. Por mucho que lo intentaba, la mayoría de sus empleos acababan mal por desacuerdos con sus supervisores o compañeros de trabajo. En varias ocasiones, sus peleas verbales se habían convertido en amenazas, gritos y empujones.

Convencido de que ya había padecido más que suficientes infortunios y malos tratos por parte de sus compañeros de trabajo a lo largo de los años, Roscoe dijo que ya no lo iba a tolerar más. Esta actitud se extendía a todas las áreas de su vida: además de sus problemas con el trabajo, la mayoría de sus relaciones de pareja duraban unos pocos meses, o incluso menos, y tenía muy pocos amigos íntimos.

A pesar de no tener una carrera o éxito social, Roscoe rara vez admitía sentirse triste o preocupado. Describía esas emociones como «débiles» y creía que si las expresaba sería visto como alguien vulnerable. Pero la ira era distinta. Roscoe decía que su ira le hacía sentirse fuerte y que tenía control, especialmente cuando las personas no lo trataban como a él le gustaba.

Sin trabajo y sin dinero, Roscoe decidió robar una casa de su localidad. Fue descubierto y le condenaron a cuatro años de prisión. Estando en prisión, tuvo una discusión con un recluso que había hecho un comentario malicioso sobre los granos y la incipiente calvicie de Roscoe.

La agresividad también incluye el elemento de la *intención*. Para que puedas describir como agresivo el comportamiento de tu esposo, esposa, hijo o hija (o el de un amigo o amiga, de un extraño o un compañero o compañera de trabajo), éste debe haberse realizado de forma intencional. Normalmente no consideramos agresivos a los dentistas o fisioterapeutas, aun cuando nos pueden provocar dolor temporalmente. Su intención es ayudarnos. La ley considera de una forma muy distinta a los crímenes intencionales y no intencionales. Una agresión intencional, como cuando un asesinato es planeado, se castiga de un modo mucho más severo que una agresión no intencional, como cuando una persona es herida en un accidente. Asimismo, el mal comportamiento intencional de un amigo o amiga es mucho más significativo que su comportamiento accidental. Cuando examines el comportamiento de otras personas en tu vida, sería conveniente considerar si sus actos fueron intencionales o no.

¿La ira provoca agresividad?

En ocasiones, la ira es el combustible para la agresividad. Sin embargo, con mayor frecuencia, la ira se manifiesta sin agresividad. Y a veces los actos agresivos ocurren sin ira. Los cazadores, por ejemplo, son agresivos (su intención es matar animales), pero, sin embargo, no albergan ira hacia ellos.

Agresividad con ira

Si lees los diarios, es posible que pienses que la ira y la agresividad son como hermanas siamesas. A menudo, uno lee acerca de crímenes pasionales: un hombre iracundo ataca a su novia después de una discusión, un empleado furioso asalta a su supervisor por no haber recibido un aumento de sueldo, un adolescente enojado dispara contra sus profesores o compañeros de clase después de ser rechazado o incomprendido. Pero estos casos famosos distorsionan la verdadera realidad de la relación entre ira y agresividad. Es verdad que algunas personas tienen fuertes conexiones entre su ira y su agresividad: creen que estar enfadado justifica ser agresivo. Y muchas de las agresiones que vemos en las noticias y de las que nos enteramos están conectadas con la ira, y por ese motivo la ira y la agresividad parecen presentarse siempre juntas. Pero en realidad, ésa es la excepción, no la regla.

La verdad es que la agresión física intencional es consecuencia de la ira en menos del 10 % de los casos. La mayoría de las veces, la ira aparece sola, y la ira por sí sola es el verdadero problema de la mayoría de la gente. Esto significa que, en el 90 % de los casos, el enojo se muestra sólo en forma de gritos, discusiones, maltrato verbal, ceño fruncido, mal humor o pucheros, no como agresividad. Incluso cuando una persona amenaza a otra (por ejemplo, una madre iracunda dice, «¡Te voy a dar una paliza!»), la agresión no suele seguir a la ira. Con esto queremos decir que no hay actos físicos observables asociados a gritar y discutir.

No obstante, no queremos restar importancia a la relación entre ira y agresividad. En ocasiones, la ira *sí* es seguida por la agresividad, como cuando la excitación y la agitación física de la ira van acompañadas de pensamientos de venganza y actos dañinos. Sin embargo, la ira es un problema serio por sí solo, independientemente de si es seguido por la agresividad.

Agresividad sin ira

La agresividad y el daño a otros seres humanos pueden ocurrir también sin ira. Hubo un caso, por ejemplo, en el cual un adolescente neoyorquino, sin pensar, lanzó un pavo congelado sobre un coche desde el puente de una autopista y el conductor sufrió lesiones graves. En realidad, el chico no tenía ni idea de que ese acto irreflexivo pudiera herir a alguien. También en ocasiones, adolescentes y adultos se comportan de una forma agresiva no porque estén movidos por la ira, sino como parte de un plan para robar a otras personas. Un carterista puede lastimar el brazo de la víctima y hacerla caer al suelo durante el robo.

El delincuente no está enojado con la víctima. El objetivo es simplemente robarle la cartera.

¿Es normal mi ira?

Quizás te preguntes si tu propio patrón de ira es normal. Una manera de responder a esta pregunta es considerar si normalmente las situaciones en tu vida mejoran o empeoran cuando te enojas. Otra forma de responderla es considerar la frecuencia, intensidad y duración de tu enojo.

- *¿Con qué frecuencia* te enojas? En una encuesta que hicimos con adultos que vivían en la comunidad, descubrimos que aproximadamente el 25 % de las personas se enoja una o más veces por semana. Algunos de los participantes en el estudio declararon enojarse prácticamente todos los días. Parecía ser que la ira iba acompañada de una serie de problemas como una mala autoimagen, depresión, culpa, relaciones débiles con amigos y familiares, dolores de cabeza y otros problemas médicos y legales. Otro 25 % de los participantes en el estudio afirmaron enojarse muy rara vez, o nunca. Estas personas parecían tener vidas mucho más felices, con muchos menos problemas personales, médicos y legales.[3]
- *¿Cuán intenso* es tu enojo? El enojo que llamamos normal tiene una intensidad de sentimiento de débil a moderada. Obviamente, cuanto más intensa es tu ira, más probable es que te cause problemas. Un enojo leve no crea una seria disrupción en la vida de la mayoría de la gente.
- *¿Cuánto dura* tu enojo? Algunas personas pasan días, semanas o meses pensando en una injusticia y el mal trato por parte de otras

---

3. Raymond Chip Tafrate, Howard Kassinove y Louis Dundin, «Anger Episodes in High and Low Trait Anger Community Adults», *Journal of Clinical Psychology* 58 (2002), 1573-1590.

personas. Permanecer enojados por largos períodos de tiempo dificulta avanzar con la vida y experimentar alegría y felicidad.

Piensa en las ocasiones en las que has estado enojado. ¿Has analizado si tu ira era demasiado débil, demasiado fuerte o simplemente correcta? ¿Se presenta con mucha frecuencia? ¿Dura demasiado tiempo? Aunque en ocasiones el enojo puede ser algo bueno, tienes que examinar tu vida detenidamente y decidir si te está ayudando o haciendo daño.

¿Por qué los hombres se enojan más que las mujeres?

Otra pregunta habitual tiene que ver con las diferencias entre hombres y mujeres. Mucha gente cree que los hombres son más iracundos y explosivos que las mujeres. Sin embargo, el enojo parece ser una experiencia que afecta a ambos por igual, y la realidad es que los hombres y las mujeres se parecen más que lo que se diferencian. Algunos científicos incluso han descubierto que las mujeres se enojan con más frecuencia que los hombres. John Archer, por ejemplo, concluye, tras una revisión a gran escala de estudios científicos, que es ligeramente más probable que una mujer se enoje y utilice la agresión física que no que un hombre lo haga.[4] Ciertamente, dado que por lo general los hombres son más fuertes, cuando agreden a una mujer producen un daño mayor.

Según nuestra experiencia profesional, hay mucha ira tanto en los hombres como en las mujeres. Ambos sexos parecen enojarse con prácticamente la misma frecuencia, por los mismos motivos y experimentan y se expresan de maneras similares. De modo que, tanto si eres una mujer como si eres un hombre, definitivamente no estás solo. (Y ten presente que las estrategias y las técnicas que presentamos del capítulo 4 al 13 funcionan igual de bien para ambos géneros).

---

4. John Archer, «Sex Differences in Aggression between Heterosexual Partners: A Meta-analytic Review», *Psychological Bulletin* 126 (2000), 651-680.

¿Expresar la ira o guardarla dentro?

La gente suele preguntarnos si es mejor guardar la ira dentro o dejarla salir. Esa pregunta es errónea: ambos enfoques pueden ser malos. No es aconsejable guardarse la ira dentro durante largos períodos de tiempo y tampoco lo es expresarla impulsivamente y con intensidad. Antes bien, el objetivo es minimizar la ira y expresarla cuidadosamente, de una forma que conduzca a la resolución de los problemas.

¿La ira hace que otros problemas empeoren?

La ira excesiva sí provoca una serie de problemas emocionales, conductuales y médicos. Los más comunes son la ansiedad, la depresión, los problemas familiares, el consumo perjudicial de sustancias como alcohol o drogas y enfermedades cardíacas.

Probablemente habrás notado que es más probable que te enojes cuando estás preocupado por experiencias vitales como problemas en el trabajo o en la escuela, o con el comportamiento de tus hijos o miembros de tu familia o amigos. Cuando tu ansiedad aumenta, tu mal genio también lo hace. Eres menos capaz de tolerar pequeñas frustraciones o molestias indeseadas. Eres claramente más vulnerable a enojarte cuando estás ansioso, experimentando malestar o sintiéndote amenazado. Asimismo, los resultados negativos de tu ira suelen empeorar las situaciones difíciles. Reaccionar con ira no suele resolver los problemas y a menudo crea más. Así, la ira y la ansiedad pueden llegar a formar un círculo vicioso.

Lo mismo ocurre con la relación entre enojo y tristeza. Quizás hayas notado que eres más propenso a reaccionar con ira cuando te sientes triste y hundido. Algunas personas van alternando entre sentirse tristes y desesperanzadas y reaccionar con enojo a los desafíos de la vida. Asimismo, actuar con ira puede provocar pérdidas, fracasos y aislamiento. La incapacidad de gestionar eficazmente los problemas de la vida puede sentar las bases para una depresión.

Como dijimos anteriormente, la ira suele ir de la mano con el consumo nocivo de sustancias. Quizás te sientas tentado a tomar tranquilizantes o pastillas para dormir o beber alcohol para intentar relajarte o calmar los síntomas físicos tensos del enojo. Pero ésos son métodos para hacer frente a los problemas que crean hábito, y la dependencia a estas sustancias puede llegar con rapidez. Algunas personas, desgraciadamente, recurren a las drogas ilegales para hacer frente a su ira, un comportamiento que les traerá incluso más problemas.

Como mencionamos antes, un enojo intenso y prolongado va acompañado de problemas médicos serios, como enfermedad coronaria, apoplejía, presión alta e incluso quizás diabetes. La conexión entre la ira y este tipo de problemas médicos se suele pasar por alto. Sin embargo, con el tiempo, lo más probable es que las experiencias intensas de enojo tengan consecuencias en tu salud física. Estos problemas no aparecen inmediatamente, sino que lo hacen años después de las dificultades relacionadas con la ira. ¡Tener control sobre tu forma de actuar cuando estás enojado puede ser más importante de lo que creías!

Cambia tu forma de actuar cuando estás enojado

El análisis cuidadoso y la práctica son necesarios para cambiar cualquier tipo de hábito, tanto si se trata de fumar, beber, gastar dinero en exceso o tu forma de comportarte en una relación. Ése es uno de los motivos por los cuales puede resultarte difícil cambiar tu comportamiento y aprender a controlar tu ira. Otro motivo es que ciertos beneficios a corto plazo (una sensación momentánea de tener razón o de tener el control, el pensamiento de que ahora las otras personas están oyendo tus exigencias o que ahora van a dejar de criticarte, e incluso pensamientos de venganza) pueden hacer que te resulte difícil cambiar tus reacciones. Estas satisfacciones inmediatas no sólo hacen que tu enojo continúe; hacen que el cambio sea difícil cuando van acompañadas de tu tendencia natural a reaccionar cuando te sientes amenazado. No obstante, tenemos confianza en que, con la práctica, puedes mejorar tu forma de actuar cuando estás enojado, y en que puedes cambiar para mejor.

Puntos clave

✓ La ira es una emoción –algo que sientes principalmente dentro de tu cuerpo– que puede darte energía para actuar de forma constructiva o destructiva.

✓ La agresividad es diferente de la ira. La agresividad conlleva comportamientos como golpear, molestar, empujar y destruir la propiedad ajena.

✓ La ira no conduce automáticamente a la agresión.

✓ La ira proviene de lo que has aprendido (tus hábitos), tu forma de pensar y tu naturaleza humana.

✓ Para determinar si tu ira es normal, piensa si tus problemas mejoran o empeoran después de que te hayas enojado.

✓ Los hombres y las mujeres se enojan por los mismos motivos, y sienten y expresan el enojo de maneras similares.

✓ Tu ira probablemente no te beneficia si es frecuente, intensa o de larga duración.

✓ La ira está relacionada con la ansiedad, la depresión, el consumo de alcohol y drogas, la enfermedad cardíaca y la apoplejía.

✓ Ésta es la pregunta clave que debes hacerte (y responder son sinceridad): «¿Mi ira me está ayudando o me está perjudicando?».

CAPÍTULO 2

Comprender tus episodios de ira

*Como las personas están caminando todo el tiempo
en el mismo lugar, un camino aparece.*[1]
Lu Xun

Si eres como muchas otras personas, probablemente te parezca que tu ira explosiona sin previo aviso y eso hace que sea difícil de controlar, pero la verdad es que la ira no es una explosión aislada e impredecible. Ocurre como parte de una cadena de acontecimientos.

Todos los episodios de ira siguen un patrón predecible. Un análisis de tu propio patrón es el primer paso para tener un mayor control. A esto lo denominamos *análisis del episodio de ira*. Ver tus reacciones de ira desde esta perspectiva te va a ayudar.

La mayoría de la gente cree que el responsable de su ira es el comportamiento horrible de otras personas o algún otro evento externo. A esta creencia la denominamos *el gran error*. En realidad, la ira no sólo es causada por hechos externos, sino también por una combinación de factores que incluye:

- Cómo evalúas o interpretas los eventos externos.
- Tus antecedentes biológicos como ser humano.
- Cómo piensas acerca de una dificultad o un desafío en tu vida.

---

1. Lu Xun, *Essays* (San Francisco: New China Press, 1921), citado por Simon Leys (pseud. Pierre Ryckmans), *The Burning Forest: Essays on Chinese Culture and Politics* (Nueva York: Holt, Rinehart and Winston, 1986).

Además es muy probable que hayas desarrollado patrones personales de experimentación y expresión de la ira. Estos patrones pueden incluir los pensamientos que tienes o las imágenes que ves en tu mente, las sensaciones físicas (como ponerte tenso) y reacciones como gritar, arrojar algo contra una pared o romper objetos. Este capítulo te ayudará a ver tus patrones con mayor claridad.

Cuando llegas a entender las características únicas de tus episodios de ira, puede resultarte mucho más fácil realizar cambios en lo que siempre te había parecido que eran reacciones automáticas. Además, la comprensión de los componentes de tus episodios de ira te ayudará a examinar los resultados de esos episodios y ver claramente cuándo la ira funciona para ti y cuando no.

Nuestro modelo para analizar un episodio de ira es sencillo. Te ayudará a aumentar tu conciencia de ti mismo y a tener una sensación de dominio sobre tu ira. A lo largo de este capítulo usaremos el ejemplo de Harvey, quien estaba muy confuso acerca de sus propias reacciones de ira, para ilustrar las seis partes del análisis de un episodio de ira. La mejor forma de entender tu propia ira, ciertamente, es aplicar el mismo análisis a tus propias experiencias recientes usando el ejercicio práctico 2 para examinar a fondo todos los componentes de uno de tus episodios de ira, o de más de uno. Cuando hayas completado varios registros de tus episodios de ira, reforzarás tu comprensión del Modelo de Análisis del Episodio de Ira. Dicha comprensión te servirá más adelante cuando leas y practiques las estrategias que tú creas que serán adecuadas y útiles para tus patrones en particular.

Harvey, el jefe furioso

Harvey, de treinta y nueve años, administraba un negocio de productos para la construcción que su padre había creado cincuenta años atrás. Con gran orgullo, la empresa vendía material para techar, recubrimientos exteriores y otros productos para el hogar, tanto para el público general como para contratistas profesionales.

La compañía marchaba muy bien y tenía mucho dinero en el banco.
Harvey vivía bien, al igual que sus empleados de mayor nivel.
Harvey supervisaba un equipo de ventas de veinte personas, así como
treinta empleados de almacén, y se consideraba un jefe bondadoso.
Cuando las cosas iban bien en el área de ventas, era una persona
agradable, pero cuando alguien cometía un error, un lado más
desagradable de Harvey salía a la luz. Explotaba de inmediato,
gritándole a la persona responsable delante de los demás
empleados, e incluso de los clientes.
Tarde o temprano, Harvey acababa tratando de esta manera
a prácticamente todos su empleados. Jamás amenazaba
con despedir a alguien o bajarlo de categoría. Simplemente
estallaba en ira a causa del error cometido y luego se retiraba
a su despacho en un estado de agitación. Normalmente tardaba
más de una hora en tranquilizarse.
Cuando hablamos con Harvey nos dijo que había sido así toda su vida.
«Mi ira simplemente estalla, —dijo—.No entiendo qué ocurre.
Está fuera de mi control».
Harvey no era consciente de las etapas por las que pasaba cuando
se enojaba. Su primer paso para lograr un mejor control fue ser
más consciente de los componentes individuales de su ira.

Análisis del Episodio de Ira

Desarrollamos nuestro Modelo de Análisis del Episodio de Ira basándo-
nos en nuestra investigación sobre cómo experimenta la gente la ira en
el mundo real. Nuestros estudios han incluido participantes de diferentes partes de Estados Unidos, Corea del Sur, Rusia, Rumanía e India.[2]

---

2. Ver, por ejemplo, H. Kassinove, D. G. Sukhodolsky, S. V. Tsytsarev y S. Solovyova, «Self-Reported Constructions of Anger Episodes in Russia and America», *Journal of Social Behavior and Personality* 12 (1997), 301-324; Raymond Chip Tafrate, Howard Kassinove y Louis Dundin, «Anger Episodes in High and Low Trait Anger Community Adults», *Journal of Clinical Psychology* 58 (2002), 1573-1590.

Este modelo representa un episodio de ira que consta de seis componentes:

1. Detonante
2. Pensamientos
3. Experiencia
4. Impulso de actuar
5. Expresión de la ira
6. Resultados

En aras de una mayor claridad, describiremos los componentes *detonante, pensamientos* y *experiencia* antes de pasar a los otros tres componentes de un episodio de ira, ya que cualquiera de estos primeros tres elementos puede producir directamente un *impulso de actuar* (es decir, un impulso inmediato), una *expresión de ira* y uno o más *resultados*, ya sean negativos o positivos. La siguiente ilustración muestra los seis componentes de un episodio de ira y cómo se relacionan.

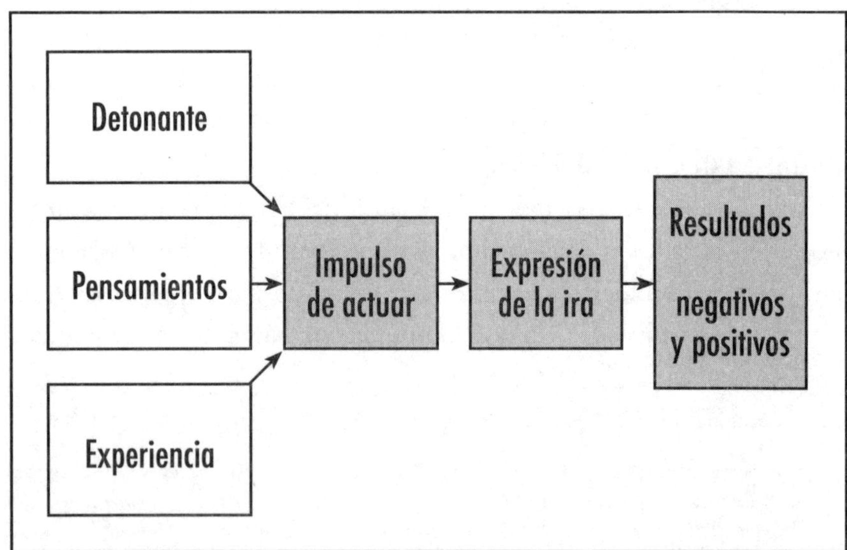

Modelo de Episodio de Ira (Kassinove y Tafrate, 2019)

Componente 1. El detonante

La secuencia de la ira se inicia con un hecho detonante. Los detonantes suelen ser situaciones cotidianas que incluyen un desacuerdo, una falta de respeto, una lucha respecto de qué hacer, una decepción o un desafío a unas ideas o actos. En muchas ocasiones, está incluido algún tipo de estrés, amenaza, injusticia, pérdida o posibilidad de pérdida.

La gente en general se enoja por los mismos tipos de relaciones o hechos. Por lo tanto, si tienes problemas con la ira, probablemente estás reaccionando a las mismas situaciones que todos experimentamos ocasionalmente. No obstante, es posible que tus reacciones sean más extremas que las de la mayoría de las personas y que puedan tener peores resultados. Es importante que sepas qué es lo que desencadena tu ira, porque dicha información te ayudará a identificar los puntos de inicio típicos en la cadena de la ira que acaba trastornando tu vida.

Hay una amplia variedad de situaciones, así como acciones de otras personas, que pueden preparar el terreno para la ira. Vamos a revisar algunos de los detonantes más habituales.

El comportamiento negativo de otras personas

El detonante de ira más habitual es un acto (o ausencia de acto) no deseado, inesperado y percibido como negativo por parte de una persona que conocemos, que nos cae bien, e incluso a la que amamos. Este tipo de detonante incluye que te ignoren, que te falten al respeto y que te rechacen, como cuando critican o desestiman tus ideas, o cuando tu duro trabajo no es valorado. Éstos son algunos ejemplos:

- Ni siquiera escucha mis ideas.
- Simplemente quiere hacer lo que ella quiere.
- No respaldó mi plan de ventas.
- Después de pasar tres horas buscando un regalo para ella, me dijo que yo no era detallista.

Todos nos enfadamos ocasionalmente con extraños, pero si repasas tus propios patrones de ira, probablemente verás que ésta surge mayormente cuando estás tratando con personas cercanas a ti, como tus hijos, tus padres, tu marido o tu mujer, o la persona con la que vives, o tus compañeros de trabajo y tus amigos.

También es cierto que un comentario o un acto que una persona podría considerar positivo o útil puede desencadenar la ira de otra persona, especialmente si no es deseado o invitado:

Un compañero de trabajo le decía prácticamente todos los días a Susan, una ejecutiva de cuentas, que estaba «buena». Después de que se repitiera unas cuantas veces, Susan empezó a considerar que este supuesto piropo era ofensivo y acabó enojándose.

Liora, madre primeriza, recibía constantes consejos de crianza no solicitados de Ellen, su suegra. Ellen tenía buenas intenciones y solía darle buenos consejos, pero, con el tiempo, Loira comenzó a considerarlos irritantes. La irritación se convirtió en ira, en discusiones con Ellen, y al final consiguió que Loira evitara pasar tiempo con ella.

Objetos inanimados

Es posible que te hayas enojado con un ordenador, con una consola de videojuegos, con tu teléfono móvil, con tu coche o con una impresora cuando dejaron de funcionar adecuadamente. A veces la gente grita a los objetos con los que está furiosa o los golpea o los lanza. Por supuesto que la mayoría de gente se siente ridícula después de haber expresado su ira contra un objeto. Sin embargo, para algunas personas destruir objetos caros en un ataque de ira se convierte en un verdadero problema:

Jessica, de treinta y cuatro años, se sintió frustrada con una lavadora que se encontraba en el sótano de su edificio. La máquina aceptaba sólo billetes de un dólar, pero ella solo tenía uno de cinco. En un arranque de ira, Jessica rompió la puerta de la lavadora, un acto que quedó registrado en la cámara de seguridad. Su ira le costó 500 dólares.

Tu propio comportamiento

Es posible que experimentes ira en relación a tus propios actos. En otras palabras, puedes enojarte contigo mismo por algo que has hecho y de lo que te has arrepentido:

- Trevor, un cajero de treinta y dos años, dijo: «Estoy muy enfadado conmigo mismo por haber permitido que me hiciera eso».
- Clarice, una madre soltera de veintisiete años, dijo: «Estoy furiosa conmigo misma por no haberle dicho algo».

Si tu ira está dirigida a ti mismo, es probable que también experimentes otras emociones cuando te enojas, como culpa, vergüenza y tristeza.

Circunstancias extremas

En ocasiones, la ira se desarrolla a partir de eventos traumáticos, como agresiones físicas o sexuales, un robo, una enfermedad grave, la muerte inesperada de un ser querido debido a unos cuidados médicos deficientes, o un desastre natural como un huracán o un incendio. La vida es impredecible y todo el mundo es vulnerable a ese tipo de experiencias, pero los acontecimientos extremos de la vida pueden producir un enojo a largo plazo, perdurable, con fantasías de venganza:

Jeong-Ho tenía veinticuatro años y estudiaba un posgrado de Sociología. Siendo niño en Corea del Sur, un profesor de su colegio había abusado sexualmente de él. Ahora, casi doce años más tarde, Jeong-Ho vivía en los Estados Unidos, lejos de su agresor. Era un estudiante sobresaliente y tenía muchos amigos, pero continuaba rumiando sobre el maltrato que había sufrido en el pasado y soñaba con vengarse del profesor abusador.

Como verás en capítulos posteriores, continuar estando enojado no es la única opción para hacer frente a las circunstancias extremas. Ciertamente, la amargura no contribuye en nada a la salud mental y el bienestar.

Recuerdos

La ira también puede desencadenarse cuando tienes un recuerdo de haber sido maltratado, desatendido o tratado injustamente. Los recuerdos de un maltrato pueden adquirir vida propia y ser obsesivos. Ese tipo de recuerdos pueden ser del pasado reciente o de un tiempo tan remoto como la primera infancia. Pueden evocar un maltrato relativamente menor (el favoritismo de un padre o una madre, por ejemplo) o circunstancias más extremas (una agresión física, por ejemplo).

El detonante de Harvey: El error de un empleado

Los productos para la construcción que vendía la empresa de Harvey tenían un 20 % de descuento para los contratistas, quienes luego los instalaban para sus clientes, y los clientes a su vez pagaban a los contratistas el precio de venta al público. Los clientes minoristas también podían comprar los productos por su cuenta, pagando el precio completo. Cuando uno de los empleados de Harvey cometía un error, normalmente tenía que ver con el precio y las fechas de entrega. Por ejemplo, ocasionalmente un vendedor cobraba erróneamente a un cliente minorista el precio de venta al por mayor, o a veces prometían entregar una mercancía que no tenían en stock.

Fue un error del segundo tipo el que había desencadenado el episodio de ira que Harvey escogió para analizar con el Registro de Episodio de Ira (véase fig. 2.1). No era la primera vez que María, miembro del equipo de ventas, prometía a un cliente entregarle unas tejas que estaban agotadas, y había dicho que serían entregadas en tres días. Cuando Harvey se enteró del error y recordó que María ya había hecho promesas falsas a clientes en otras ocasiones, se enfrentó a ella agresivamente.

*«¿Cómo has podido cometer un error tan estúpido?», —gritó—.
¡No entiendo cómo has podido hacerlo! ¿No comprobaste el stock
en el almacén? Llevas cinco años trabajando con nosotros.
¡Deberías haber hecho las cosas bien! Realmente has causado
un desastre. ¡Maldita sea!».*

Parte 1. El detonante

Haz una marca junto a la palabra que indique el área de tu vida
en la que se desencadenó la ira.

____ ✓ Trabajo

____ Escuela

____ Familia

____ Crianza de los hijos

____ Amistad

____ Otros: _______________________________

En una oración simple, describe el evento que produjo tu ira.
(Ejemplo: «Mi hijo olvidó limpiar su habitación»).

*Por tercera vez, María prometió que entregaríamos
en tres días unas tejas que estaban agotadas.*

Figura 2.1. Respuesta de Harvey a la parte 1 del ejercicio práctico 2.

Componente 2. Los pensamientos

Los seres humanos somos criaturas pensantes. Evaluamos constantemente lo que está ocurriendo delante de nuestros ojos. También pensamos y hacemos planes para el futuro y reflexionamos sobre los he-

chos que ya han ocurrido. Para poder comprender la ira, entonces, tenemos que saber algo sobre la forma en que pensamos.

Para entender el papel de tus pensamientos (es decir, tus evaluaciones, juicios y valoraciones) en la cadena de eventos que conducen a la ira, piensa en el ejemplo de las bromas. La gente bromea todo el tiempo para fortalecer relaciones, flirtear, jugar con la otra persona y resolver conflictos y malos sentimientos. Muchas bromas se hacen en un tono divertido, pero ser blanco de bromas puede hacer que sientas enojo, vergüenza o humillación si las consideras insultantes en lugar de divertidas. El que un comentario como «Bueno, eres una sabelotodo» provoque risas o ira dependerá de cómo interprete uno ese comentario.

Un estudiante muy brillante llamado Martin era apreciado por sus compañeros y profesores. A menudo, en broma, lo llamaban Marty el Listillo. Aunque Martin podría haber considerado que ese apodo era un menosprecio, siempre lo tomó bien y jamás se enfadó.

No es simplemente el que te llamen Marty el Listillo (o, para tal caso, Fantasma, Bobo, Calvito, Cerebrito o Retaco) lo que produce ira. La ira surge cuando los comentarios burlones son considerados degradantes o irrespetuosos. La forma en que juzgas las intenciones de las otras personas marca toda la diferencia en si te enojas o no.

Ciertamente, no todos los pensamientos conducen al enojo, pero hay algunos pensamientos comunes que forman parte de las experiencias de enojo de la mayoría de la gente. Estos patrones de pensamiento fueron identificados por primera vez por Albert Ellis y Aaron Beck, quienes desarrollaron un exitoso tratamiento denominado *terapia cognitiva*.[3] Fí-

---

3. Albert Ellis, *Reason and Emotion in Psychotherapy*, ed. rev. (Nueva York: Carol Publishing, 1994); Aaron T. Beck, *Prisoners of Hate: The Cognitive Basis of Anger, Hostility, and Violence* (Nueva York: HarperCollins, 1999).

jate si reconoces cualquiera de los siguiente tipos de pensamientos en tus propias experiencias de ira.

Dramatizar

Esta forma de pensar conlleva una exageración. Los inconvenientes diarios se describen como espantosos, horribles o terribles, cuando en realidad son normales y manejables. La dramatización lleva a las quejas sobre lo increíblemente malo que es un problema y esas quejas te hacen desperdiciar un tiempo y un esfuerzo que podrías dedicar a resolver los problemas de una forma productiva. Poner tu energía en la creación de soluciones es mejor que exagerar y lamentarte por circunstancias que no te gustan. Y nadie quiere pasar el rato con alguien que está siempre exagerando y quejándose de problemas.

Baja tolerancia a la frustración

Las personas que no toleran bien la frustración están subestimando su capacidad de hacer frente a la adversidad. En lugar de verla como una parte normal de la vida o un desafío que debe ser enfrentado, la ven como algo intolerable.

Ciertamente, existe una relación entre la baja tolerancia a la frustración y la dramatización. Cuando piensas que una situación es terrible o catastrófica, es menos probable que creas que puedes soportarla. En definitiva, normalmente las personas que piensan de esta manera *sí* soportan las situaciones de las que se quejan, a pesar de lo que dicen.

Bettina solía decir, «No soporto cuando mis hijos se pelean».
No obstante, lo soportó durante los siguientes diez años,
hasta que se fueron a la universidad.

John solía decir, «Mi jefe me trata horriblemente mal.
Ya no lo aguanto». Sin embargo, continuó trabajando ahí
durante veintiún años más.

¿Y tú? ¿Dramatizas, te quejas de tu infortunio y crees que no eres capaz de abordar los problemas de la vida? ¿O consideras que tus dificultades son desafíos interesantes a los que hay que hacer frente?

Exigencia

Cuando crees que los demás *deben* actuar como tú quieres que actúen, has adoptado una postura de *exigencia*. Dicho de otro modo, la exigencia es la elevación de tus puntos de vista personales al estatus de reglas absolutas y la imposición de esas reglas a otras personas y al mundo que te rodea. Ciertamente, todos deseamos alguna vez que los demás se comporten como nos gustaría que lo hiciesen. Es posible que también queramos que el mundo se adecúe a nuestros deseos personales, pero hay una diferencia entre desear y exigir un comportamiento distinto de otra persona. La exigencia aparece cuando utilizas términos como «deberías», «debes» o «tienes que».

¿Eres alguien que exige? ¿O aceptas el hecho de que muchas cosas en tu vida no van a ser como a ti te gustaría?

Calificar a los demás

En esta forma de pensar, ves a la persona que provocó tu ira de una forma global, negativa, en términos extremos. Condenas toda la existencia de esa persona basándote en unos pocos actos:

- Si tienes un desacuerdo con una amiga o miembro de tu familia, quizás te digas, «¿Quién se cree que es para decirme lo que tengo que hacer? Es una estúpida. No quiero tener nada que ver con ella».

- Si te molesta un conductor desconsiderado, quizás te digas, «Debería salir del carril de adelantamiento. ¡Idiota! ¡Qué imbécil!».

En algún momento, la mayoría de las personas a las que quieres o que te caen bien te van a decepcionar. Y no sólo tienes muy poca información sobre un conductor desconsiderado, sino que, si eres sincero contigo mismo, tendrás que reconocer que tú tampoco eres un conductor perfecto. Pero probablemente no te describirías a ti mismo en términos tan negativos si decepcionas a alguien, conduces mal o cometes un error.

Pensar acerca de los demás en términos globales y extremos sin duda alimentará tu ira y hará que te resulte difícil resolver problemas y mantener relaciones:

- Simplemente es un…
- Es una absoluta…
- ¡Qué imbécil!

¿Te resulta familiar? ¿Condenas totalmente a los demás incluso cuando sabes que hacen cosas buenas además de las malas? ¿O puedes separar las acciones individuales de las personas de tus calificaciones totales de ellas?

Autocalificarte

Como hemos visto, cuando las cosas no van bien, quizás descubras que tu ira es desencadenada por tu propio comportamiento. Cuando eso ocurre, es posible que te critiques duramente y te menosprecies:

- Soy un perdedor.
- No puedo hacer nada bien.
- Nunca tengo éxito.

Como dijimos anteriormente, si autocalificarte es uno de tus patrones de pensamiento, es probable que experimentes culpa, vergüenza y tristeza junto con la ira.

Distorsión o malinterpretación

Cuando estás enojado, es más probable que tu evaluación de los motivos e intenciones de las otras personas esté distorsionada.

Friedrich, de treinta y tres años, describió las frecuentes llamadas telefónicas y visitas de sus suegros como «totalmente intrusivas». A menudo se sentía enojado con ellos porque creía que sus llamadas y visitas estaban motivadas por su falta de confianza en él y su deseo de ver si su hija se encontraba bien. Sin embargo, cuando Friedrich examinó la situación más exhaustivamente vio que simplemente disfrutaban pasando ratos con su hija y sus nietos. Las motivaciones que Friedrich atribuía a sus suegros eran distorsiones de sus verdaderas intenciones.

La tendencia a malinterpretar los comportamientos de otras personas o distorsionar lo que está ocurriendo es especialmente común cuando las situaciones son ambiguas. ¿Cuán claramente evalúas las situaciones cuando estás enfadado? ¿Ha habido ocasiones en las que tus pensamientos sobre un hecho eran completamente errados?

Los pensamientos de Harvey: Dramatización, baja tolerancia a la frustración y exigencia

Después de discutirlo un poco, Harvey admitió sin reservas que tenía la tendencia a dramatizar sobre los problemas en el trabajo. Acabó reconociendo que si un vendedor prometía la entrega a domicilio de un producto que estaba fuera de stock*, el problema podía resolverse fácilmente si el vendedor llamaba al cliente, le explicaba que iba a haber un retraso y pedía disculpas. Harvey reconoció también su baja tolerancia a la frustración y su tendencia a minimizar su capacidad de hacer frente a las dificultades.*

Además, Harvey era exigente. No se limitaba a esperar que sus
empleados no cometieran errores. Pensaba que su desempeño debía
ser perfecto en todo momento. Pero Harvey no criticaba a sus empleados
en conjunto y no se subestimaba a sí mismo. Y en este episodio
de ira no había habido ninguna distorsión, ya que realmente
un miembro del personal había hecho una promesa inadecuada
a un cliente. Por lo tanto, Harvey marcó sólo tres opciones
de los puntos en la sección «Pensamientos» de su Registro
de Episodio de Ira (véase fig.2.2).

Parte 2. Los pensamientos

Marca una o más frases que se apliquen a este episodio de ira.

_✓_ Dramatizar: En el momento pensé que era una de las peores cosas que podían estar ocurriendo.

_✓_ Baja tolerancia a la frustración: Pensé que no podía manejar la situación o hacerle frente.

_✓_ Exigencia: Pensé que la(s) otra(s) persona(s) debía haber actuado de otra manera.

____ Calificar a los demás: La(s) otra(s) persona(s) me parecieron.

____ Calificarme a mí mismo: En el fondo, pensé que yo era menos importante o valioso.

____ Distorsión o malinterpretación: Mi forma de pensar se distorsionó y no vi las cosas con claridad.

Figura 2.2. Las respuestas de Harvey a la parte 2 del ejercicio práctico 2.

Componente 3. La experiencia

La ira, tal como la definimos en el capítulo 1, es algo que sientes dentro de ti. En nuestro modelo, el componente de la *experiencia* tiene que ver con ser consciente de tres aspectos de tu ira:

1. Cuán *intensa* es tu ira (su *intensidad)*.
2. Cuánto *dura* tu ira (su *duración)*.
3. Cómo *sientes* tu ira físicamente (las *sensaciones* corporales de la ira).

Intensidad

Uno de los objetivos de controlar tu ira es llegar a ser capaz de expresar tus sentimientos directamente a otra persona utilizando palabras para transmitir la verdadera naturaleza de tu enojo. La parte 3 del ejercicio práctico 2 (la sección de «Experiencia») te permite determinar el grado del enojo que sentiste durante un episodio de ira, del 1 (prácticamente nada de ira) al 10 (ira extrema), y asociarla con palabras que no sólo indiquen cuán intensa fue («leve», «moderada», «fuerte», etc.). Cuando te familiarices con el uso de esas palabras, tanto si descubres que estás irritado, indignado o trastornado por la ira, desarrollarás un vocabulario emocional para comunicar más claramente la intensidad de tu ira a otras personas.

No obstante, también es importante entender que la expresión adecuada de la ira nunca incluye amenazas de agresión. Como regla general, la ira apropiada es de intensidad leve a moderada, y puede ser explicada con simplicidad: «Siento…».

Duración

Revisa otra vez la parte 3 del ejercicio práctico 2 (la sección «Experiencia»). Recuerda uno de tus episodios de ira y haz un cálculo de cuánto duró tu enojo. Luego marca la opción de la palabra más apropiada («minutos», «horas» o «días»). Si la situación continúa y si todavía hay ira, marca la opción «en curso».

Sensación

La gente experimenta una amplia variedad de sensaciones físicas cuando está enojada. Éstas incluyen la aceleración del ritmo cardíaco, sudores, tensión muscular, dolor de cabeza, molestias estomacales y temblores. De hecho, la aceleración del ritmo cardíaco, la tensión muscular y los temblores son las sensaciones físicas más frecuentes de la ira. Regresa otra vez a la sección «Experiencia» del ejercicio práctico 2 y piensa en cada una de las sensaciones físicas que estuvieron presentes durante uno de tus episodios de ira más recientes. No es inusual experimentar múltiples sensaciones, de manera que puedes marcar más de una palabra o frase en la pregunta «¿Qué sensaciones físicas notaste?».

La experiencia de Harvey: Ira intensa pero pasajera

Harvey inicialmente sintió una ira muy intensa y le dio un puntaje de 8 en su Registro de Episodio de Ira (fig. 2.3). Sin embargo, al cabo de una hora su ira había disminuido. Él pensó que prácticamente se había disipado entre los treinta o cuarenta y cinco minutos, de manera que marcó «minutos» en respuesta a la pregunta sobre la duración de su ira. En cuanto a las sensaciones físicas, una conversación lo ayudó a destacar haber experimentado dolor de cabeza, indigestión y sentimientos confusos después de haberse retirado a su oficina. Estas sensaciones también están marcadas en el Registro de Episodio de Ira de Harvey.

Parte 3. La experiencia

Por favor, marca el número que corresponda a la intensidad de tu ira, su magnitud y cómo te sentiste en esa situación

Intensidad de tu ira	Magnitud de tu ira	Cómo te sentiste
_____ 1	Casi inexistente	Calmado, indiferente
_____ 2	Escasa	Intranquilo, emocional, agitado, alterado, desafiado
_____ 3 _____ 4	Leve	Contrariado, molesto, irritado, perturbado, agitado, incómodo, provocado, impelido, fastidiado, malhumorado, angustiado, intranquilo
_____ 5 _____ 6	Moderada	Enojado, agitado, cabreado, disgustado, irritado, encendido, alterado, exaltado, fastidiado, indignado
_____ 7 __✓_ 8	Intensa	Iracundo, enfurecido, exasperado, echando humo, ardiendo, furibundo, rabiando, histérico
_____ 9 _____ 10	Extrema	Frenético, despiadado, trastornado, en pie de guerra, rabioso, enloquecido, maníaco, salvaje, violento, demente

Ahora completa la siguiente frase:

Durante todo el tiempo, en ese evento, me sentí *indignado y furioso*.

¿Cuánto duró tu ira?

__✓_ Minutos   _____ Días

_____ Horas   _____ En curso

¿Qué sensaciones físicas percibiste?

_____ Estómago revuelto/malestar   _____ Sudores

__✓_ Indigestión   _____ Calor/sofoco

_____ Ritmo cardíaco acelerado   _____ Nauseas

_____ Mareo   _____ Respiración rápida

__✓_ Falta de claridad/ sensación   __✓_ Dolor de cabeza

     de irrealidad   _____ Hormigueo

_____ Tensión muscular   _____ Temblor

_____ Fatiga   _____ Otros:

Figura 2.3. Respuestas de Harvey a la parte 3 del ejercicio práctico 2.

Componente 4. El impulso de actuar

Cuando estás enojado, tu impulso de pasar a la acción es complejo y está determinado por múltiples factores. Como señalamos antes, puede provenir directamente del detonante, de tus pensamientos, de tu experiencia interior o de todos los componentes del Modelo de Episodio de Ira.

Al igual que todos los otros animales, estás programado para reaccionar con ira y agresividad ante una amenaza percibida. ¡Intenta quitarle la comida a un perro hambriento o interponerte entre una mamá osa y sus cachorros! Los impulsos biológicos del instinto de conservación y de protección de los hijos están vivos en todos nosotros, y pueden impulsar a cualquier animal, incluido el ser humano, a enfadarse y actuar de forma agresiva. Sin embargo, en la mayoría de los casos, los seres humanos nos enfrentamos a amenazas reales o percibidas que son verbales, simbólicas y mucho menos serias que las que enfrentan los animales en la naturaleza. Por ejemplo, tu ira puede emerger si te lanzan un insulto desagradable, o si descubres que otras personas han estado hablando mal de ti. No obstante, tu impulso primitivo, generado biológicamente, de pasar a la acción cuando estás enfadado puede manifestarse en ataques verbales o comportamiento vengativos. Y en nuestro mundo moderno, desgraciadamente, ese impulso de pasar a la acción cuando estamos enojados provoca comportamientos que tienden a empeorar las situaciones.

El impulso de pasar a la acción tiene cuatro características principales:

1. Emerge como una reacción inmediata a una amenaza real o percibida, antes de que cualquier pensamiento sobre la situación detonante sea siquiera posible.
2. Puede estar impulsado por algunos de los patrones de pensamiento inadaptados de los que ya hemos hablado, por una experiencia interior fuerte, por una sensación corporal o por los tres factores.
3. En algunas situaciones, puede generar inmediatamente un comportamiento impulsivo.
4. En algunas situaciones, puede ser resistido.

Dado que el impulso de actuar está entrelazado con la historia biológica de nuestra especie, debes aprender a retrasar tu respuesta ante un desencadenante desagradable para que puedas valorarlo adecuadamente antes de pasar a la acción. *Y esto es algo que puedes aprender.* Como los demás animales, aunque tengas el impulso de actuar, puedes evitar tener un comportamiento agresivo o de represalia. Puedes quedarte quieto y ser consciente de tus sentimientos, sin ceder al impulso y eligiendo otro camino. Recuerda que un impulso puede ser muy apremiante, pero no tienes que llevarlo a la acción.

El impulso de actuar de Harvey: Palabras como arma

Harvey se sintió amenazado por este error de la vendedora. Lo percibió como un peligro para su reputación y la de la empresa. Actuó cediendo a su impulso de lanzar un ataque verbal muy desagradable, antes de que su empleada tuviera la oportunidad de explicarse (véase fig. 2.4).

Parte 4. El impulso de actuar

Marca la(s) palabra(s) o frase(s) que se correspondan con tu(s) impulso(s) de pasar a la acción en esta situación y describe el impulso que apareció para ti. (Ejemplos: «Simplemente quería plantarle cara» o «Quería alejarme de ella»).

___✓___ Plantarle cara

Quería plantarle cara y atacarla verbalmente.

______ Retirarme

____

______ Resolver el problema

____

______ Otros: ____________________________

____

Figura 2.4. Respuesta de Harvey a la parte 4 del ejercicio práctico 2.

Componente 5. La expresión de la ira

Hay una serie de patrones expresivos o acciones que pueden encajar con tu experiencia personal de la ira o encajar en ella. Ciertamente, las personas que están enojadas se expresan de muchas maneras. Éstas son las más comunes. ¿Ves algunos patrones similares a los tuyos?

Ninguna expresión

Algunas personas tienden a guardar la ira en su interior. Por ejemplo, quizás seas consciente de tu ira, pero puedes decidir que es demasiado arriesgado mostrarla. Sin embargo, incluso si te esfuerzas por ocultarla, es posible que todavía tengas pensamientos de enojo y que pienses intensamente en el problema que desencadenó tu ira. Si estás guardando tu ira dentro de ti, es posible que lo estés haciendo como resultado de tu pasividad y falta de asertividad. Mientras te guardas la ira dentro, también podrías estar guardando rencores durante mucho tiempo, y este comportamiento podría estar impidiendo que resuelvas tus problemas.

Expresión indirecta

Algunas personas expresan su ira de forma indirecta, y quizás tú seas una de ellas. Este patrón puede incluir diversos comportamientos:

- Estropear las relaciones sociales o laborales.
- Chismorrear o difundir información falsa para hacer daño a las personas que son blanco de tu ira.
- Resistirte pasivamente a las exigencias de comportarte de acuerdo a los niveles esperados en el trabajo y en las relaciones.
- No seguir las reglas.
- No cumplir con tu parte en los proyectos en equipo.
- No responder a las peticiones de tu pareja u otras personas importantes en tu vida.

Expresión verbal externa

La mayoría de las personas normalmente expresa su ira con palabras, mostrando uno o más de los siguientes tipos de comportamiento verbal:

- Gritar
- Acusar
- Amenazar
- Maldecir
- Discutir
- Exigir
- Hacer comentarios maliciosos
- Utilizar el sarcasmo

Expresión externa contra un objeto o una persona

Las expresiones físicas de ira son menos comunes que las verbales, pero suelen tener consecuencias más serias. Éstos son algunos ejemplos de este tipo de comportamiento:

- Golpear
- Patear
- Empujar
- Lanzar o romper objetos
- Dar portazos
- Destruir mobiliario

La expresión de la ira contra un objeto o una persona también puede ser parte de un patrón de intimidación y *bullying*.

Expresión externa mediante gestos corporales

Éstas son algunas maneras habituales de expresar la ira a través de movimientos o gestos corporales:

- Poner los ojos en blanco
- Cruzarte de brazos
- Fulminar con la mirada
- Fruncir el ceño
- Mostrar el dedo en un gesto obsceno

Evitación

Algunas personas se esfuerzan por *no* experimentar la ira. Y cuando ésta aparece inevitablemente, a pesar de todos sus esfuerzos por evitarla, eligen alejarse de la situación y de las otras personas. Mirar la tele, oír música, leer un libro y jugar a un videojuego son distracciones que pueden ser utilizadas para evitar experimentar la ira.

Consumo de sustancias

Otro tipo de comportamiento que se presenta en conexión con sentimientos y pensamientos llenos de ira es el consumo de alcohol, medicamentos de venta con receta y drogas recreativas. Como señalamos en el capítulo 1, el mal uso de sustancias es un problema que con mucha frecuencia se superpone a la ira. Consumir alcohol o drogas para hacer frente a tu ira te ayuda a evadirte de los problemas a corto plazo, pero probablemente creará otras dificultades para ti a la larga.

Intentos de resolución

La ira no siempre es algo malo. En ocasiones puede ayudarte a resolver un problema. Cuando las personas están enojadas, a veces quieren calmarse e intentar alcanzar un acuerdo u otro tipo de resolución. ¿Alguna vez has sentido que la ira te daba energía para hacer frente a un problema o manejar una situación difícil?

La expresión de ira de Harvey: Ataque verbal y retirada

Por lo general, Harvey era una persona expresiva: una persona «exterior», como comentamos en el capítulo 1. En el trabajo, rara vez se guardaba la ira en su interior, tampoco la expresaba indirectamente y no evitaba las situaciones que desencadenaban su enojo. Reaccionaba de una forma directa con maltrato verbal, aunque nunca se expresaba físicamente golpeando o empujando a alguien. Jamás tomaba medicamentos o alcohol en el trabajo. Lamentablemente para sus empleados, tampoco intentaba nunca resolver una situación detonante. Simplemente se encerraba en su oficina, dejaba que la ira disminuyera por sí sola y luego regresaba a la planta de ventas y actuaba como si nada hubiera ocurrido (véase fig. 2.5). Naturalmente, sus empleados, que se llevaban la peor parte de su furia, se sentían desmoralizados.

Parte 5. La expresión de la ira

Marca uno o más comportamientos que hayas tenido durante un episodio de ira.

_____ Ninguna expresión (te guardaste todo en tu interior, herviste por dentro y no se lo dijiste a nadie).

_____ Expresión indirecta (hiciste algo secretamente para hacer daño a otra persona, difundiste rumores, ignoraste lo que la otra persona quería).

__✓__ Expresión verbal externa (gritaste, chillaste, discutiste, amenazaste; hiciste comentarios sarcásticos, maliciosos o abusivos).

_____ Expresión externa hacia un objeto (rompiste, lanzaste, golpeaste o destruiste un objeto).

_____ Expresión externa contra una persona (peleaste, golpeaste, pateaste o empujaste a alguien).

_____ Expresión externa mediante gestos corporales (pusiste los ojos en blanco, te cruzaste de brazos, fulminaste con la mirada, frunciste el ceño, lanzaste una mirada severa).

__✓__ Evitación (escapaste o te retiraste de una situación; te distrajiste leyendo, mirando la televisión, oyendo música).

_____ Consumo de sustancias (bebiste alcohol, tomaste medicamentos, consumiste otras drogas como marihuana o cocaína).

_____ Intento de resolución (cediste, lo discutiste o llegaste a algún acuerdo con la otra persona.

_____ Otros _______________________________________

Figura 2.5. Las respuestas de Harvey a la parte 5 del ejercicio práctico 2.

Componente 6. Los resultados

Como hemos visto, cada episodio de ira puede tener uno o más resultados, positivos o negativos. Y cada resultado de un comportamiento colérico ayuda a determinar si dicho comportamiento se repetirá en el futuro.

- Si has descubierto que un tipo de comportamiento colérico suele tener un resultado positivo (como cuando has conseguido captar la atención de alguien, o su conformidad o su admiración), probablemente repetirás dicho comportamiento.
- Si has descubierto que un tipo de comportamiento colérico normalmente *no* produce un resultado positivo (como cuando es ignorado, o cuando tu amigo, amiga o pareja se aleja de ti), es menos probable que lo repitas.
- Si has descubierto que un tipo de comportamiento colérico ha sido castigado (como cuando te despiden o te arrestan), quizás decidas suprimir dicho comportamiento.

Puedes pensar en tus episodios de ira como algo que produce resultados tanto a corto como a largo plazo. Un resultado a corto plazo aparece durante el episodio de ira o poco después, y es muy probable que influya en tu comportamiento colérico, ya que una consecuencia que está cercana en el tiempo a su causa tiene el efecto más poderoso. Un posible resultado a corto plazo conlleva el comportamiento de otras personas, como cuando tu marido o tu mujer, o tu hijo o tu empleado, cumple con tus exigencias. Otro resultado es la liberación de dos sustancias químicas –epinefrina y cortisol– que producen una oleada de energía. Tu frecuencia cardíaca se acelera, tu presión sanguínea y tu temperatura corporal se elevan, tu respiración se hace más rápida, transpiras y tu mente se vuelve más aguda y concentrada. En una situación en la que inicialmente puedes haberte sentido menospreciado e impotente, ahora sientes que tienes poder, gracias al flujo de sustancias químicas. Un fuerte sentimiento de ira también puede producir la ilusión de que eres capaz y tienes el control de una situación en la que en ocasiones te has sentido impotente. De esta manera, el comportamiento de conformidad de las otras personas y las reacciones químicas que tienen lugar en tu cuerpo recompensan a tu ira a corto plazo.

El resultado a largo plazo aparece después de que el episodio de ira ya haya terminado. Por lo general, un resultado a largo plazo no es deseable, pero algunos son buenos. Por ejemplo, hay personas que nos han dicho que la ira hace que tengan más éxito en el trabajo, y que a todos les ha quedo claro cuál es su postura en temas difíciles. Pero la gente que ha reaccionado con ira durante mucho tiempo tiende a experimentar muchos resultados malos a largo plazo. Para algunas personas (y quizás tú encajes en esta categoría), la ira no sólo da energía a su comportamiento, sino que también lo altera. Para estas personas, la ira no mejora la comunicación, solamente es una amenaza para los demás. Para las personas que están en este grupo, la ira no se limita a producir una sensación de mayor poder en una situación difícil, sino que también las instiga a un comportamiento agresivo. No obstante, es posible que los resultados negativos de un episodio de ira no sean evidentes por un tiempo. Estos resultados negativos a largo plazo de la ira, como los efectos a largo plazo de la exposición a sustancias químicas tóxicas, sólo aparecen tras años de agitación, discusiones y discordia. Incluso puede resultar difícil entender que esos resultados están ligados a la ira, ya que tardaron tanto en aparecer. Pero puedes estar seguro de que la ira es un problema muy real en el transcurso de una vida. Ésta es una lista breve de los resultados negativos a largo plazo:

- Conflicto en las relaciones y en la familia.
- Mala reputación.
- Problemas en el trabajo que provocan la exclusión de las reuniones y la ausencia de avance.
- Toma de decisiones erróneas y un aumento en la asunción de riesgos, lo cual conduce al fracaso personal y de los negocios.
- Lesiones físicas que requieren visitas a la sala de urgencias.

- Mal uso del alcohol y las drogas.
- Arrestos y encarcelación.
- Mala concentración y menor productividad, lo cual provoca problemas en los estudios y en el trabajo.
- Hábitos de conducción peligrosos.
- Comportamiento agresivo en reacción a dificultades normales.
- Presión sanguínea alta, enfermedad cardíaca y apoplejía.

¿Qué resultados han estado conectados a tu ira? Utilizando el ejercicio práctico 2, piensa en uno de tus episodios de ira e identifica los efectos inmediatos, a corto plazo. Intenta pensar en resultados positivos así como negativos. ¿Y los resultados a largo plazo? ¿Cómo crees que este episodio de ira afectará a tus relaciones con las personas implicadas? ¿Qué efectos podría tener tu experiencia a largo plazo?

Los resultados de Harvey: Empleados desmoralizados y problemas digestivos

A lo largo de los años, Harvey ha experimentado una serie de resultados a corto y a largo plazo de sus episodios de ira. Descubrió que después de haber gritado, sus empleados mostraban una mayor conciencia, a corto plazo, de los procedimientos en el área de ventas. Durante un tiempo, cometían menos errores. Pero los seres humanos son criaturas que cometen errores y, a la larga, empezaban a cometer errores otra vez y Harvey explotaba. A largo plazo, muchos de sus buenos empleados renunciaron. Después de todo, ¿quién iba a disfrutar trabajando en un ambiente donde un arrebato degradante del jefe era una posibilidad constante? Además, la ira de Harvey acabó provocándole importantes problemas digestivos (véase fig. 2.6.).

Parte 6. Los resultados

¿Cuál fue el resultado positivo a corto plazo de este episodio de ira?

Noté que los vendedores parecían estar más alertas durante un tiempo. Cometían menos errores.

¿Cuál fue el resultado positivo a largo plazo de este episodio de ira?

No se me ocurre ninguno.

¿Cuál fue un resultado negativo a corto plazo de este episodio de ira?

Noté que los vendedores parecían evitarme después de mis explosiones de furia.

¿Cuál fue el resultado negativo a largo plazo de este episodio de ira?

Dos semanas más tarde, mi vendedora encontró otro trabajo y renunció. Dijo que yo era un líder ofensivo. Era muy buena y ahora tengo que reemplazarla. También he tenido que ir al médico por los problemas estomacales que estoy teniendo.

Figura 2.6. Las respuestas de Harvey a la parte 6 del ejercicio práctico 2.

Una pequeña tarea

La figura 2.7 al final de este capítulo muestra el Registro de Episodio de Ira completo de Harvey. Cuando lo hayas revisado y hayas utilizado el ejercicio práctico 2 para analizar uno de tus propios episodios de ira (o más de uno), habrás dado el primer paso para tener un mayor control de tu ira. Para incrementar tu conciencia de tus patrones de ira y comprender algunos temas importantes, hazte las siguientes preguntas:

- ¿Mis episodios de ira comienzan siempre con el mismo tipo de detonante?
- Cuando estoy enojado, ¿qué es lo que normalmente estoy pensando?
- Cuando estoy enojado, ¿qué es lo que normalmente quiero hacer? ¿Qué es lo que normalmente hago?
- ¿Cómo se ve recompensada mi ira?
- ¿Qué resultados negativos están asociados a mis episodios de ira?
- ¿Qué efecto tiene mi ira en mis relaciones a la larga?

Puntos clave

✓ Los episodios de ira siguen un patrón predecible de seis pasos: detonante, pensamientos, experiencia, impulso de actuar, expresión y resultados.

✓ El detonante más común de la ira es el comportamiento indeseable de personas que conoces bien y que te caen bien o amas.

✓ La ira suele aparecer cuando distorsionas el detonante o exageras su significado.

✓ Tu exigencia es un reflejo de tu creencia de que las otras personas deben actuar como tú quieres que actúen.

✓ Las experiencias personales de ira varían en función de su frecuencia, intensidad y duración. ¿Con qué frecuencia te enojas? ¿Cuán intensa es tu ira? ¿Cuánto dura?

✓ En el impulso de actuar (el impulso inmediato de pasar a la acción) influyen una serie de factores como el contexto del detonante, tus pensamientos, tus sensaciones físicas y tu historia de aprendizaje.

✓ La ira puede expresarse de muchas maneras. La gente la expresa con mayor frecuencia verbalmente, gritando, discutiendo, maldiciendo o haciendo comentarios desagradables.

✓ Los resultados a largo plazo de la ira parecen ser los más serios. Es importante considerar el potencial que tiene la ira para provocar un daño a largo plazo en tus relaciones, tu salud y tu felicidad.

✓ Aumentar la conciencia y la comprensión de tus episodios de ira es un primer paso importante para lograr controlarla.

Figura 2.7. El Registro de Episodio Completo de Ira de Harvey.

Parte 3. La experiencia

Por favor, marca el número que corresponda a la intensidad de tu ira, su magnitud y cómo te sentiste en esa situación

Intensidad de tu ira	Magnitud de tu ira	Cómo te sentiste
_____ 1	Casi inexistente	Calmado, indiferente
_____ 2	Escasa	Intranquilo, emocional, agitado, alterado, desafiado
_____ 3 _____ 4	Leve	Contrariado, molesto, irritado, perturbado, agitado, incómodo, provocado, impelido, fastidiado, malhumorado, angustiado, intranquilo
_____ 5 _____ 6	Moderada	Enojado, agitado, cabreado, disgustado, irritado, encendido, alterado, exaltado, fastidiado, indignado
_____ 7 ✓ 8	Intensa	Iracundo, enfurecido, exasperado, echando humo, ardiendo, furibundo, rabiando, histérico
_____ 9 _____ 10	Extrema	Frenético, despiadado, trastornado, en pie de guerra, rabioso, enloquecido, maníaco, salvaje, violento, demente

Ahora completa la siguiente frase:

Durante todo el tiempo, en ese evento, me sentí *indignado y furioso*.

¿Cuánto duró tu ira?

✓ Minutos   _____ Días

_____ Horas   _____ En curso

¿Qué sensaciones físicas percibiste?

_____ Estómago revuelto/malestar   _____ Sudores

✓ Indigestión   _____ Calor/sofoco

_____ Ritmo cardíaco acelerado   _____ Nauseas

_____ Mareo   _____ Respiración rápida

✓ Falta de claridad/ sensación   ✓ Dolor de cabeza

de irrealidad   _____ Hormigueo

_____ Tensión muscular   _____ Temblor

_____ Fatiga   _____ Otros:

Figura 2.7. Continuación.

Parte 4. El impulso de actuar

Marca la(s) palabra(s) o frase(s) que se correspondan con tu(s) impulso(s) de pasar a la acción en esta situación y describe el impulso que apareció para ti. (Ejemplos: «Simplemente quería plantarle cara» o «Quería alejarme de ella»).

___✓___ Plantarle cara
Quería plantarle cara y atacarla verbalmente.

______ Retirarme

____

______ Resolver el problema

____

______ Otros: _______________________________

____

Parte 5. La expresión de la ira

Marca uno o más comportamientos durante un episodio de ira.

______ Ninguna expresión (te guardaste todo en tu interior, herviste por dentro y no se lo dijiste a nadie).

______ Expresión indirecta (hiciste algo secretamente para hacer daño a otra persona, difundiste rumores, ignoraste lo que la otra persona quería).

___✓___ Expresión verbal externa (gritaste, chillaste, discutiste, amenazaste; hiciste comentarios sarcásticos, maliciosos o abusivos).

______ Expresión externa hacia un objeto (rompiste, lanzaste, golpeaste o destruiste un objeto).

______ Expresión externa contra una persona (peleaste, golpeaste, pateaste o empujaste a alguien).

______ Expresión externa mediante gestos corporales (pusiste los ojos en blanco, te cruzaste de brazos, fulminaste con la mirada, frunciste el ceño, lanzaste una mirada severa).

___✓___ Evitación (escapaste o te retiraste de una situación; te distrajiste leyendo, mirando la televisión, oyendo música).

______ Consumo de sustancias (bebiste alcohol, tomaste medicamentos, consumiste otras drogas como marihuana o cocaína).

______ Intento de resolución (cediste, lo discutiste o llegaste a algún acuerdo con la otra persona.

______ Otros _______________________________

Figura 2.7. Continuación.

Parte 6. Los resultados

¿Cuál fue el resultado positivo a corto plazo de este episodio de ira?

Noté que los vendedores parecían estar más alertas durante un tiempo. Cometían menos errores.

¿Cuál fue el resultado positivo a largo plazo de este episodio de ira?

No se me ocurre ninguno.

¿Cuál fue un resultado negativo a corto plazo de este episodio de ira?

Noté que los vendedores parecían evitarme después de mis explosiones de furia.

¿Cuál fue el resultado negativo a largo plazo de este episodio de ira?

Dos semanas más tarde, mi vendedora encontró otro trabajo y renunció. Dijo que yo era un líder ofensivo. Era muy buena y ahora tengo que reemplazarla. También he tenido que ir al médico por los problemas estomacales que estoy teniendo.

Figura 2.7. Continuación.

CAPÍTULO 3

¿Estás preparado para cambiar?

Yo quería cambiar el mundo. Pero he descubierto que lo único que uno puede estar seguro de poder cambiar es a uno mismo.[1]
ALDOUS HUXLEY

Muchas personas dicen, «Quiero dejar de gritar y dar alaridos. Sé que es malo para mí y para mi familia» o «Siempre me he sentido muy tenso y frustrado. Me gustaría dejar ir las cosas con más facilidad». Pero hemos aprendido que incluso cuando la gente está pensando en cambiar su forma de actuar cuando se enoja, eso no quiere decir que esté preparada para hacer el trabajo que conduce a un mejor control de la ira. Trabajar para cambiar el modo en que reaccionas a los eventos no deseados de la vida requiere algo más que buenas intenciones. También requiere energía y esfuerzo. Limitarte a leer este libro sin practicar las nuevas técnicas que vas aprendiendo no es suficiente.

Es tu elección

En este capítulo te invitamos a pensar en tu vida y considerar cómo responderías a algunas preguntas personales sobre tu motivación para reducir tus experiencias de ira. Al llegar al final de este capítulo, serás capaz de expresar claramente tus motivos para querer reducir tu ira o para quedarte como estás. Además, entenderás hasta qué punto estás preparado y cuál es tu motivación para trabajar con la ira. Si ya sabes

---

1. Aldous Huxley, citado en «Sayings of the Week», *The Observer*, 2 de julio de 1961.

que tu ira es un problema y si estás preparado para trabajar para reducirla, puedes pasar al siguiente capítulo.

Obviamente, la vida de cada persona es distinta. Tus propias experiencias son únicas y, puesto que no te estamos viendo en persona, no podemos comprender completamente tu ira. ¡Pero *tú* sí puedes! Simplemente te estamos pidiendo que te observes honestamente y decidas si ha llegado el momento para vivir una vida con menos ira.

La realidad es que todos experimentamos ocasionalmente alguna injusticia o un mal trato por parte de otras personas. Así es el mundo. Cómo eliges reaccionar al maltrato determinará cuánto te enojas y ello, a su vez, influirá en la calidad de tu vida. Cuando las cosas van mal, ciertamente, puedes continuar enojándote. Es tu elección. Pero, como veremos más adelante, reaccionar con ira no es la única opción cuando aparecen dificultades en la vida.

Puedes decidir si tu ira es demasiado frecuente, si es demasiado intensa, si dura demasiado tiempo y si es útil para ti. Otras personas pueden presionarte para que reduzcas tu ira, pero nadie poder forzarte realmente a realizar un cambio. Nosotros creemos que tienes la capacidad de examinar tus circunstancias y decidir qué hacer. A lo largo de este capítulo usaremos ejemplos de Sarah para ilustrar cómo examinar la ambivalencia hacia el cambio, cómo valorar la importancia de reducir tu ira y cómo determinar si estás preparado para reducirla.

La autoconciencia de Sarah
y su compromiso de cambiar

Sarah, una mujer de treinta y ocho años, divorciada
y casada en segundas nupcias con un hombre con una hija de siete
años, continuaba teniendo la custodia compartida de su propio hijo
de ocho años con su exmarido. Las peleas constantes habían marcado
el primer matrimonio de Sarah, y ella creía que la mayor parte
del tiempo el responsable de sus peleas había sido su ex. El segundo
matrimonio de Sarah fue bien durante los primeros

*meses, pero con el tiempo empezó a discutir con frecuencia también
con su nuevo marido. Sus conflictos se tornaron bastante acalorados.
Tal como había hecho con su primer marido, Sarah culpaba
a su segundo marido de su discordia y empezó a dudar respecto
a si ese nuevo matrimonio duraría. A medida que los gritos
y alaridos se fueron incrementando, su hijo empezó a deprimirse y
retraerse, y su hijastra a tener pataletas tanto en casa como en el colegio.
Después de pensar sobre sus dos matrimonios y hablar con una
amiga íntima, Sarah llegó a la dolorosa conclusión de que ella
tenía cierta responsabilidad por las discusiones. Reconoció también
que no quería pasar por otro divorcio, ni tampoco que su hijo
experimentase otra pérdida.
Sarah estaba decidida a aprender a crear una vida hogareña tranquila
y estable para ella y para su familia. Buscó orientación, estuvo muy
motivada a lo largo de sus sesiones de control de la ira y consiguió reducir
sus reacciones coléricas cuando las cosas iban mal en el matrimonio.
Todavía tenía discusiones ocasionales con su marido, pero ya no eran
tan destructivas. Aprendió a no reaccionar rápidamente cuando
las cosas no eran de su agrado y a adaptarse a las situaciones difíciles
de una forma más constructiva. Estos cambios por su parte trajeron una
mayor paz a la familia y el comportamiento de ambos niños mejoró.*

Razones para cambiar y razones para seguir igual

¿Qué es lo que está ocurriendo en tu vida ahora mismo que te está
llevando a pensar en hacer un cambio? Quizás estés motivado a reducir
tus reacciones coléricas porque ves que los demás sufren cuando gritas,
chillas, te alejas o haces gestos. Es posible que tus reacciones te hayan
creado problemas en el trabajo, en tu familia, con tus amigos, con tu
salud o incluso con la ley. Estos problemas pueden estar diciéndote
que es necesario hacer un cambio. Incluso puede que un asesor te haya
pedido que leyeras este libro como parte de un programa educativo o
una intervención. Todos estos motivos para cambiar representan motivaciones *externas*.

Por el contrario, tu motivación para cambiar podría ser *interna*. Quizás desees cambiar simplemente porque te gustaría tener una vida más confortable y sabes que puedes lograrlo. Es posible que quieras reducir tu ira para poder crear una vida hogareña más tranquila y serena, enriquecer tus relaciones con los miembros de tu familia y con tus amigos, o mejorar tus posibilidades de ser ascendido en el trabajo.

Cualquiera sea tu motivación para cambiar tus experiencias de ira, ésta consta de dos partes:

1. El reconocimiento de que tus reacciones actuales de ira no están funcionando.
2. La capacidad de ver que hay una manera mejor de reaccionar a las dificultades de la vida.

Algunas personas *eligen* no cambiar. La gente que adopta este enfoque no ve el lado negativo de su ira. Considera que es perfectamente apropiada. De hecho, ver su ira como algo perfectamente apropiado es tan importante para ellos que no se preguntan si los está ayudando a resolver sus problemas. Y, después de todo, es más fácil crear excusas para seguir estando enojado que hacer el trabajo para cambiar.

Otras personas están preocupadas por su ira, pero no creen que *puedan* cambiar. Y para evitar hacer el esfuerzo, aceptan estoicamente (y tercamente) su estado actual, negando que cualquier otra cosa sea posible.

- «Sí, mi ira a veces me crea problemas, pero no es gran cosa, —mi mujer sabe cómo soy».
- «No puedo evitar enojarme, y mis amigos lo entienden».
- «Mis empleados comprenden por qué siempre pierdo los estribos: así soy yo».

Pero otras personas creen que expresar la ira es *sano*. Es verdad que desahogar la ira a veces puede parecer lo más adecuado. También puede producir un alivio temporal e ilusorio ante una situación conflictiva. Y, desgraciadamente, nuestra cultura ha promovido durante mucho tiempo la idea de que una expresión catártica es deseable. Pero los expertos han refutado largamente la idea de que si la ira no es expresada se acumulará y provocará una agresión mayor o incluso una enfermedad física. Dar rienda suelta a la ira en realidad empeora las cosas, no las mejora.[2]

Otros obstáculos a trabajar en la ira incluyen creencias como «Mi ira hace que consiga lo que quiero» o «Mi ira me protege». Y, ciertamente, puedes utilizar la ira para coaccionar a los demás y obtener los resultados que tú deseas. Pero, normalmente, a la larga, esta táctica es contraproducente porque tu ira crea resentimiento y distancia en tus relaciones más valiosas. Asimismo, puedes usar la ira para proyectar una imagen dura para que los demás no se aprovechen de ti. Pero esta táctica también puede tener serias desventajas: probablemente te percibirán como un matón, o como alguien que no es bondadoso y a quien no se le puede confiar información personal, y esas percepciones pueden tener como consecuencia menos sinceridad y apertura en tus relaciones personales.

El gran error

- Ella siempre me cabrea.
- ¡Mis padres me ponen furioso!
- Él me provoca constantemente.
- ¡Mi jefe me saca de quicio!
- Mi mujer hace que explote.

El problema con este tipo de pensamientos es que te enfocas en la otra persona. Él o ella es quien está equivocado y es la causa de tu eno-

---

2. Véase, por ejemplo, B. J. Bushman, «Does Venting Anger Feed or Extinguish the Flame? Catharsis, Rumination, Distraction, Anger, and Aggressive Responding», *Journal of Personality and Social Psychology* 28 (2002), 724-731.

jo, mientras que tú tienes la razón. Pero ese tipo de pensamientos no te ayudará a examinar las verdaderas causas y consecuencias de tu ira y no producirán un cambio. De hecho, tenemos una frase para la idea de que las otras personas son la única causa de nuestra ira. Llamamos a esta idea *el gran error.*

Las personas enojadas que culpan a los demás de sus emociones no están muy preocupadas por sus propios actos. Antes bien, se pasan la vida culpando a los demás. Después de todo, si las otras personas están equivocadas y son la causa de tu ira, entonces ¿por qué habrías de cambiar *tú?* Concentrarte en las malas acciones de los demás, por muy malas que sean, te permite pensar que aferrarte a tu ira está bien. Pero, desgraciadamente, por muy moral, adecuada, comprensible, excusable o justificada que pueda parecerte tu ira, rara vez producirá cambios beneficiosos en los demás, y tú continuarás en un estado de angustia. El gran error (concentrarte exclusivamente en el mal comportamiento de los otros) acaba con cualquier deseo de tu parte de aprender a reaccionar de una forma distinta para poder llegar a ser una persona fuerte, respetada y efectiva en el mundo, sin una ira excesiva.

Tu ambivalencia hacia el cambio

Es posible que no te hayas comprometido totalmente con el objetivo de cambiar tu ira. Por un lado, es posible que reconozcas el dolor personal y el coste que acompañan a tu ira. Por otro lado, es posible que tengas aparentemente buenas razones y excusas para seguir estando enojado.

No es en absoluto inusual que te sientas de ambas formas respecto a tus reacciones coléricas. Y ésa es la ambivalencia: sentir de dos maneras acerca de algo. Este tipo de indecisión es normal y esperado cuando consideras por primera vez la idea de cambiar comportamientos, emociones o situaciones que están presentes desde hace mucho tiempo. Como psicólogos, hemos visto ambivalencia e indecisión en las personas que se enfrentan a todo tipo de dificultades, incluida la ira. El truco es entender tus propias razones en ambos lados de la pregunta «¿Debería encargarme de mi ira?» y tomar una decisión acerca de lo que te conviene más a largo plazo.

Ahora, utilizando la parte 1 del ejercicio práctico 3.A, examina con más detenimiento este tema. Una vez que hayas comprendido tu ambivalencia respecto de reducir tu ira, verás con mayor claridad dónde te encuentras. Ciertamente, reconocemos que la ira tiene algunos beneficios y que existen motivos para *no* cambiar y para continuar estando enojado. Éstos son, por ejemplo, algunos comentarios de personas con las que hemos trabajado:

- «Es agradable expresar mi ira. ¡Me siento mejor cuando la dejo salir!».
- «Si no me enfado, los demás me van a pisotear».
- «La ira me ayuda a conseguir lo que quiero».
- «Cuando las personas me tratan mal, mi ira me ayuda a expresarme».
- «La ira es una manera de enviar el mensaje de que no deberían meterse conmigo».
- «¿Qué otra cosa se supone que debo sentir cuando la gente me falta al respeto? ¡Mi ira es apropiada!».
- «La ira me da un sentimiento de poder y eso me gusta».
- «Cuando me enojo, ¡simplemente le estoy dando a la gente lo que se merece!».

Las razones de Sarah para aferrarse a la ira

Cuando Sarah completó la parte 1 del ejercicio práctico 3.A,
no se preocupó por pensar en todas las ideas que se le podían
ocurrir. En lugar de eso, su objetivo fue simplemente identificar
sus principales motivos para mantener su ira tal como estaba,
e identificó tres (véase fig. 3.1).

Parte 1. Razones para aferrarte a la ira

Enumera tus razones para querer aferrarte a tu ira. Por ejemplo, ¿tu ira tiene aspectos positivos? Si es así, ¿cuáles son? ¿Qué otros motivos tienes?

Mi primer marido no me trataba bien y no voy a permitir que eso vuelva a ocurrir.

A veces mi marido no es considerado. Mi ira me ayuda a decirle lo que quiero.

Si no me enfado, entonces mi marido no hace tareas de las casa como recoger las cosas de los niños.

Figura 3.1. Las respuestas de Sarah a la parte 1 del ejercicio práctico 3.A.

Ahora, usando la parte 2 del ejercicio práctico 3.A, mira el otro lado: tus razones para realizar un cambio en tus reacciones y reducir tu ira. Como hemos señalado, existen bastantes motivos para trabajar en la reducción de la ira. Para ti, éstos podrían incluir algunos de los mencionados aquí:

- Mejorar tus relaciones con tu mujer o tu marido, tus hijos y tus amigos.
- Aumentar tu efectividad en el trabajo.
- Tener vínculos más estrechos con miembros de tu familia.
- Desear que haya menos caos en tu vida.
- Salvar tu matrimonio.
- Reducir tus pensamientos de venganza incluso con los actos de otras personas que percibes como negativos.
- Reducir tus probabilidades de tener problemas con la justicia.

- Disminuir los efectos de los problemas sobre tu salud física.
- Reducir otras emociones negativas como la ansiedad y la culpa.

Piensa en lo que te está costando tu ira. No consideres únicamente tus episodios de ira y tus problemas más recientes o más dramáticos. Ten en cuenta también las consecuencias más sutiles y a largo plazo que has experimentado. Obviamente, estas consecuencias representan el lado negativo de tu forma de actuar cuando estás enojado y son razones potenciales para cambiar.

Las razones de Sarah para reducir la ira

Cuando Sarah completó la parte 2 del ejercicio práctico 3.A, tuvo presente una vez más que el objetivo no era enumerar todas las razones que podía, sino tener claridad. Sarah identificó cinco motivos para reducir su ira (véase fig. 3.2).

Parte 2. Razones para reducir la ira

Ahora, haz una lista de tus razones para querer reducir tu ira. Por ejemplo, ¿se están volviendo muy altos los costes asociados a tus episodios de ira? ¿Qué otros motivos tienes?

Las constantes discusiones están haciendo que mi matrimonio se vuelva negativo.

Las peleas están afectando a los niños.

No me siento bien cuando estoy enojada.

Quiero que mi vida familiar sea serena y tranquila.

No quiero repetir los patrones que no funcionaron en el pasado.

Figura 3.2. Las respuestas de Sarah a la parte 2 del ejercicio práctico 3.A.

Cuán importante es para ti cambiar

Una vez que has identificado tus pensamientos en ambos lados del asunto, es hora de considerar cuán importante es para ti el cambio. Sé reflexivo mientras consideras esta cuestión. Es posible que otras personas ya se hayan quejado de que tu ira las aleja, hace que se sientan incómodas o causa trastornos en el trabajo y en las relaciones sociales. Es valioso considerar lo que dicen otras personas, pero lo más importante es tu punto de vista. Por lo tanto, para guiar tus pensamientos, considera con cuánta frecuencia te enojas, cuán intensas son tus reacciones y cuánto duran tus experiencias de ira. Luego, utilizando la escala de la parte 1 del ejercicio práctico 3.B, considera tu situación personal y elige el número, entre el 1 y el 7, que represente mejor cuán importante piensas que es que cambies tu forma de actuar cuando estás enojado.

Si tu valoración es 1 o 2, entonces reducir tu ira no es una prioridad alta para ti. En este momento es poco probable que tengas la motivación suficiente para aprender el material de este libro y hacer el trabajo que te sugerimos. Quizás sea mejor para ti dejar este libro de lado por ahora y pasar más tiempo observando tus reacciones a las molestias leves, rechazos, decepciones, mal trato y problemas generales que son parte de la vida. Examina también tus reacciones a cualquier problema importante que experimentes. Fíjate en si tu ira es satisfactoria y logras trae los resultados que deseas. Examina los resultados a corto plazo de tu ira, así como sus probables efectos a largo plazo no sólo en ti, sino también en los demás. ¿La ira funciona para ti? Si no estás seguro, entonces ten presente que la motivación para cambiar no es constante. Más bien tiene altibajos. Por lo tanto, incluso si no estás motivado para trabajar con tu ira ahora, es posible que cambies de idea más adelante.

Si tu valoración es 3, 4 o 5, entonces estás moderadamente comprometido con la idea de reducir tu ira. Probablemente habrá períodos en los que te concentrarás en las tareas que se presentan en este libro. Sin embargo, en otras ocasiones las dejarás para más adelante. La mayoría de la gente que tiene problemas con la ira se clasifica en este rango medio. Si eso es lo que has hecho, entonces te sugerimos que continúes leyendo. Probablemente serás capaz de hacer un uso eficaz de este libro.

La importancia de reducir la ira para Sarah

Como la mayoría de la gente que se pregunta si debería trabajar con su ira, Sarah indicó en la parte 1 del ejercicio práctico 3.B que cambiar su comportamiento colérico era moderadamente importante para ella (véase fig. 3.3).

Parte 1. La importancia de reducir tu ira

Marca el número que indique mejor dónde te encuentras en este momento respecto a la pregunta de cuán importante es para ti reducir tu ira.

____ 1	No muy importante
____ 2	
____ 3	Moderadamente importante
____ 4	
✓ 5	
____ 6	Muy importante
____ 7	

Figura 3.3. La respuesta de Sarah a la parte 1 del ejercicio práctico 3.B.

Y ahora llegamos a una pregunta un tanto capciosa. Utilizando la parte 2 del ejercicio práctico 3.B, considera por qué no diste una valoración *más baja* a la importancia de cambiar. Tu respuesta revelará por qué reducir tu ira *es* realmente importante para ti. Después de todo, cualquiera que piense que la reducción de la ira no es muy importante dará una valoración de 1 o 2 al tema de la importancia. Por lo tanto, si tu valoración fue mayor que 1 o 2, es posible que estés más motivado a cambiar de lo que creías.

Si tu valoración de importancia es 6 o 7, obviamente piensas que un cambio en tu comportamiento es esencial. Probablemente estás preparado para comprometerte a aprender y a completar este libro. Ten en cuenta, sin embargo, que aunque tu compromiso con el cambio es alto, tu motivación puede fluctuar. Para reforzar tus propios motivos para cambiar, responde a la siguiente pregunta: «¿Por qué di una valoración tan alta a la importancia del cambio?». Una vez más, es probable que tu respuesta te muestre una clara razón para haberlo hecho. Mientras lees (o relees) cada uno de los capítulos de este libro, recuérdate por qué el hecho de completar el libro y trabajar con sus ejercicios está en consonancia con lo que crees que es importante en la vida y con tus objetivos de superación personal.

Los pensamientos de Sarah acerca de su valoración de la importancia

Cuando Sarah consideró la parte 2 del ejercicio práctico 3.B, mencionó dos razones por las que no había dado una valoración menor a la importancia de controlar su ira (véase fig. 3.4).

Parte 2. Tu valoración de la importancia

¿Por qué no diste una valoración más baja (por ejemplo, una valoración de 1) a la importancia de reducir tu ira?

Para mí es una prioridad tener un hogar tranquilo.

Las discusiones están haciendo daño a mis hijos.

Figura 3.4. Las respuestas de Sarah a la parte 2 del ejercicio práctico 3.B.

Cuán preparado estás para cambiar

¿Por qué ahora? Es posible que reconozcas que es importante reducir tu ira, pero puedes pensar, o no, que este es el momento para hacerlo. Algunas personas nos han dicho que no están preparadas para trabajar con su ira porque no creen que tengan el tiempo o la energía para dedicarle su mejor esfuerzo. Estamos de acuerdo en que el momento elegido para hacerlo es importante. Sería poco prudente pensar en usar este libro si tienes demasiados compromisos y obligaciones apremiantes. Por otro lado, rara vez se dan las condiciones perfectas.

Quizás te estés diciendo que puedes trabajar en la reducción de tu ira más adelante. En la superficie, suele parecer que lo más fácil es no enfrentar los problemas y posponer las cosas, pero en realidad no enfrentar los problemas es mucho más difícil a la larga. Normalmente se requiere mucha menos energía y menos esfuerzo para reducir tu ira que para manejar tu vida con los problemas que causa tu forma de actuar, aparte del caos resultante. Reconocemos que es normal querer posponer las cosas. Y todos dejamos las cosas para más tarde. Pero la buena noticia es que, con el tiempo, los argumentos a favor de hacer frente a un problema suelen ser más fuertes que los argumentos a favor de evitarlo, y la gente acaba dando los pasos necesarios para mejorar su vida. La clave es cambiar *antes* de que las dificultades asociadas a tu comportamiento creen problemas severos en tu vida.

¿Cuán preparado estás para trabajar con tu ira? Usando una escala de la parte 1 del ejercicio práctico 3.C, considera tu situación personal y elige el número del 1 al 7 que represente mejor cuán preparado estás para cambiar tu forma de actuar cuando estás enojado.

Si tu valoración es 1 o 2, entonces todavía no tienes un fuerte deseo de controlar tu ira. Intenta averiguar si eso se debe a que tienes demasiados compromisos actualmente o si es porque quieres evitar enfrentar tus problemas con la ira. Si crees que verdaderamente estás demasiado ocupado en estos momentos, determina un momento en el futuro en el que podrás realizar un esfuerzo razonable para poner en práctica las ideas de este libro. Pero si crees que tu falta de una buena disposición tiene que ver más con la evitación, entonces hazte la siguiente pregunta: «¿Qué tipo de cosas malas tendrían que ocurrir para que yo quiera cambiar mis reacciones de ira?».

El malestar, junto con el reconocimiento de que existe un problema, a menudo puede instigar el cambio. Es posible que tu ira todavía no haya provocado muchas pérdidas o dolor. Por lo tanto, puede parecer que tu ira no representa un gran problema. Quizás tu matrimonio todavía parece estar intacto y, aunque no has conseguido un ascenso en el trabajo, al menos no te han despedido. Quizás tus amigos todavía están contigo, pero es posible que se hayan convertido más en conocidos distantes. Y quizás estés culpando al colegio de tus hijos por los problemas que tienen, o a sus amigos, en lugar de reconocer tu papel en lo que está ocurriendo. Tu respuesta revela los tipos de pérdidas o costes que son importantes para ti y que podrían influir en tu decisión de trabajar para el control de la ira. Solamente tú puedes decidir si ahora es el momento adecuado.

Una valoración de 3, 4 o 5 de tu buena disposición indica que hay ocasiones en las que ves claramente que tu ira es algo preocupante. En otras ocasiones, no parece molestarte tanto. Una vez más, la mayoría de la gente está en este rango medio y puede esperar que su disposición oscile un poco.

Parte 1. Tu disposición a reducir la ira

Haz una marca junto al número que indique mejor dónde te
encuentras en estos momentos con respecto a la cuestión de tu
disposición a dar los pasos necesarios para la reducción de tu ira.

___ 1	No muy importante
___ 2	
___ 3	Moderadamente importante
✓ 4	
___ 5	
___ 6	Muy importante
___ 7	

Figura 3.5. La respuesta de Sarah a la parte 1 del ejercicio 3.

Otra pregunta capciosa. Utilizando la parte 2 del ejercicio práctico 3.C, considera por qué no le diste una valoración *menor* a tu disposición al cambio. Tu respuesta resaltará por qué el cambio es realmente
importante para ti ahora mismo. Después de todo, si no consideraras
que trabajar con tu ira es bastante urgente, hubieras dado una valora-

ción más baja a tu disposición. Cuando examines tu vida y mires hacia adelante, vale la pena que seas consciente de la razón por la cual la reducción tu ira puede ser urgente. El reconocimiento de los costos de tu ira aumentará tu disposición a trabajar con ella.

Si tu valoración de tu disposición es 6 o 7, ahora es claramente el momento de comprometerte a obtener la ayuda que ofrece este libro. Es importante hacerlo de inmediato. Pero, una vez más, asegúrate de que tu razonamiento es absolutamente claro respondiendo a esta pregunta: «¿Por qué di una valoración tan alta a mi disposición a reducir mi ira?». Tu respuesta aclarará las preocupaciones que te han llevado al punto de estar preparado para dar los pasos necesarios para el cambio.

Los pensamientos se Sarah sobre su valoración de su disposición

Cuando Sarah consideró la parte 2 del ejercicio práctico 3.C, ofreció dos motivos para no haber dado una valoración más baja a su disposición de controlar su ira (véase figura 3.6).

Parte 2. Tu valoración de tu disposición

¿Por qué no diste una valoración menor (por ejemplo, una valoración de 1) a tu disposición a dar pasos para la reducción de tu ira?

Quiero mejorar las cosas antes de que empeoren.

Si espero mucho tiempo, quizás sea demasiado tarde.

Figura 3.6. Las respuestas de Sarah a la parte 2 del ejercicio 3.C.

¿La ira te está funcionando?

Hay muchas buenas razones para reducir las reacciones de ira frecuentes, intensas y de largo plazo, y hay unos pocos motivos para quedarte como estás. Lo que te estamos pidiendo que hagas es que examines tu vida para ver si enojarte funciona para ti. Para hacerlo, no necesitas haber dado una valoración de 6 o 7 a la importancia de cambiar o a tu disposición de cambiar. Completar los ejercicios prácticos de este capítulo puede ayudarte a tener claro cuáles son tus motivos para cambiar (la figura 3.7 al final de este capítulo reúne las respuestas de Sarah a los ejercicios prácticos). Esperamos que pensar sobre las preguntas que te hemos planteado en este capítulo te haya dado una mayor comprensión de tus propios argumentos para el cambio.

Sin embargo, como dijimos anteriormente, la motivación fluctúa. Es posible que estés menos motivado a cambiar durante un período de relativa calma, pero tu motivación puede aumentar rápidamente después de una pelea que tenga consecuencias negativas (trastorno en tu familia, la pérdida de un amigo o amiga, o de un trabajo, o un conflicto con la ley). La mejor manera de lidiar con las variaciones en la motivación es considerar los *beneficios a largo plazo* de realizar un cambio, en lugar de quedarte como estás.

Puntos clave

✓ Incluso si los demás te están presionando para que seas menos iracundo, la decisión de cambiar es *tuya*.

✓ El gran error es concentrarte exclusivamente en el mal comportamiento de otras personas, mientras que ignoras la importante cuestión de si tu ira está haciendo que tu vida sea mejor.

✓ Ser ambivalente significa sentir de dos maneras opuestas al mismo tiempo. Es normal ser ambivalente acerca de la posibilidad de cambiar tu ira.

✓ Cuando tu ira es excesiva y disruptiva, es más complicado gestionar tu vida que cambiar.

✓ Resulta útil considerar lo que está en juego si *no* reduces tu ira.

✓ Ayuda pensar cuáles son los tres mejores motivos que tienes para reducir tus sentimientos de ira y tus reacciones.

Parte 1. Razones para aferrarte a la ira

Enumera tus razones para querer aferrarte a tu ira. Por ejemplo, ¿tu ira tiene aspectos positivos? Si es así, ¿cuáles son? ¿Qué otros motivos tienes?

Mi primer marido no me trataba bien y no voy a permitir que eso vuelva a ocurrir.

A veces mi marido no es considerado. Mi ira me ayuda a decirle lo que quiero.

Si no me enfado, entonces mi marido no hace tareas de las casa como recoger las cosas de los niños.

Parte 2. Razones para reducir la ira

Ahora, haz una lista de tus razones para querer reducir tu ira. Por ejemplo, ¿se están volviendo muy altos los costes asociados a tus episodios de ira? ¿Qué otros motivos tienes?

Las constantes discusiones están haciendo que mi matrimonio se vuelva negativo.

Las peleas están afectando a los niños.

No me siento bien cuando estoy enojada.

Quiero que mi vida familiar sea serena y tranquila.

No quiero repetir los patrones que no funcionaron en el pasado.

Figura 3.7. Las respuestas completas de Sarah a los ejercicios prácticos 3.A, 3.B, y 3.C.

Parte 1. La importancia de reducir tu ira

Marca el número que indique mejor dónde te encuentras en este momento respecto a la pregunta de cuán importante es para ti reducir tu ira.

_____ 1	No muy importante
_____ 2	
_____ 3	Moderadamente importante
_____ 4	
_✓_ 5	
_____ 6	Muy importante
_____ 7	

Parte 2. Tu valoración de la importancia

¿Por qué no diste una valoración más baja (por ejemplo, una valoración de 1) a la importancia de reducir tu ira?

Para mí es una prioridad tener un hogar tranquilo.

Las discusiones están haciendo daño a mis hijos.

Figura 3.7. Continuación.

Parte 1. Tu disposición reducir la ira

Haz una marca junto al número que indique mejor dónde te encuentras en estos momentos con respecto a la cuestión de tu disposición a dar los pasos necesarios para la reducción de tu ira.

_____ 1	No muy importante
_____ 2	
_____ 3	Moderadamente importante
✓ 4	
_____ 5	
_____ 6	Muy importante
_____ 7	

Parte 2. Tu valoración de tu disposición

¿Por qué no diste una valoración menor (por ejemplo, una valoración de 1) a tu disposición a dar pasos para la reducción de tu ira?

Quiero mejorar las cosas antes de que empeoren.

Si espero mucho tiempo, quizás sea demasiado tarde.

Figura 3.7. Continuación.

PARTE 2

Cambiar los detonantes de la ira

CAPÍTULO 4

Estrategia uno: Gestiona tu estilo de vida

*Es una experiencia normal que el problema que nos parece difícil
de noche se resuelva en la mañana después de que el comité
del sueño ha trabajado en él.*[1]
JOHN STEINBECK

Cuando buscamos las causas de nuestra ira, la mayoría de nosotros probablemente no da mucha importancia al estilo de vida y a los factores ambientales.

En este capítulo te pedimos que pienses en gestionar tus hábitos y tu ambiente como un primer paso para reducir tus reacciones de ira. Además, te ofrecemos algunas sugerencias para ayudarte a abordar estos temas.

Hábitos y factores ambientales

No te rías, pero ¿alguna vez has pensado en los efectos del clima en tu personalidad y en tus interacciones con los demás? Investigadores de la Universidad de Columbia reportaron que las personas que vivían el climas con una temperatura promedio de aproximadamente unos 22 grados centígrados tenían un alto puntaje en afabilidad, estabilidad emocional, extroversión y también apertura a la experiencia (todas ellas características sumamente útiles para cualquiera que esté lidiando con conflictos o sintiendo que no es respetada, o que es rechazada o ignorada) y que cuando las temperaturas se elevaban, o descendían, estos fac-

---

1. John Steinbeck, *Sweet Thursday* (Nueva York: Viking, 1954).

tores positivos de la personalidad normalmente disminuían.[2] Ciertamente, hay variaciones personales en nuestras respuestas al calor, pero la ira y el conflicto tienden a aumentar con la temperatura, y los índices de delincuencia suben en los meses más calurosos. ¿Acaso no es más probable que le toques el claxon a alguien que te cierra en el tráfico en un sofocante día de verano que en un día templado de primavera?

Asimismo, puedes ver tus propios episodios de ira como si fueran incendios forestales. ¿Hay factores que hacen que sea más probable que se inicie uno de tus incendios de ira? Éste es el tipo de pregunta que plantean los campos de la psicología ambiental y la psicología biológica, las cuales ofrecen información importante sobre cómo reorganizar tu mundo cotidiano de forma que haga que las interacciones coléricas o de aversión sean menos probables. Por ejemplo, en ocasiones puede resultar útil simplemente retrasar una interacción potencialmente problemática hasta que el calor del día haya pasado, o hasta después del almuerzo o la cena. Y a veces reducir el consumo de alcohol o invertir en un aparato de aire acondicionado puede traer la paz a una familia que se está peleando.

Alimentos y nutrición

¡Ah, la dulzura de los postres azucarados! ¡Qué maravillosa es al final de una comida! Por desgracia, sin embargo, ciertos tipos de alimentos (como los dulces) pueden contribuir al desarrollo de la ira. Muchos psicólogos y nutricionistas culpan al exceso de carbohidratos simples, así como a las deficiencias de magnesio (que ayuda a que los músculos se relajen) y a las deficiencias de muchos otros minerales y vitaminas. Sugieren que las personas que se alimentan principalmente de alimentos procesados y de harina y azúcar blancas tienen una mayor probabilidad de experimentar ira que las personas que consumen grandes can-

---

2. W. Wenqi, G. Jackson, A. D. Lu, H. W. Galinsky, S. D. Gosling, et al., «Regional Ambient Temperature Is Associated with Human Personality», *Nature Human Behaviour* 1 (2017), 890-895.

tidades de frutas, verduras de hoja verde y legumbres. Estas ideas pueden parecer un poco extrañas, pero hay evidencia científica sólida de que el tipo de alimentos que consumes puede incrementar o disminuir tu probabilidad de enojarte cuando las cosas no salen como tú quieres.

¿Alguna vez has oído la palabra *hanger*? Es la combinación de las palabras *hunger* (hambre) y *anger* (ira), y se refiere al tipo de irritabilidad que uno puede experimentar cuando tiene hambre. Vamos a explicar un poco esto. Los alimentos que consumes son convertidos por el sistema digestivo en azúcares simples (mayormente lo que se conoce como *glucosa)* y ácidos grasos. La glucosa luego entra en el torrente sanguíneo (la cantidad de glucosa que circula por tu sangre en cualquier momento dado se denomina *nivel de glucosa en sangre)* y finalmente la glucosa va a tus órganos y tejidos, donde se utiliza para producir energía. Hasta aquí todo bien. Sin embargo, al final tu nivel de glucosa acaba bajando. Cuando esto ocurre, es posible que todavía seas capaz de actuar de una forma razonable en una situación importante, como una reunión de negocios o una clase en la universidad. Pero en una situación informal, donde has bajado la guardia y te sientes menos restringido, es posible que te irrites y pierdas la paciencia con las otras personas mientras tus niveles de glucosa en sangre caen en picado y es más probable que tus impulsos coléricos salgan a la superficie.

Para remediar la situación, quizás recurras a una chocolatina o algún dulce, o un carbohidrato simple como una bolsa de patatas fritas, creyendo erróneamente que ésta es la manera de reducir tu malestar. Pero lo que realmente necesitas, especialmente cuando tienes el estómago vacío, es el tipo de proteína o carbohidrato complejo que se convierte en glucosa con mayor lentitud y te proporciona una cantidad de glucosa más estable y duradera en el torrente sanguíneo. No obstante, no siempre hacemos estas conexiones o las entendemos. De manera que recurrir a un dulce o a una galletita puede convertirse en un hábito, el cual es en parte responsable del aumento de peso que muchos de nosotros experimentamos con la edad y cuando nuestro organismo empieza a ser menos eficientes.

Pero hay otro problema con *hanger* y, como mínimo, es tan serio como engordar. Cuando tus niveles de glucosa en sangre bajan mucho, tu cuerpo lo compensa liberando adrenalina y cortisol, las mismas hormonas que se liberan cuando te sientes amenazado. Estas hormonas hacen que seas extremadamente sensible a los comentarios y actos negativos de otras personas, e inician la respuesta de «lucha o huida», a pesar de que en realidad no te estás enfrentando a una amenaza real. *Hanger* es probablemente parte de un mecanismo evolutivo. Cuando nuestros ancestros animales experimentaban un bajón en los niveles de glucosa en sangre, tenían que comer para sobrevivir. Para ellos, ser egocéntricos, coléricos y agresivos significaba conseguir más comida y resolver una situación de vida o muerte. Pero he aquí una conclusión para los que vivimos en el siglo XXI: cuando se trata de manejar el conflicto y la adversidad durante el transcurso de un día, un nivel estable de glucosa en sangre es mejor que un subidón de energía que se disipará con rapidez.

Tal como lo hemos sugerido, algunos alimentos tienen más probabilidades de estar asociados a un subidón de energía (es decir, a un nivel pico de glucosa en sangre) que luego se disipa rápidamente. Se dice que estos alimentos tienen un índice glucémico elevado. Pueden ser sabrosos y puede parecer que nos llenan, y es posible que te sientas bien inmediatamente después de haberlos ingerido, pero pueden ponerte rápidamente en un estado en el que tu nivel de glucosa en sangre sea tan bajo que tengas problemas para controlar tus reacciones emocionales. Otros alimentos, de los que se dice que tienen un índice glucémico bajo, producen unos niveles de glucosa en sangre más largos y estables, así como unos pensamientos más estables y menos *hanger*. La tabla 4.1 es un cuadro de índice glucémico.

Tabla 4.1. Alimentos con índice glucémico (IG) bajo y alto

IG bajo	IG alto
Manzana (6)	Bágel, blanco, congelado (25)
Cereal con fibra (4)	Cola (15)
Alubias cocidas (7)	Cornflakes (21)
Cebada, gruesa (7)	Cuscús (23)
Frijoles negros (7)	Jugo de arándanos (24)
Anacardos salados (3)	Sémola de trigo instantánea (22)
Pomelo (3)	Dátiles (42)
Pan de hamburguesa (9)	Kugel (fideos de huevo, azúcar, queso) (31)
Hummus (crema garbanzos) (0)	Macarrones con queso (32)
Helado, crema entera, porción normal (8)	Pizza, queso y salsa de tomate (22)
Palomitas de microondas (8)	Patatas cocidas (26)
Leche entera (3)	Arroz blanco cocción rápida (23)
Leche desnatada (4)	Pasas de uva (28)
Melocotón (5)	Solomillo con verduras y patatas (35)
Pera (4)	Espaguetis (26)
Cacahuetes (1)	Barrita de fresas procesadas (23)
Pan de centeno (6)	Pastel de hojaldre con relleno de chocolate (25)
Jugo de tomate enlatado sin azúcar (4)	Bizcocho de vainilla (24)
Tortilla de trigo (8)	
Sandía (4)	

Nota: Se considera que un IG de 10 o menos tiene un efecto mínimo en el nivel de glucosa en sangre, mientras que un IG de 20 o más puede producir un subidón rápido y el correspondiente bajón también rápido en el nivel de glucosa en sangre; un IG de 11 a 19 tiene un impacto moderado en el nivel de glucosa en sangre. Para más información, véase «Glycemic Index for 60+ Foods», *Harvard Health Publishing*, Harvard Medical School, 2015, encontrado en www.health.harvard.edu/diseases-and-conditions/glycemic-index-and-glycemic-load-for-100-foods, actualizado el 14 de marzo de 2018.

Toda esta información nos lleva a dos recomendaciones que nos gustaría que considerases:

1. Si te enojas con más frecuencia de lo que quisieras, sé consciente de lo que comes. Incluye en tu dieta más alimentos que tengan un índice glucémico bajo. Éstos te proporcionan unos niveles de glucosa en sangre más uniformes y te resultará más fácil responder a las decepciones, los conflictos y la adversidad sin ira. Quizás estés siguiendo una dieta baja en carbohidratos o quizás tienes restricciones en tu alimentación relacionadas con tu religión. O quizás seas diabético, en cuyo caso te sugerimos que consultes con tu médico o con un nutricionista profesional. Recuerda también que la tabla 4.1 está basada en las porciones habituales. Un pan de hamburguesa o unos pocos cacahuetes pueden estar bien para ti, pero tres panes y un bote entero de cacahuetes es otra cosa.

2. Sé consciente de *cuándo* te enfrentas a situaciones difíciles o hablas con otras personas acerca resolver conflictos potenciales y de *cuándo* interactúas con las personas difíciles en tu vida. Quizás descubras que puedes desarrollar mejores soluciones a los conflictos maritales o familiares, o a las decepciones profesionales, si hablas de esos problemas después de una comida, cuando tu nivel de glucosa es adecuado y estable. Resulta ser que hay sabiduría en ese antiguo consejo de tomar un desayuno saludable antes de ir al trabajo o a la universidad.

Alcohol

El alcohol afecta a cada persona de manera distinta, de modo que harías bien en considerar tus propias reacciones a la cerveza, el vino y los licores. Algunas personas que beben en exceso al cenar se vuelven letárgicas y poco reactivos a las interacciones sociales. Simplemente se van a acostar temprano. Otras se vuelven beligerantes e incluso agresivas.

*Louis, un cerrajero de treinta y cuatro años, casado y con una hija
de ocho años, tenía un verdadero problema de ira que estaba
relacionado con el consumo de alcohol. En los primeros años
de su matrimonio, iba directo del trabajo a casa para estar
con su mujer. Sólo tomaba una cerveza con la cena y nada más.
Sin embargo, con el tiempo su rutina evolucionó
y Louis empezó a ir a un bar con sus compañeros de trabajo
antes de ir a casa. Luego se tomaba unas cervezas con la cena
y más tarde, en la noche, bebía whisky.
Desafortunadamente, la ira y la agresividad de Louis hacia su mujer
y su hija aumentaban cada vez que se emborrachaba. Se tornaba
menos paciente y tolerante con los errores y no era receptivo
a las preguntas o cualquier tipo de comentarios. Cuando estaba
embriagado, tenía la tendencia a interpretar muchos
de los comentarios de su esposa como críticas.
Al principio, sus episodios de ira en estado de embriaguez acababan
principalmente en diatribas y discusiones ruidosas adornadas con
malas palabras, pero al final Louis empezó a romper objetos del hogar
y a empujar a su mujer y a su hija. Ellas se asustaban, pues nunca
sabían lo que lo iba a hacer explotar.
La mujer de Louis finalmente se divorció de él, tras varios años
de andar con pies de plomo, un período en el cual Louis fue arrestado
en dos ocasiones. Dado que su hija reaccionaba con una marcada
ansiedad cada vez que Louis se le acercaba, su esposa consiguió
una orden de alejamiento que le prohibía visitar el hogar familiar.
Sólo se le permitían visitas supervisadas con su hija, y una trabajadora
social debía estar presente.
Después del divorcio, Louis se mudó a un apartamento pequeño
donde, después de un tiempo, comenzó a vivir con su nueva
novia. Louis continuó bebiendo y nunca fue ascendido en su trabajo.
Tenía peleas frecuentes con su novia por su falta de avance
profesional y de motivación para mejorar su vida, y estas
discusiones estropearon la relación.*

El vínculo entre la ira y el creciente consumo de sustancias está claro. Una explicación para este vínculo es que las personas que experimentan una ira crónica recurren al alcohol (y en ocasiones a otras drogas) como un medio para reducir su activación y agitación internas. Con el tiempo, según esta explicación, este patrón acaba firmemente enraizado (es decir, el hábito de beber se refuerza) porque el alcohol atenúa constantemente las experiencias corporales desagradables que acompañan a la ira crónica. Otra explicación es que el alcohol reduce las inhibiciones de algunas personas y, por lo tanto, aumenta las expresiones verbales y físicas de la ira. Conscientemente, estas personas se sienten más seguras cuando están ebrias y, en consecuencia, es más probable que dejen salir su ira de forma destructiva. Además, el alcohol afecta al funcionamiento de esa parte del cerebro conocida como la *corteza prefrontal,* responsable de lo que se denomina *toma de decisiones ejecutivas.* La corteza prefrontal entra en juego cuando percibimos una amenaza o un conflicto (como cuando pensamos que hemos sido insultados o menospreciados), y nos permite considerar todos los resultados posibles relacionados con una situación ante de tomar una decisión acerca de cómo reaccionar.

En términos generales, parece ser que el consumo de alcohol y la ira tienen una relación recíproca. Beber puede llevar a más ira, y la ira puede llevar a más consumo de alcohol. Es un círculo vicioso. La buena noticia es que las intervenciones de control de la ira pueden llevar a una reducción del consumo problemático de alcohol. Por ejemplo, en 2006, nuestro colega Jerry Deffenbacher hizo que un grupo de alcohólicos, hombres y mujeres, recibieran un tratamiento relacionado con Alcohólicos Anónimos o un tratamiento de control de la ira adaptado al alcohol. Al final del tratamiento, las personas de ambos grupos mostraron una reducción significativa del consumo de alcohol y de la ira.[3]

---

3. J. L. Deffenbacher, «Evidence for Effective Treatment of Anger-Related Disorders», en E. L. Feindler (ed.), *Anger-Related Disorders: A Practitioner's Guide to Comparative Treatments* (Nueva York: Springer, 2006).

Pero éste no es un libro sobre alcoholismo o tratamientos para el consumo excesivo de alcohol y no queremos desviarnos mucho hacia esa área. Solamente queremos resaltar la importancia de conocerte y tener la vida más satisfactoria que puedas. Si te parece que tus hábitos de consumo de alcohol están provocando interacciones coléricas con otras personas, debes dar los pasos necesarios para controlarlos. Es verdad que observar sinceramente tus hábitos de consumo de alcohol puede resultar difícil y es normal que las personas minimicen los efectos que el alcohol tiene en su vida. Con frecuencia oímos frases como, «El hecho de que yo beba no tiene nada que ver con mis problemas familiares. Si mi mujer me tratara con más respeto, yo no estallaría como lo hago». El consumo excesivo de alcohol también puede estar asociado a la ansiedad, la vergüenza, la culpa y otras formas de sufrimiento emocional. Simplemente te estamos pidiendo que monitorees tu consumo de alcohol y consideres cómo puede estar reduciendo tu capacidad de hacer frente a los conflictos, las desilusiones y el estrés. Puede que descubras que tu consumo de alcohol es un hábito en el que te resultaría útil trabajar, o puede que no. Si lo haces, fíjate en los recursos para controlar tu consumo de sustancias en el apéndice A.

Sueño

Los estudios realizados con adolescentes sanos, con presidiarios, con delincuentes menores de edad y otros indican que dormir poco o de forma inadecuada son factores que están relacionados con la ira y la agresividad. Los problemas del sueño también parecen ser importantes en los casos de violencia de pareja, en el *bullying* en los colegios, el *cyberbullying* y la violencia en los hospitales psiquiátricos. Pero la mayoría de nosotros ya sabe que la falta de sueño puede provocar todo tipo de problemas, y la irritabilidad es uno de ellos. Y de la misma manera que tenemos la palabra *hanger* para hablar de la irritabilidad que acompaña al hambre, tenemos la palabra *slanger* para hablar de la irritabilidad que acompaña a la falta de sueño.

La necesidad de dormir varía mucho. La mayoría de la gente duerme unas seis horas y media por noche. Sin embargo, la mayoría de nosotros desearía dormir unas ocho horas cada noche, y ésa parece ser la cantidad de horas de sueño que nos ayuda a funcionar mejor.[4] Pero si la mayoría de la gente está durmiendo sólo aproximadamente seis horas y media por noche, entonces la mayoría está funcionando con un déficit de sueño nocturno de unos noventa minutos.

El trabajo es un factor que puede influir en nuestros hábitos de sueño. En una encuesta de Gallup de 2014, el 21 % de los adultos participantes en Estados Unidos declaró trabajar entre cincuenta y cincuenta y nueve horas semanales, y el 25 % de los participantes asalariados dijo que trabajaba más de sesenta horas a la semana; el número de horas promedio de todos los participantes fue cuarenta y nueve (un día completo más que las cuarenta horas semanales imaginadas) y el 13 % reportó tener más de un empleo.[5] Probablemente conoces a muchas personas que trabajan tanto que tienen poco tiempo para dedicar a sus asuntos personales y familiares y para dormir.

Un dato relacionado es que muchos adultos trabajan en turnos de tarde, de noche, o rotativos; es decir, que pueden trabajar en un turno que va desde las nueve de la mañana hasta las seis de la tarde un día, un turno que va desde la medianoche hasta las ocho de la mañana al día siguiente, y así sucesivamente.[6] Este grupo incluye a personal de líneas aéreas, médicos de urgencias, policías, bomberos, empleados de restauración y efectivos de combate. Y, por supuesto, también entran en esta categoría las madres y los padres y otros cuidadores. Los estudiantes

---

4. «Excessive Sleepiness: How Much Sleep Do We Really Need», National Sleep Foundation, se accedió el 17 de junio de 2018, https://sleepfoundation.org/excessivesleepiness / content/how-much-sleep-do-we-really-need-0

5. Lydia Saad, «The "40-Hour" Workweek Is Actually Longer-by Seven Hours», Gallup, se accedió el 29 de agosto de 2014, http://news.gallup.com/poll/175286/hour-workweek -actually-longer-seven-hours.aspx

6. Véase Work Schedules: Shift Work and Long Hours (vídeo), Centers for Disease Control and Prevention, se accedió el 9 de junio de 2018, www.cdc.gov/niosh/topics /workschedules/default.html. Véase también «Average Annual Hours Actually Worked», OECD iLibrary, se accedió el 9 de junio de 2018, www.oecd-ilibrary.org/employment/data/ hours-worked/average-annual-hours-actually-worked_data-00303-en

universitarios no suelen dormir lo suficiente debido a las responsabilidades académicas o los eventos sociales, y los adultos mayores normalmente duermen menos de lo que lo hacían en años anteriores. Esta época de globalización y la economía de veinticuatro-horas-al-día ciertamente no ayudan.

Existe una relación bastante fuerte entre la falta de sueño y la tendencia a responder con ira cuando las cosas van mal. La falta de sueño, además de la irritabilidad e ira crecientes, puede contribuir a la depresión, dolores de cabeza, problemas de memoria, dificultad para la concentración, úlceras, enfermedad cardíaca y accidentes profesionales.

La conexión entre las alteraciones del sueño y la ira parece estar relacionada con las alteraciones en los patrones normales del ritmo circadiano. Los seres humanos, otros animales e incluso las plantas y las bacterias responden de una forma predecible a los ciclos de veinticuatro horas que están incorporados y genéticamente determinados. Estamos programados para estar más alertas en las horas de luz diurna y para dormir en la oscuridad. Estamos más alertas en las mañanas. Estamos más coordinados y tenemos más fuerza muscular desde la media tarde hasta el final de la tarde, y aproximadamente a las dos de la madrugada estamos en la etapa de sueño más profundo. A eso de las siete de la mañana nuestra presión sanguínea sube y dejamos de segregar melatonina, que es lo que nos ayuda a dormir. Cuando este ritmo se altera, la probabilidad de que surja la ira y la agresividad aumenta. En el nivel conductual, cuando el sueño se altera vemos un empeoramiento del funcionamiento cognitivo, de la toma de decisiones y la impulsividad.

Entonces, ¿qué puedes hacer?

1. Reconocer que el *slanger* es un problema real.
2. No realices tareas importantes que sean sumamente complejas o frustrantes cuando hayas dormido poco.
3. No interactúes con personas difíciles ni participes en interacciones sociales complicadas cuando hayas dormido poco.

Es posible que no te des cuenta de que tus reacciones emocionales serán peores después de una noche en la que has dormido lo mínimo o muy poco, pero lo serán. La simple conciencia de los efectos del sueño es importante, porque este tipo de conciencia puede ayudarte a pensar con mayor claridad acerca de cuándo es el mejor momento para interactuar con otras personas o participar en situaciones complicadas. Comprendemos que para algunas personas (y quizás tú seas una de ellas) puede ser difícil modificar los patrones de sueño a causa del trabajo, los estudios o las responsabilidades de la crianza de los hijos, pero, aún así, se pueden realizar muchas modificaciones en la vida (*véase* «Mejorar el sueño»).

Mejorar el sueño

Comer y beber

- No comas demasiado justo antes de acostarte, porque ello puede impedir que duermas profundamente. Considera hacer que la comida del mediodía sea tu comida fuerte del día.
- El alcohol hace que la mayoría de las personas tenga sueño, pero después de unas horas te despierta. De modo que no bebas alcohol antes de dormir.
- Beber cualquier cosa antes de acostarte es una mala idea, ya que probablemente necesitarás orinar unas horas más tarde. De manera que no bebas líquidos en las tres horas anteriores a la hora de dormir.
- Ten cuidado de no consumir cafeína poco antes de dormir. El café, los refrescos, algunos tipos de helados, las bebidas energéticas y el chocolate son algunos de los principales infractores. Incluso el café descafeinado suele contener algo de cafeína. Ten cuidado también con los analgésicos y las medicinas para el resfriado, porque suelen contener cafeína. Prueba el té sin cafeína.

Luz y ruido

- Desconecta tus aparatos electrónicos antes de la hora de acostarte. Un teléfono móvil, una *tablet,* un ordenador, un televisor o un reloj digital cerca de tu cama crean una luz azul que interfiere con el sueño. Apágalos, o baja su intensidad, o prográmalos, si puedes, en un modo que produzca una luz más cálida.

- ¿Realmente necesitas un reloj despertador? Es posible que acabes mirándolo repetidamente durante la noche si estás preocupado por una reunión de negocios o un examen académico que tienes al día siguiente. ¡Demuestra tu fe en tu reloj despertador! Colócalo fuera de tu vista: en la habitación de al lado, debajo de la cama o en un cajón, donde puedas oír la alarma pero sin verlo.

- Mantén el ruido en el nivel mínimo. Si hay distracciones en tu casa, prueba a ver si una máquina de ruido blanco te ayuda.

- No hagas ni aceptes llamadas telefónicas, no envíes ni leas mensajes de texto, ni participes en conversaciones electrónicas durante tus horas de sueño.

La higiene de la habitación

- Si es posible, duérmete y despiértate aproximadamente a la misma hora todos los días. Este horario regular ayudará a tu cerebro y a tu cuerpo a acostumbrarse a tener un programa saludable de dormir-despertar.

- Tu cama es para dormir. No trabajes, ni veas televisión, ni juegues a juegos ni comas en la cama.

- Mantén tu cama limpia y no dejes que se suban los animales domésticos. Los ácaros, el moho, la caspa y otros alérgenos pueden activar las alergias, lo cual sin duda te mantendrá despierto.

- Ajusta la temperatura de tu dormitorio. Para la mayoría de la gente, el mejor rango de temperatura para dormir es entre 20 y 22 grados centígrados.

Ejercicio y dolor

- El ejercicio vigoroso es magnífico, pero no justo antes de acostarte. Te estimula justo cuando quieres estar tranquilo.
- Es posible que un leve dolor de espalda no te despierte, pero puede alterar el sueño profundo. Algunas personas encuentran que una almohada entre las piernas las ayuda.
- Consulta con tu médico acerca de alguna medicación para el dolor.

Algunas ideas para los que trabajan en turnos

- Procura no trabajar en dos o más turnos de noche seguidos. Es más probable que te recuperes si puedes programar días libres entre tus turnos.
- Cuando puedas, evita los turnos rotatorios. Si eso es imposible, normalmente es más fácil adaptarte a una programación que rota de un turno de día a un turno de tarde a un turno de noche, en lugar de hacerlo en el orden contrario.
- Mantén tu lugar de trabajo bien iluminado para favorecer el estar alerta. Podría serte útil tener una caja de luz brillante. Tu cuerpo tiene un reloj interno que le dice cuándo estar despierto y cuándo estar dormido, y ese reloj interno está controlado por la luz. Muchos de nosotros nos despertamos con la luz y nos vamos a dormir cuando está oscuro. La luz está asociada con estar alerta.
- Utiliza persianas que cierren bien o cortinas gruesas para bloquear la luz solar cuando duermas durante el día. La luz solar es uno de los mayores estimulantes de tu alarma interna para despertar. Entra a través de tus párpados y te estimula para que te mantengas despierto.

Música

La música se ha utilizado siempre para afectar al estado de ánimo. Los tambores de guerra intensifican la agresividad y un canto devocional tranquiliza al alma. Oímos música tanto para relajarnos como para intensificar el ejercicio físico.

Cuando los ascensores eran algo nuevo, los llenaban de música calmante para aliviar la ansiedad de los pasajeros. De esta práctica surgió el término «música de ascensor». Este tipo de música tuvo originalmente un propósito utilitario: promover el uso de los ascensores. Actualmente, el término «música de ascensor (o de elevador)» hace referencia en general a la música grabada suave, de volumen bajo, que se utiliza en lugares públicos como centros comerciales. También se la conoce como «música ambiental», «música para relajarse», «Muzak» e «hilo musical», y no pretende que el oyente se concentre en ella. El hilo musical puede reducir la ansiedad, mejorar la atención y la memoria, e incluso reforzar el aprendizaje a corto plazo. Una posible explicación de estos efectos de la música ambiental es que puede aumentar la excitación y promover un estado emocional positivo, lo cual luego mejora la atención a los detalles. Sin embargo, para que estos efectos ocurran, la música debe ser verdadera música ambiental, con una variación mínima en el tempo y el volumen, y sin una letra que distraiga. Otros géneros musicales como el rap, el *heavy metal* y el emo *(hardcore emocional)*, suelen tener un tempo más rápido y se escuchan a un volumen más alto. Hay una gran cantidad de variación en esos géneros, pero pueden contener letras agresivas y sexualmente explícitas, incluyendo frecuentemente malas palabras y centrándose en problemas sociales serios.

Dada la amplia gama de gustos musicales de la gente, existen muchos motivos para apreciar diferentes géneros musicales, pero también es probable que los diferentes géneros produzcan efectos distintos.

---

respetuoso en sus interacciones con sus clientes. Con el tiempo, le fueron dando cada vez menos horas de trabajo y finalmente fue despedido debido a las quejas por su actitud.

Los efectos de un género musical pueden deberse al volumen, o al tempo o a las letras de las canciones. Por ejemplo, los investigadores que colocaron a los participantes de un estudio en un simulador de conducción en el cual estaban expuestos a situaciones frustrantes mientras escuchaban música positiva o negativa, de alta o baja energía, descubrieron que una mayor ira y una presión sanguínea más alta estaban asociadas a la música negativa de alta energía.[7] Otro estudio mostró que escuchar canciones con letras violentas aumentaba la hostilidad y los pensamientos y sentimientos agresivos.[8] Un aspecto más positivo es que otros investigadores han hallado que cuando los presidiarios oían música relajante su ira y su ansiedad se reducían, y que escuchar música triste o alegre está asociado con menos errores en la conducción.[9]

No estamos presentando alegaciones en contra de formas de música más activas. Simplemente estamos señalando que muchos de nosotros vivimos en hogares caóticos en los que hay niños gritando, parejas discutiendo, perros ladrando y ordenadores y televisores en-

---

7. M. D. van der Zwaag, S. Fairclough, E. Spiridon, y J. H. D. M. Westerink, «The Impact of Music on Affect during Anger-Inducing Drives», en S. D'Mello, A. Graesser, B. Schuller, y J. C. Martin (eds.), *Affective Computing and Intelligent Interaction* (Berlin and Heidelberg: Springer, 2011).

8. W. Pieschl y S. Fegers, «Violent Lyrics = Aggressive Listeners?», *Journal of Media Psychology* 28 (2016), 32-41.

9. Véase M. Bensimon, T. Einat, y A. Gilboa, «The Impact of Relaxing Music on Prisoners' Levels of Anxiety and Anger», *International Journal of Offender Therapy and Comparative Criminology* 59 (2015), 406-423; Seyedah Maryam Fakhrhosseini, Steven Landry, Yin Yin Tan, Saru Bhattarai, y Myounghoon Jeon, «If You're Angry, Turn the Music On: Music Can Mitigate Anger Effects on Driving Performance», en Shamsi Iqbal, Erika Miller, and Yuqing Wu (eds.), *Proceedings of the 6th International Conference on Automotive User Interfaces and Interactive Vehicular Applications* (Nueva York: ACM Publications, 2014).

cendidos constantemente. Si este tipo de hogar se parece al tuyo, entonces te sugerimos que apagues el televisor o el ordenador y consideres la posibilidad de escuchar música suave, agradable, sin letras cuando estés en casa. Cuesta muy poco dar estos pasos, y los posibles beneficios, en términos de menos conflictos y más paz interior, son muchos. También estamos a favor de añadir música suave, lenta y agradable a muchos lugares de trabajo o institucionales donde reducir la ira es un objetivo. Por último, piensa en el tipo de música que escuchas mientras conduces. En muchos lugares, las carreteras tienen muchísimo tráfico y están llenas de conductores desconsiderados. Escuchar música relajante puede ayudar. No existe ninguna buena razón para no probarlo.

Colores y olores

¿Y el poder positivo de los colores, olores y, por supuesto, de las flores? Un estudio halló que los hombres y las mujeres que regalaban flores eran percibidos como personas felices, exitosas, capaces y emocionalmente inteligentes, y que daban la impresión de ser capaces de expresar sus sentimientos eficazmente mientras se tomaban el tiempo para comprender los sentimientos de los demás. Como parte del mismo estudio, las mujeres que recibían flores decían estar de un humor positivo que en ocasiones duraba días.[10] Este tipo de percepciones y reacciones muestra cómo las flores pueden desempeñar un papel fácilmente en la mejora de una relación.

Charlotte y Carl, de treinta y cinco y treinta y seis años respectivamente, tenían un matrimonio que era relativamente estable excepto por sus riñas diarias. Ambos trabajaban la jornada completa en empleos sumamente estresantes en el sector financiero.

---

10. J. Haviland-Jones, J. J. Rosario, P. W. Wilson y T. McGuire, «An Environmental Approach to Positive Emotion: Flowers», *Evolutionary Psychology* 3 (2005), 104-132.

Charlotte era analista de la bolsa de valores y Carl era banquero.
Cuando llegaban a casa en la noche, estaban totalmente agotados.
Con frecuencia, discutían por cualquier motivo, e intercambiaban
comentarios degradantes moderados. Ambos se quejaban
del desorden en el apartamento, de la basura que había que sacar,
y de obligaciones como pagar las cuentas, llamar al electricista
para que arregle los interruptores estropeados.
Y cada uno de ellos culpaba al otro de no ocuparse de esos problemas.
Un día, Charlotte se detuvo de camino al trabajo y compró un ramo
de flores de tamaño mediano con una fuerte fragancia. Pensó
que lo había hecho para ella misma, pero se sorprendió cuando
Carl vio las flores y comentó lo bonitas que eran.
Al poco tiempo, Charlotte y Carl ponían flores en la mesa del comedor
con regularidad y este cambio pareció elevar sus conversaciones y reducir
sus discusiones. Probablemente hubo muchos factores que contribuyeron
a la mejora en su relación (por ejemplo, también repintaron la sala
de estar con un tono azul medio muy relajante) pero los efectos
beneficiosos de las flores no pueden ser pasados por alto.

La gente varía en sus reacciones a colores específicos, pero hay ciertos efectos que parecen ser universales, y algunos científicos piensan que esto se debe a que los colores estimulan directamente las estructuras del cerebro:

- Los colores de tonos rojos son considerados cálidos e incluyen el naranja y el amarillo además del rojo. En muchas personas, estos colores provocan reacciones que van desde una sensación de calidez y consuelo hasta lo contrario: ira y hostilidad.

- Los colores de tonos azules son considerados frescos e incluyen al morado y al verde además del azul. La gente suele reaccionar a estos colores con serenidad o tristeza.

- El negro ha estado tradicionalmente asociado a la formalidad, la infelicidad y la muerte.

Ciertamente, algunas personas no reaccionan al color, y algunas pueden ser daltónicas, pero la idea de que determinados colores producen ciertos efectos ha sido corroborada por los estudios y no debe ser ignorada:

- En un estudio, las paredes de una clase de color anaranjado y blanco fueron repintadas de color azul marino y azul claro, la alfombra de color naranja fue reemplazada por una de color gris y las luces fluorescentes fueron cambiadas por una iluminación de espectro total.[11] Después de que se realizaran estos cambios, la presión arterial sistólica promedio de los niños en la clase bajó de 120 a 100, se empezaron a comportar mejor y mostraron una menor tristeza y agresividad en las mediciones del estado de ánimo.
- En un estudio llamado el Experimento de la Sala Azul, a unos presidiarios en régimen de aislamiento en el Instituto Correccional Snake River de Oregón se les dio la oportunidad de ver vídeos de la naturaleza proyectados en una pared durante una hora al día.[12] Los actos de violencia y autolesiones de estos presidiarios se redujeron en un 26 %, y se requirieron menos extracciones forzadas de las celdas. Cuando otros reclusos empezaban a mostrar señales de ira y violencia emergente, como caminar de un lado a otro y mecerse, eran llevados a la Sala Azul para frenar la escalada de su comportamiento negativo.
- Investigadores del Reino Unido colocaron a los participantes adultos de un estudio en un simulador de conducción que simu-

---

11. H. Wohlfarth, «The Effects of Color-Psychodynamic Environmental Color and Lighting Modification of Elementary Schools on Blood Pressure and Mood: A Controlled Study», *International Journal of Biosocial Research* 7:1 (1985), 9-16; Lindsey Gruson, «Color Has a Powerful Effect on Behavior, Researchers Assert», *New York Times,* 19 de octubre de 1982, www.nytimes.com/1982/10/19/science/color-has-a-powerful-effect-on-behavior-researchers-assert.html
12. N. Nadkarni, L. Schnacker, P. Hasbach, T. Thys y E. Crockett, «From Orange to Blue: How Nature Imagery Affects Inmates in the Blue Room», *Corrections Today* (enero-febrero 2017), 36-40.

laba atascos en el tráfico y exponía a algunos de los participantes a una luz azul.[13] Las personas expuestas a la luz azul reportaron sentir menos ira que los demás participantes. Además, los participantes expuestos a la luz azul tuvieron una presión arterial sistólica más baja y una actividad muscular reducida. Los investigadores concluyeron que la ira generada por una situación incontrolable, como es un atasco en el tráfico, pueden ser malas para la salud y que la exposición a la luz azul puede reducir los efectos insalubres.

Iluminación

Hubo una época, en los años setenta, en la que los arquitectos diseñaban edificios sin ventanas con la finalidad de tener un mejor control de la temperatura y reducir el ruido exterior, y con la esperanza de mejorar la enseñanza en los centros educativos. En retrospectiva, ese enfoque no fue inteligente. La mayoría de la gente prefiere la luz natural que entra por las ventanas y responde mejor a una iluminación de espectro total que a la luz de lámparas fluorescentes u otras fuentes de luz limitadas. La iluminación de espectro total puede mejorar el estado de ánimo y aumentar la motivación. Estos efectos, a su vez, pueden incrementar la resiliencia ante la decepción, el rechazo y otros tipos de adversidad. Si estás en el proceso de diseñar un hogar, una oficina o cualquier tipo de estructura de trabajo o familiar, te recomendamos la iluminación natural.

---

13. E. Spiridon y S. H. Fairclough, «The Effects of Ambient Blue Light on Anger Levels: Applications in the Design of Unmanned Aircraft GCS», *International Journal of Unmanned Systems Engineering* 5:3 (2017), 53-69.

Puntos clave

✓ Mientras transitas el camino hacia la reducción de tu ira, piensa en lo que podrías cambiar en tus rutinas diarias y en tu entorno.

✓ Planea tus actividades e interacciones para las ocasiones en las que has comido adecuadamente y has dormido bien.

✓ El alcohol puede reducir tu tolerancia al malestar, de modo que sé honesto acerca de tus patrones de consumo de alcohol y determina si están alimentando tu ira y afectando a tus relaciones con tus colegas, amigos o miembros de tu familia.

✓ Un ambiente placentero, con música relajante, aromas agradables, colores calmantes y una iluminación natural o de espectro total harán que el mundo te parezca más atractivo y te permitirá lidiar de una forma más eficaz con los conflictos, el rechazo, la decepción y otras fuentes de malestar.

✓ Puedes dar pasos positivos que mejorarán tu estilo de vida.

CAPÍTULO 5

Estrategia dos: Elude las provocaciones

No puedes luchar contra un deshollinador y salir limpio.[1]
CHARLES ADAMS

Evitar un problema puede parecer una debilidad o una cobardía. Y, ciertamente, es bueno enfrentar algunos problemas y no esconderse de las dificultades de la vida. Por ejemplo, sabemos que es importante hablar con nuestros hijos de las malas notas, de los amigos inapropiados, de sexo, drogas y cosas por el estilo, de la misma manera que sabemos que tarde o temprano tendremos que hablar con nuestra pareja si sospechamos que podría estar teniendo una aventura, o con nuestros socios que no están haciendo su parte, o con la amiga que chismorrea, o el vecino que hace fiestas ruidosas que se prolongan hasta altas horas de la noche. En estos casos, estamos lidiando con una relación que probablemente continuará durante mucho tiempo y en la que es importante que haya una resolución. Pero si consideras detenidamente tus reacciones de ira, te darás cuenta de que, en muchas situaciones, enfrentarte a la persona o el hecho que ha desencadenado tu ira te reportará pocos beneficios. Es verdad que la ira continuada puede estropear tus relaciones y tu salud, pero a la larga quizás sea mejor evitar a algunas personas o situaciones hasta que hayas desarrollado las habilidades para tratar con ellas. Esto puede parecer una salida fácil, pero si quieres tener una vida feliz, no te conviene enfrentar inmediatamente los pro-

---

1. Charles Adams, *The Life of Samuel Johnson* (Nueva York: Carlton & Lanahan,1969).

blemas sin consideración previa y planeamiento. Te sugerimos que eludas algunas situaciones que pueden producir ira usando la evitación o la huida como un primer paso sencillo y concreto para romper los patrones de reacción colérica. La evitación y la huida son dos prácticas distintas: *evitar* a veces significa prever un problema y abstenerte intencionalmente de entrar en contacto con una persona o situación si es probable que te vayas a enojar; *huir* significa alejarte de una situación cuando se ha presentado un problema y te has dado cuenta de que tu ira está creciendo.

Elige tus batallas

Este capítulo gira alrededor de tres preguntas clave:

1. ¿A *qué* personas y situaciones problemáticas vale la pena hacer frente?
2. ¿*Cuándo* deberías hacer frente a una persona o situación problemática?
3. ¿*Cómo* deberías hacer frente a una persona o situación problemática?

Saber las respuestas a estas tres preguntas es tu mejor apuesta para encontrar un alivio temporal de la ira y avanzar hacia una vida más tranquila y feliz.

¿Qué problemas?

¿Realmente todos los problemas deben abordarse? ¿Realmente tienes que cantarle las cuarenta a ese taxista maleducado? ¿Tienes que confrontar a un vendedor lento y poco servicial? ¿Debes decirle lo que piensas a esa persona que se ha colado? ¿Deberías hacer ver el error de su comportamiento a los conductores que te cierran? Es posible que experimentes una cierta irritación en estas situaciones, pero harías bien en decidir si vas a conseguir algo actuando con ira. Si una resolución es posible y puede ayudar a producir un mejor comportamiento en el futuro, entonces podría valer la pena dedicar tu tiempo y energía a resolver un problema. Pero si no vas a volver a ver a esa persona nunca más, o si no vas a tener que enfrentar ese mismo problema otra vez, te convendría simplemente retirarte.

¿Cuándo enfrentar el problema?

El momento en el que estás más enfadado, ¿es el mejor momento para abordar un determinado problema? Muchas personas ceden al deseo de actuar impulsivamente. Cuando ocurre un evento adverso y potencialmente irritante, puedes decidir cuándo es el mejor momento para hacerle frente. Elegir el momento adecuado es importante cuando estás tratando con personas y situaciones difíciles.

Alexa, una profesora de ciencias de una escuela secundaria, tenía problemas con el comportamiento alborotador de uno de sus alumnos. Una tarde, después de que este estudiante hiciera un comentario poco respetuoso, Alexa finalmente decidió que había tenido suficiente. Delante de toda la clase, impulsivamente comenzó regañarlo de una forma amarga, a todo volumen y llena de groserías. El resultado fue una reprimenda formal por parte de su supervisora. Otra consecuencia fue que muchos de los otros alumnos y sus padres perdieron la confianza en la capacidad de Alexa de dirigir a su clase. Le hubiera convenido más no reaccionar en ese instante y abordar el problema en otro momento, después de haberse calmado y haber consultado a sus compañeros de trabajo acerca de cómo hacer frente a ese alumno en particular.

¿Cómo enfrentarlo?

¿Se te ocurre alguna forma de enfrentar a una persona o situación desagradable de tal manera que produzca una mejora? Si te parece que es poco probable que el problema pueda resolverse, la mejor solución podría ser saber cómo dejarlo ir. También te serviría saber cómo utilizar métodos de relajación y *mindfulness* si estás lidiando con una persona irritante o atrapado en una situación desagradable, y cómo hacer saber a alguien asertivamente que estás enfadado de una forma que mejore la comunicación en lugar de hacer que el conflicto se intensifique.

La práctica de la evitación

Parte de tu ira probablemente surge en respuesta a detonantes conocidos y predecibles. Por ejemplo, es posible que te enojes cuando tus hijos se resisten repetidamente a hacer sus deberes, cuando tu pareja persiste en hacer las mismas preguntas acusatorias o cuando un compañero de trabajo se te acerca constantemente para pedirte favores. Si puedes arreglártelas para estar ausente en las ocasiones en las que es probable que experimentes esos detonantes, las probabilidades de que te enojes se reducirán. El ciclo de la ira puede ser retrasado y tú puedes hacer frente al problema más adelante.

En ocasiones, la evitación produce una cierta preocupación o culpa, pero la compensación es que la ira puede evitarse temporalmente.

Steven, un maestro de escuela primaria de cincuenta y dos años, estaba casado y tenía dos hijos. No tenía hermanos ni hermanas. Su padre había fallecido diez años atrás y su madre, de ochenta y dos años, vivía muy cerca en un pequeño apartamento. El proceso de envejecimiento había hecho estragos en la madre de Steven. Tenía problemas auditivos, lo cual hacía que las conversaciones telefónicas fuesen difíciles, y la disminución de su visión le impedía conducir. Su capacidad para pensar con claridad también había disminuido claramente. En las conversaciones solía olvidar lo que Steven le acababa de decir. Debido a todos estos problemas, la madre de Steven se había vuelto sumamente dependiente de él. Lo llamaba al menos dos veces al día. Steven tenía que llevarla al supermercado, pagar sus cuentas, hacer pequeñas reparaciones en su apartamento o llamar a un contratista para que hiciese las reparaciones más importantes, recordarle los cumpleaños de los niños y llevarla al médico y al dentista. Y su pérdida de memoria no ayudaba. En ocasiones lo llamaba a horas poco apropiadas y le decía, «Se me olvidó decirte que tengo que ir al dentista esta mañana. ¿Me puedes llevar?» o «Ya sé que fuimos hace poco al supermercado, pero es que se me olvidó comprar salsa de tomate. ¿Podrías ir a comprármela?». A menudo hacía pagos de cuentas que Steven ya había pagado y lo llamaba frecuentemente al trabajo e insistía en que dejara su clase para hablar con ella.

El director del colegio toleró estas interrupciones durante un tiempo, pero al final le dijo a Steven que debía resolver ese problema. También se había estado desarrollando una cierta fricción entre Steven y su esposa, quien se sentía desatendida y se quejaba de que él no pasaba suficiente tiempo con sus hijos, a pesar de que con frecuencia hacía de entrenador de sus equipos de deportes.

Steven tenía discusiones frecuentes pero improductivas con su madre. Le decía que no lo llamara más al trabajo. Insistía en que se pusiera un audífono y le pedía que hiciera la lista de la compra antes de salir. Pero ella continuaba olvidando gran parte de lo que él le decía, y la ira de Steven se iba acumulando.

Steven sabía que tenía que desarrollar un plan a largo plazo para el cuidado de su madre. Entretanto, decidió usar las prácticas de evitación y huida para aliviar un poco la presión. Colocó un calendario en la puerta del refrigerador de su madre con una nota que decía que no estaba disponible de lunes a viernes de ocho de la mañana a cuatro de la tarde. También enumeró los días y las horas en las que estaba ocupado en los entrenamientos. Le dijo a su madre que podía hablar por teléfono solamente una vez al día, a eso de las siete de la tarde, y que ya no atendería sus llamadas cuando estuviera en el trabajo. Para evitar discusiones no productivas, le dejó claro que cuando la visitara se quedaría sólo cuarenta y cinco minutos. Además, le compró una alarma que su madre debía llevar colgada del cuello por si necesitaba llamar a los servicios de emergencia. Inicialmente, Steven sintió un poco de culpa por evitar las llamadas de su madre, pero sabía que estaría bien hasta que él pudiera encontrar

La práctica de la evitación no es una panacea y no produce resultados a largo plazo. Incluso podría empeorar un problema si no se explica. Por ejemplo, si decides no asistir a la barbacoa de tu amiga Mitchell porque Gary estará ahí y siempre discutes con él, es mejor que le digas a Mitchell por qué no vas a ir. Pero la evitación te proporciona el tiempo necesario para aprender estrategias para el control de la ira de largo plazo. Es un primer paso básico porque te da la oportunidad de repensar el problema y manejarlo mejor. En algunos casos, la evitación puede ser la mejor solución (si es temporal) para un desafío inmediato al que te enfrentas. Ciertamente, en ocasiones la evitación es imposible. Pero cuando puedes practicarla cuidadosamente, puede ayudarte muchísimo a prevenir un arrebato de ira.

Evitación planificada

Si puedes identificar una situación que ha hecho que te enojes en el pasado, puedes decidir eludirla en el futuro. Por ejemplo, para evitar esperar demasiado tiempo en la consulta de tu médico, puedes organizarte para ser su primer paciente del día. Si te enojas cuando llegas a casa del trabajo y ves los juguetes de tus hijos regados por toda la casa, puedes llamar cuando estás a punto de salir del trabajo para que tu pareja, la niñera o los propios niños vayan ordenando. Para evitar los detonantes de las horas punta, puedes pedirle a tu jefe que te permita cambiar tu horario, o trabajar desde casa parte del tiempo, o que te transfiera a una sucursal en una zona menos congestionada. Estos ejemplos quizás no se apliquen a tu situación, pero prácticamente todo el mundo puede evadir ocasionalmente un compromiso para cenar cuando es probable que se produzca una explosión de ira. Y en ocasiones puedes evitar una discusión si te mantienes alejado de ciertas preguntas:

- ¿Con quién saliste anoche?
- ¿Piensas hacer que tu hijo tenga un Bar Mitzvah?
- ¿Cuál es la mejor iglesia de la ciudad?
- ¿No te parece que los demócratas (o republicanos) son unos absolutos idiotas?

Allison y su marido vivían muy lejos de los padres de él, en el otro extremo del país. Al principio, cuando iban a visitarlos, se quedaban unos cinco o seis días con ellos.
Con el tiempo, se creó un patrón predecible. Los primeros dos días solían ser agradables, pero al tercer o cuarto día se empezaba a acumular tensión entre Allison y su suegra, y las visitas siempre acababan de una forma desagradable.
Después de analizar este patrón, Allison decidió que sería mejor si su marido y ella limitaban la duración de las visitas a tres días. De ese modo, razonó, era más factible que el tiempo que pasaran con sus suegros fuera agradable, y las explosiones de ira serían menos probables.

La evitación a través de la dilación

Supongamos que te sientes mortificado porque alguien que ni siquiera te cae bien te ha pedido que hagas algo que será difícil o inconveniente y requerirá que le dediques mucho tiempo, como formar parte de la junta de una organización religiosa, o llevar en tu coche a un conocido a una cita con el dentista para que le hagan una endodoncia, o cuidar a la mascota de tu vecina mientras ella está de vacaciones. En situaciones así, normalmente puedes decir, «¿Te puedo responder en uno o dos días?». La dilación te permite recuperar la calma, considerar más opciones y desarrollar una respuesta más serena y más razonable que la que darías si tuvieras que responder en el acto. Asimismo, cuando un alumno revoltoso expresa una fuerte opinión que no es relevante para esa clase en concreto, la profesora podría decir, «Déjame pensar en lo que estás diciendo hasta mañana. Entonces te daré una respuesta». Y cuando un reportero plantea una pregunta incómoda al secretario de prensa de un político, el secretario podría decir, «Lo consultaré». A menudo, una simple dilación puede calmar una situación.

La evitación mediante una respuesta indirecta

Mucha gente piensa que tiene que enfrentar una situación difícil con una respuesta directa, cara a cara. Sin embargo, si lo pensamos un poco, es posible responder de una forma más creativa y productiva sin responder directamente y en el momento. Por ejemplo, si tu hijo ha roto una regla y tu marido normalmente es más paciente con él, entonces quizás sea mejor dejar que él sea el mensajero y hable con el chico sobre el problema. O quizás puedas evitar el contacto directo con tu jefe o compañero de trabajo colérico enviándole un correo electrónico o una nota en lugar de enfrentar en persona una situación que probablemente desencadenaría tu ira. Si tu pareja desencadena tu ira en el desayuno, podrías enviarle un texto desde el trabajo que exprese tus ideas mejor que si hubieras respondido en un momento de exaltación (pero, obviamente, un texto también puede ser colérico, impulsivo y destructivo, de modo que no debes enviarlo hasta que tu ira haya disminuido).

La práctica de la huida

Algunas situaciones sencillamente no pueden evitarse. Es posible que tengas que liderar una reunión difícil, o asistir a una recepción familiar, o hacer acto de presencia en las gradas en el partido de béisbol de tu hijo. Si te enfrentas a una de estas situaciones, harías bien en pensar en alguna manera de retirarte si empiezas a sentirte enojado.

Date un respiro

En ocasiones es mejor retirarte cuando hay un desacuerdo. Cuando tu ira va en aumento, una discusión continuada puede ser improductiva e incluso perjudicial. Por ejemplo, puedes darte un respiro y decirle a tu hija adolescente, «Ahora estoy enojada. Salgamos a comer. Podemos intentar resolver este problema más tarde». O cuando una conversación con tu pareja se torna demasiado acalorada, puedes decir, «No me gusta la dirección en la que está yendo esto ahora mismo. ¿Por qué no nos tomamos el resto de la tarde para pensar e intentamos hablar de esto más tarde esta noche?». Y cuando un conflicto surge durante una llamada telefónica, es incluso más fácil decir, «Probablemente no deberíamos continuar con esto ahora. Te llamaré en la noche».

Tomarte un respiro ante un conflicto requiere de un acto considerado de tu parte, y dejar la situación cuando tu ira se empieza a acumular puede ser una buena manera de interrumpir el ciclo de la ira y desarrollar un mayor control. La idea básica es identificar la situación en la que habitualmente te enojas con alguien y normalmente acaba en una discusión, y luego practicar el alejarte (por ejemplo, saliendo a dar una vuelta para calmarte) cuando notas que te estás enojando.

Al enseñar a la gente a utilizar los descansos eficazmente, hemos descubierto que seguir los siguientes tres pasos ayuda mucho. Practicar estos pasos romperá tu patrón habitual de hacer comentarios negativos y te dará una sensación de éxito y de mayor autocontrol:

1. Cuando veas que te estás empezando a enojar durante una conversación específica, observa cuando dices algo enfadado. *Ésa será tu señal para alejarte tranquilamente de la conversación.* ¡Simplemente retírate! Quizás requiera de un poco de práctica empezar a ser consciente de tus reacciones y abandonar una conversación acalorada.

2. Observa tu propia experiencia interna de ira y practica abandonar más situaciones antes de decir algo negativo. Cuando notes que tu ira está aumentando, no digas nada: ¡simplemente retírate!

3. Desarrolla maneras más elegantes de retirarte. Antes de abandonar una conversación, dile a la otra persona que te estás empezando a enojar, que te vas a retirar y que intentarás resolver el

asunto más tarde. Aquí, es importante que cumplas con lo dicho e intentes una resolución.

Planea tu huida

Es posible que te resulte difícil levantarte y retirarte de una situación cuando se espera que estés presente. Pero si hubieras advertido con antelación que tratar con determinada persona probablemente te iba a hacer enojar, ¿no habrías puesto un límite en el tiempo que estabas dispuesto a pasar con ella? Después de todo, ¿por qué dedicar tiempo y energía a un diálogo improductivo y conflictivo? Eso siempre es inútil.

Si sabes que te diriges hacia una interacción problemática, puedes decir de entrada que tienes una limitación de tiempo: «Me alegro de que podamos hablar de esto, pero quiero que sepas que sólo cuento con media hora porque tengo que ir a ver a un cliente». Eso no significa que tengas que mentir. Significa que puedes organizar tu horario de tal manera que automáticamente ponga un límite de tiempo en una interacción potencialmente difícil.

Otra posibilidad es pedir a alguien que te ayude a salir de una situación que probablemente va a ser desagradable y va a producir ira. Por ejemplo, podrías pedirle a tu asistente que interrumpa la reunión una vez transcurridos treinta minutos y que te recuerde tu siguiente cita. Para utilizar eficazmente la práctica de la huida, debes prever las situaciones en las que es probable que te enfades y luego debes poner en marcha un plan para una retirada prematura.

Distráete con una actividad agradable

Pensar una y otra vez sobre un problema puede incrementar tu ira y normalmente no produce una buena solución, de modo que realmente es necesaria una distracción. También es cierto, por supuesto, que esconder la cabeza en la arena y mantenerla ahí probablemente hará que tu ira aumente, porque algunos problemas sí empeoran con el tiempo. No obstante, a corto plazo, distraerte puede ayudar.

¿Qué significa distraerte? Simplemente estar absorto en una actividad que no esté relacionada con la ira y que, preferiblemente, sea agradable. Después de un día de trabajo lleno de ira, podrías ir a una bolera, a un partido de béisbol, al cine o a un restaurante con un miembro de tu familia, o tener una conversación telefónica con un viejo amigo o una vieja amiga. Es importante no hablar de la situación relacionada con la ira mientras te estás distrayendo, de modo que si aparecen pensamientos relacionados con el tema durante una actividad recreativa, déjalos pasar y luego lleva tu enfoque mental de vuelta a la actividad que estás realizando. El objetivo es romper el ciclo de obsesionarte con aquello que te ha causado la ira. Lo que debes hacer es concentrarte en pensamientos más positivos y en actividades más placenteras. En el nivel más básico, la distracción pretende crear más equilibrio en tu vida al dedicar tiempo a las actividades que disfrutas. (Encontrarás más consejos para tener una vida más feliz en el capítulo 15 de este libro, el cual puedes descargar en www.newharbinger.com/42266).

Evitación y huida: Juntar todas las piezas

Remítete al ejercicio práctico 5 y pregúntate si hay algunos detonantes de la ira en tu vida que puedas eludir mediante la evitación. ¿Puedes usar una evitación planificada? ¿Quizás una dilación? ¿Idear una manera de responder indirectamente? Recuerda que la evitación es sólo una solución temporal cuya finalidad es distanciarte un poco del problema hasta que puedas encontrar una solución más permanente.

Ahora, volviendo al ejercicio práctico 5, piensa en algo que tienes que hacer esta semana que podría provocar tu ira, pero que no puedes evitar. ¿Podrías darte un respiro ante esta obligación problemática? (Si es así, recuerda los tres pasos para tomarte un respiro efectivo). ¿Quizás planear tu huida? ¿O enfrascarte en una distracción agradable cuando la situación ya ha pasado? Una vez más, recuerda que la huida, al igual que la evitación, es una solución temporal mientras desarrollas un plan a largo plazo para controlar tu ira.

Puntos clave

✓ No es necesario enfrentar a todas las personas o situaciones problemáticas. Elegir tus batallas –es decir, aprender a reconocer *qué* personas y *qué* situaciones vale la pena enfrentar y *cuáles* dejar ir, y luego decidir *cuándo* y *cómo* abordar aquéllas con las que has elegido lidiar– te ayudará a eludir las provocaciones y gestionar tu vida con menos ira.

✓ «Evitación» significa prever un problema y mantenerte alejado de la persona o situación que probablemente provocaría tu ira.

✓ «Huir» significa alejarte de una persona o situación cuando notas que tu ira está aumentando.

✓ La evitación y la huida por sí solas no son suficientes. No permiten un crecimiento personal significativo y, a la larga, no ayudan en las situaciones que empeoran con el tiempo. Pero la evitación y la huida son unos simples primeros pasos que puedes dar cuando te encuentras en una interacción colérica real o potencial.

✓ Al practicar la evitación o la huida en las situaciones problemáticas, aprenderás a eludir mejor, temporalmente, las dificultades de la vida.

CAPÍTULO 6

Estrategia tres:
Encuentra nuevas soluciones a los problemas sociales

La manera de hacer frente al futuro es creándolo.[1]
DENNIS GABOR

Todo el mundo se enfrenta a desafíos. Los problemas son parte de la vida y lidiar con ellos es una forma de crecer para los seres humanos. Incluso si fuera posible vivir sin dificultades y conflictos, una vida así provocaría un estancamiento intelectual y emocional. No obstante, algunas personas parecen creer que un estado de dicha (una vida sin problemas) es posible e incluso bueno. Entonces, cuando inevitablemente surge algún contratiempo, estas personas pierden los nervios. Nosotros consideramos que la visión de la vida de esas personas es poco realista. Creemos que el verdadero desarrollo personal se logra cuando el individuo puede contemplar un problema con serenidad, buscar una solución razonable (aunque sea imperfecta) y crecer durante el proceso de hallar esa solución.

Sin embargo, probablemente habrás notado que no todo el mundo se vuelve más sabio con la edad. Algunas personas crecen con sus desgracias, pero otras no. Aquellas que no lo hacen suelen estar atascadas en su ira *(véase* «Atascarte en la ira»). Se quejan, permanecen infelices y con frecuencia acaban siendo rechazadas por los demás. Tus reacciones a las dificultades en tu propia vida, tanto si son grandes como si son pequeñas, tienen consecuencias. Por un lado, si ves los problemas

---

1. Dennis Gabor, *Inventing the Future* (Nueva York: Knopf, 1964).

como desafíos que deben ser superados y si minimizas tu ira mientras trabajas en esos desafíos, es probable que tengas resultados satisfactorios. Por otro lado, si gritas y chillas, haces pucheros y arrojas objetos, y cierras tu mente a las sugerencias, es poco probable que tengas unos resultados deseables.

Aprender a reaccionar constructivamente ante las personas o las situaciones difíciles requiere de una conciencia personal y de una buena disposición a explorar nuevos enfoques. En muchos sentidos, la forma en que abordas los problemas sienta las bases para que tu vida mejore, empeore o siga igual. La gente que desarrolla la sabiduría permanece relativamente inalterada, recuerda lecciones del pasado y utiliza esas lecciones para determinar qué respuestas a problemas futuros producirán buenos resultados, y cuáles no.

En nuestra labor profesional, hemos conocido a muchas personas que no eran conscientes de las consecuencias de sus actos. Abordaban los problemas obsesionándose con el hecho de que lo que veían era un tratamiento injusto e indebido por parte de los demás. Se quejaban y lamentaban de las frustraciones excepcionales, pero también de las normales. Contemplaban la venganza y fantaseaban sobre ella. Hacían muecas y gritaban. Usaban diversas actividades de evitación dañinas como beber alcohol, dedicarse al juego en exceso y consumir sustancias. Se alejaban de su hogar, de su escuela y de los miembros de su familia durante largos períodos. Obviamente, estas reacciones no conducen a una resolución exitosa de los problemas.

No podemos darte consejos para hacer frente a los problemas específicos a los que te enfrentas. Tú conoces mejor tus dificultades y finalmente tú eres responsable de tus propias elecciones. Pero lo que sí podemos hacer en este capítulo es enseñarte una técnica conocida como *resolución de problemas sociales,* en la cual tú ideas un menú de opciones para resolver un problema, escoges la mejor opción de ese menú y aprendes y creces mientras haces las elecciones.

Y nosotros creemos que tienes opciones. Cómo reaccionas ante las dificultades a largo plazo afectará a la calidad de tu vida, y queremos ayudarte a que llegues a tener la mejor y más satisfactoria vida posible.

Esperamos que puedas reducir tu ira y desarrollar soluciones constructivas para los desafíos a los que te enfrentas.

Atascarte en la ira

Una de las desventajas de la ira es que la gente tiende a quedarse atascada en ella. Como resultado de ello, no prestan atención a las preguntas más básicas: ¿está funcionando lo que estoy haciendo? ¿Es efectivo? ¿Estoy consiguiendo lo que quiero? Considera cómo responderías a estas preguntas asociadas a las siguientes situaciones de la vida:

- *Matrimonio:* ¿Qué ocurre cuando le grito a mi mujer? ¿Se siente mejor? ¿Me siento mejor? ¿Nos acercamos más? ¿Qué puedo hacer para resolver nuestros problemas?
- *Trabajo:* ¿Qué ocurre cuando discuto con mis compañeros de trabajo? ¿Me ven como un empleado más eficaz? ¿Mejora nuestro trabajo? ¿Qué podría hacer para resolver nuestros conflictos y crear un ambiente laboral mejor y más productivo?
- *Conducción:* ¿Qué ocurre cuando insulto a otros conductores en el camino y me pego a ellos por detrás? ¿Se convierten en mejores conductores?
- *Crianza de los hijos:* ¿Qué ocurre cuando grito «¡No!» cuando mis hijos me están molestando? ¿Ellos se sienten mejor? ¿Yo me siento mejor? ¿Nos acercamos más? ¿Cómo puedo ayudarles a conseguir lo que quieren al tiempo que les doy seguridad y creo una mínima molestia para mí?

Estilos de resolución de problemas sociales

Si eres como la mayoría de la gente, probablemente has desarrollado un enfoque coherente en la forma en que haces frente a tus dificultades. Con el tiempo, este enfoque se ha convertido en un patrón que forma parte de tu personalidad. La investigación psicológica muestra que la mayoría de la gente tiene uno de tres estilos para resolver problemas sociales, dos de ellos negativos y uno positivo:

1. Un estilo *impulsivo, desconsiderado*.
2. Un estilo de *evitación*.
3. Un estilo *positivo*.[2]

¿Cuál de estos tres estilos utilizas *tú* para enfrentar las dificultades de la vida?

Resolución negativa de problemas: Impulsividad y evitación

Las personas que utilizan la resolución de problemas negativa ven los desafíos de la vida como algo amenazador y abrumador. Tienen poca confianza en su capacidad de hallar soluciones. Dudan de sus habilidades. Se dicen cosas como «Es demasiado difícil. No hay nada que yo pueda hacer. Este problema no tiene solución. Simplemente no hay ninguna respuesta». Su punto de vista pesimista limita su búsqueda de soluciones y lo más probable es que los resultados sean malos.

La resolución de problemas negativa se caracteriza por los dos estilos ya mencionados: un estilo impulsivo, desconsiderado, y un estilo de evitación. Ambos son malos, y si utilizas cualquiera de ellos, es importante que cambies tu patrón. En el capítulo 5 explicamos que para minimizar la ira, a veces conviene evitar temporalmente una situación o persona problemática. Saber qué situaciones debes evitar y cuáles debes enfrentar es una clave importante para gestionar las dificultades de la vida. No obstante, esperamos haber dejado claro que la evitación es aceptable únicamente a corto plazo. No es una buena

---

2. Véase E. C. Chang, T. J. D'Zurilla, y L. J. Sanna, eds., *Social Problem Solving: Theory, Research, and Training* (Washington, D.C.: American Psychological Association, 2004).

práctica a largo plazo cuando se trata de hacer frente a los problemas importantes de la vida. Con el tiempo, la evitación puede agravar algunos problemas y producir más frustración, preocupación e ira. Las historias de Mark y Marjorie resaltan los efectos acumulativos del estilo impulsivo (de Mark) y el estilo de evitación (de Marjorie) al enfrentar los desafíos de la vida.

Mark, un carpintero de treinta y dos años, experimentaba
intensas reacciones de ira que le habían causado problemas durante
la mayor parte de su vida adulta. Un área de preocupación especial
era su ira al conducir. Solía acelerar, pegarse al coche de delante
y gritar groserías a los conductores que lo cerraban o que conducían
con demasiada lentitud. Hacía todo esto impulsivamente,
sin pensar en los posibles resultados.
En un incidente serio, Mark siguió a un coche que lo había cerrado
hasta que lo obligó a salirse de la carretera. Cuando los dos coches se
detuvieron en el arcén, Mark salió de un salto para cantarle las cuarenta
al otro conductor. Pero cuando se acercó al automóvil, el conductor
lo amenazó con una pistola.
Este incidente conmocionó a Mark, pero no cambió su comportamiento.
De hecho, más adelante fue arrestado en varias ocasiones por conducción
temeraria y acabó perdiendo su permiso de conducir. Después de cada
arresto, Mark declaraba que se arrepentía de su comportamiento,
pero éste continuaba, a tal punto en el que incluso llegó a conducir
durante meses sin licencia. En la carretera, en la agitación del
momento, rara vez consideraba sus opciones para tratar con los otros
conductores que eran maleducados. Para Mark sólo existía una forma
de actuar: el enfrentamiento.
Mark tenía dificultades similares en el trabajo. Aunque tenía una buena
ética laboral, era incapaz de manejar los desacuerdos. Por ejemplo,
en respuesta a una crítica menor de su superior o uno de sus compañeros
de trabajo, Mark daba impulsivamente un largo y colérico discurso,
criticaba al crítico y ocasionalmente empezaba a dar empujones.

*Y si un cliente se quejaba de su trabajo, Mark ignoraba la crítica
e inmediatamente calificaba al cliente de quisquilloso,
engreído e imposible de complacer. Además, en ocasiones dañaba
objetos personales al actuar con un descuido intencional.
El patrón de reacción impulsiva y colérica de Mark se manifestaba
prácticamente todos los días. Con el tiempo, estas reacciones coléricas
dañaron sus relaciones personales, perjudicaron su carrera profesional y
crearon una serie de frustraciones adicionales con las que tuvo que lidiar.*

---

*Marjorie, una mujer de treinta y ocho años brillante y sociable,
trabajaba en una agencia sin fines de lucro. Recientemente
divorciada, tenía dos hijos, de seis y ocho años. Además estaba
teniendo dificultades económicas, lo cual contribuía a una
continua lucha con su exmarido, quien no pagaba siempre
la pensión alimentaria acordada para sus hijos.
Marjorie también tenía problemas en el trabajo.
No se llevaba bien con su supervisor inmediato y la habían pasado
por alto para los ascensos que ella creía merecer.
En apariencia, Marjorie parecía poseer las fortalezas personales
necesarias para hacer frente a las presiones de la vida, pero rara
vez enfrentaba sus problemas directamente. Evitaba ver a las personas
con las que creía que podía tener un conflicto y simplemente esperaba
que las cosas se resolvieran solas. Por ejemplo, en lugar de contratar
a un abogado para hacer que su marido cumpliera con el acuerdo
de manutención para los hijos, Marjorie posponía la cita con el abogado
y esperaba que su exmarido cumpliera* motu proprio. *Y en lugar
de buscar otro trabajo, aguardaba en silencio, con la esperanza
de que su supervisor se marchara.
Debido a su inacción, las dificultades de Marjorie empeoraron.
Y a medida que sus problemas se iban acumulando e intensificando,
se sentía cada vez más abrumada.
Con el tiempo, su vida se tornó caótica. Pero cuando le preguntaban
a Marjorie qué planeaba hacer respecto al caos en su vida, se limitaba*

a decir: «Hay mucha gente en mi misma situación. Dudo que haya
una verdadera solución». Su vida cotidiana estaba dominada
por sentimientos de ira, amargura y tristeza.

Es fácil ver los efectos que los patrones de resolución de problemas sociales de Mark y Marjorie tenían en sus vidas. Si tú, al igual que ellos, tienes un estilo negativo de resolución de problemas sociales, tenemos buenas noticias para ti: con esfuerzo, puedes cambiar tu forma de tomar decisiones y de responder a los inevitables problemas de la vida.

Resolución positiva de problemas

La gente que ve los problemas de la vida como desafíos que hay que afrontar ha adoptado un estilo positivo de resolución de problemas sociales. Estas personas, por lo general, son optimistas y pacientes, y comprometidas con obtener los resultados que desean. Tienen un enfoque serio y cuidadoso de la vida, y toman decisiones que no están regidas por la ira.

Bernie, un vendedor de automóviles retirado de sesenta y tantos años,
era alegre, sociable e inteligente, pero, a lo largo de su vida, nunca
hablaba de sus dificultados y problemas.
A la edad de veinticuatro años se casó con su novia de secundaria
y la pareja era muy feliz. Pero cuando Bernie tenía treinta y tantos años,
su esposa murió inesperadamente, dejándolo con tres niños que criar.
A los tres años Bernie se volvió a casar, esta vez con una mujer del
concesionario de automóviles en el que trabajaba. Su segundo matrimonio
acabó en divorcio, pero para entonces ya había nacido otro bebé.
Durante sus años laborales, Bernie había gastado la mayor parte
de sus ingresos en la manutención de sus hijos. Además, había tenido
los altibajos normales que acompañan a la crianza de los hijos,
la gestión del hogar y el progreso profesional.

A los cincuenta y tantos años, Bernie había desarrollado una cierta
gracia al estar bajo presión. Cuando se enfrentaba a una dificultad,
era capaz de recurrir a su curiosidad infantil, lo cual le ayudaba
a encontrar la solución que diera el mejor resultado. Por lo general,
elegía no reaccionar a los problemas inmediatamente o emocionalmente.
En lugar de eso, daba un paso atrás, una táctica temporal que solía
ayudarle a poner su energía en buscar información en la biblioteca
u online, o preguntar a sus amigos de confianza cómo manejarían
ellos la situación en cuestión.
Bernie siempre estaba aprendiendo y creciendo. Cada uno de sus desafíos
le ofrecía una nueva oportunidad para desarrollar habilidades y
conocimientos. Normalmente encontraba una forma creativa de superar
los desafíos, y casi nunca hacía que una situación difícil empeorara.
Los cuatro hijos de Bernie acabaron graduándose de la escuela
secundaria con buenas notas y todos fueron a la universidad.
Actualmente, uno de ellos es contable, otra es profesora, otra es madre
y ama de casa y el menor siguió el camino profesional de Bernie y
trabaja en la industria automotriz. Y, debido a su forma de enfocar
los problemas, con el paso de los años Bernie se convirtió en una persona
a la que la gente suele recurrir cuando necesita un consejo.

Los seis pasos de la resolución de problemas sociales

De la misma manera que el análisis del episodio de ira tiene seis componentes (el detonante, los pensamientos, la experiencia, el impulso de actuar, la expresión de la ira y los resultados; *véase* capítulo 2), el proceso de resolución de problemas sociales tiene seis pasos:

1. Identifica claramente el problema.
2. Identifica las soluciones potenciales.
3. Identifica los probables resultados a corto plazo de tus soluciones potenciales.
4. Identifica los probables resultados a largo plazo de tus soluciones potenciales.

5. Elige la mejor solución y ponla en práctica.

6. Evalúa tu solución.

En tu vida diaria, puedes recurrir al ejercicio práctico 6 como una guía para conocer los pasos a tomar para la resolución de problemas sociales. A lo largo de este capítulo usaremos el ejemplo de Billy para ilustrar los primeros cuatro pasos.

Muchos gritos y ningún final a la vista

Billy, un soldador de treinta años, tenía discusiones frecuentes con su mujer. Cuando nos vino a ver por primera vez buscando una orientación individual, estaba furioso.
«Mi mujer… creo que está loca» —dijo—. «No hace más que gritar, así que, naturalmente, yo respondo gritando también. Ella actúa así todo el tiempo. No sé qué hacer. ¡Maldita sea!».
Billy continuó hablando de esta manera durante un rato, pero sin ofrecernos ningún ejemplo detallado de lo que quería decir.

Paso 1. Identifica claramente el problema

Cuando identificas un problema social continuo, lo que estás haciendo es nombrar uno de los detonantes de tu ira *(véase* capítulo 2). Para identificar clara, concreta y objetivamente un detonante, puedes usar lo que llamamos el formato *cuando-entonces,* en el que el *cuando* va seguido de una descripción de la situación problemática y el *entonces* va seguido de una descripción de cómo reaccionaste. Utilizar este formato te ayuda a centrarte en el problema y luego entender tus reacciones personales. Además, te permite contar lo que ocurrió sin un exceso de equipaje descriptivo, como echar culpas o exagerar la situación y su importancia.

Cuando utilices el formato *cuando-entonces,* es importante que identifiques un problema a la vez. Esto quiere decir que cada problema que identifiques requerirá que empieces otra vez desde la primera parte del paso 1. No siempre es fácil narrar un problema en el formato *cuando-entonces,* pero si lo piensas un poco, siempre serás capaz de hacerlo.

Por ejemplo, supongamos que tu problema es el contacto continuado y no deseado con tu exmarido, quien siempre te está llamando para hostigarte y discutir contigo. Podrías identificar el problema diciendo, «Quiero que mi exmarido deje de llamarme», pero esa afirmación no es suficientemente específica como para que puedas trabajar con ella. En lugar de eso, reformula el problema de esta manera: «*Cuando* mi exmarido me llama y me dice cosas groseras, *entonces* discutimos y yo me enojo, y *entonces* pienso que este sufrimiento no va a acabar nunca y me siento horriblemente mal durante el resto del día». La figura 6.1 muestra la descripción de Billy de su problema en el formato *cuando-entonces.*

Paso 1. Identifica claramente el problema

Utilizando el formato *cuando-entonces,* describe un problema. Incluye lo que hiciste, cómo reaccionó la otra persona, qué dijo cada uno y qué pensaste.

Cuando...

Después de un día difícil en el trabajo, fui a tomar unas copas con mis amigos. Sabía que mi mujer había preparado la cena, pero olvidé llamarla y decirle que llegaría tarde. Cuando llegué a casa, tenía una expresión de enojo. «¿Dónde diablos has estado? Te he esperado durante casi una hora y ahora la cena se ha echado a perder».

Entonces...

Creo que ella no entendió que yo había tenido serios problemas en el trabajo y necesitaba pasar un rato con mis amigos. Así que se lo dije y empezamos a discutir, peleando y gritando. Finalmente le dije: «Ya cállate». Entonces me fui al sótano a ver la tele y ella se fue a dormir.

Figura 6.1. Las respuestas de Billy al paso 1 del ejercicio práctico 6.

Paso 2. Identifica las soluciones potenciales

El paso 2 es idear una serie de soluciones potenciales: varias opciones, reacciones o caminos de los que dispones mientras intentas abordar tu problema. El objetivo es desarrollar una *gama* de soluciones potenciales, un menú de opciones, por así decirlo.

Un aspecto de este método es pensar de una manera distinta acerca de tus problemas e identificar posibles cursos de acción que normalmente no considerarías. Es posible que al principio descubras que estás yendo hacia una solución extrema. Podrías decir, por ejemplo, «Cuando mi exmarido me llama, puedo informar a la policía y decirles que quiero una orden de alejamiento contra él».

Ese tipo de solución potencial extrema es habitual y es perfectamente normal. Cuando uno está enfadado, a menudo piensa de maneras estrechas y distorsionadas. Pero una vez que uno empieza a imaginar otras alternativas posibles, es más fácil ver soluciones más efectivas. De modo que si se te ocurren unas soluciones que probablemente empeorarían tu problema, simplemente continúa pensando en otras posibilidades.

Con perseverancia, al final se te ocurrirán varias alternativas constructivas y todo el proceso será más fácil cuando continúes utilizándolo. Entretanto, empieza a generar una serie de alternativas, desde aquellas que probablemente serán absolutamente ineficaces hasta aquellas que realmente podrás utilizar. Cuántas soluciones puedas identificar dependerá de tu problema, de cuán creativo eres y de cuánto practiques. Te recomendamos que intentes idear al menos cinco soluciones potenciales, pero si se te ocurren más, mejor todavía. La figura 6.2 muestra la lista de soluciones potenciales de Billy para el problema que identificó.

Paso 2. Identifica las soluciones potenciales

Haz una lista de al menos cinco soluciones posibles al problema que identificaste en el paso 1.

1. *Decirle que estoy estresado, que todavía tengo hambre y que no tengo que responderle.*

2. *Evitarla – salir de casa e ir a tomar unas copas.*

3. *Decirle que es igual que su madre.*

4. *Comprarle unas flores antes de ir a casa.*

5. *Disculparme y preguntarle qué debería hacer en el futuro.*

Figura 6.2. Las respuestas de Billy al paso 2 del ejercicio práctico 6.

Paso 3. Identifica los probables resultados a corto plazo

Los resultados a corto plazo son las reacciones inmediatas que probablemente obtendrás de los demás. Ten presente, sin embargo, que concentrarte únicamente en los resultados inmediatos puede ser un error. Por ejemplo, si estás enojada y le gritas a tu hijo por pelearse con su hermana, es posible que consigas la sumisión inmediata de tu hijo. Sin embargo, a largo plazo, gritarle a tu hijo probablemente creará una distancia emocional en vuestra relación y un modelo de mal comportamiento para él.

Incluso si un resultado probable a corto plazo no está completamente claro, normalmente puedes hacer una suposición inteligente acerca de lo que ocurrirá si tomas un determinado curso de acción. El objetivo es pensar cuál sería el resultado *más* probable. La figura 6.3

muestra la lista de resultados probables a corto plazo de Billy para las soluciones potenciales que identificó.

Paso 3. Identifica los probables resultados a corto plazo de tus soluciones potenciales

Haz una lista de los resultados probables a corto plazo de las soluciones potenciales que identificaste en el paso 2.

1. Cenamos en medio de un silencio amargo.

2. Ella se enfada, luego se preocupa.

3. Más discusiones. Ella me dice que soy egoísta.

4. Ella está enojada y feliz al mismo tiempo.

5. Ella descarga su enojo un rato y luego me hace sugerencias. Yo escucho. Algunas suenan bien, otras no.

Figura 6.3. Las respuestas de Billy al paso 3 del ejercicio práctico 6.

Paso 4. Identifica los probables resultados a largo plazo

Los resultados a largo plazo son aquellos que se desarrollan con el tiempo: horas, días e incluso años. Por ejemplo, golpear a una persona o causar daño a sus propiedades para enseñarle una lección puede hacer que te sientas bien en el momento, pero a largo plazo este tipo de comportamientos pueden causar problemas con la ley que te quitarán mucho tiempo y serán perjudiciales y costosos.

Una vez más, si no se te ocurre un resultado probable a largo plazo inmediatamente, haz una suposición inteligente de cuál podría ser el resultado *más* probable. La figura 6.4 muestra la lista de Billy de los probables resultados a largo plazo para las soluciones potenciales que él identificó.

Paso 4. Identifica los probables resultados a largo plazo de tus soluciones potenciales

Haz una lista de los probables resultados a largo plazo de las soluciones potenciales que identificaste en el paso 2.

1. Falta de comunicación abierta; amargura continua.

2. No hablamos durante días. Ella está callada y no está dispuesta a cooperar.

3. Nunca solucionamos esta situación.

4. Ella se siente mejor temporalmente, hasta que vuelve a ocurrir.

5. Juntos, desarrollamos un plan y nos ponemos de acuerdo acerca de qué hacer en el futuro.

Figura 6.4. Las respuestas de Billy al paso 4 del ejercicio práctico 6.

Paso 5. Elige la mejor solución y ponla en práctica

Cuando consideres los resultados a corto y largo plazo de cada solución potencial, no descartes ninguna solución hasta haber repasado todo tu menú de opciones. Luego inicia el proceso de selección eliminando las soluciones potenciales que es poco probable que tengan resultados deseables. Por ejemplo, vuelve a mirar la figura 6.2, que muestra las respuestas de Billy al paso 2 del ejercicio práctico 6. Las soluciones 1, 2 y 3 (bloquear, evitar a su mujer, decirle que es igual a su madre) probablemente no serán efectivas, pero las soluciones 4 y 5 (llevarle flores, pedir disculpas) pueden valer la pena, ya que reducen el conflicto a corto plazo y fortalecen la relación a lo largo del tiempo. Normalmente se te ocurrirán dos o tres soluciones que pueden producir un buen resultado. Tu tarea consiste en escoger una de esas buenas opciones. Para Billy, una disculpa es probablemente la mejor solución en términos de su resultado a largo plazo *(véase «Unas palabras acerca de las disculpas»)*.

Sé realista mientras trabajas para seleccionar la mejor solución. Considera las habilidades que necesitarás para tomar cualquier línea de acción en particular. De lo contrario, podrías cometer el error habitual de escoger una solución para la cual no tienes las habilidades para implementarla, aunque dicha solución probablemente produciría el resultado más positivo.

Ronald, cocinero de profesión, estaba descontento con su sueldo. Al principio pensó que su mejor opción era pedirle un aumento a su jefe y aceptar más responsabilidades. Pero esa estrategia era arriesgada porque Ronald no poseía las habilidades para crear un menú mejor o para responder a las críticas del jefe a su desempeño en el trabajo. Tomarse el tiempo necesario para convertirse en un cocinero más experto y aprender las técnicas para negociar con éxito un aumento podría haber sido un buen método a largo plazo para Ronald. También podría haber buscado una orientación que lo ayudara a responder productivamente a las críticas. Sin embargo, por el momento, una opción más realista para Ronald era actualizar su curriculum vitae *y ver si otros empresarios estaban ofreciendo más dinero*

Unas palabras acerca de las disculpas

Ofrecer una disculpa puede resultar difícil, especialmente cuando hay ira de por medio. Si sientes que te están maltratando, desatendiendo, faltando al respeto o haciendo algún otro daño, es posible que te preguntes por qué deberías ser tú el que pida disculpas. Ciertamente, es una postura comprensible, especialmente porque cuando normalmente uno está enojado también siente una indignación moral acerca de quién tenía la razón y quién estaba equivocado en una determinada interacción o situación. No obstante, con frecuencia una disculpa puede sentar las bases para la resolución de un problema.

Supongamos, por ejemplo, que realmente tú hiciste mal en haber llegado tarde y no haber llamado antes. En esta situación, podrías decir, «Quiero pedirte disculpas por mi comportamiento. Yo hice mal y lo siento. Intentaré comportarme mejor en el futuro». Pero también hay muchísimas situaciones en las que tú no crees haber actuado mal y en las que sería absurdo aceptar toda la culpa. En esas situaciones, podrías centrarte en el problema mayor: «Lamento que nuestra relación haya llegado a este punto. No me gustó lo que hiciste, pero entiendo que yo también tuve responsabilidad en lo que ocurrió. Siento mucho todo lo ocurrido y espero que podamos avanzar y encontrar una solución».

Quizás este ejemplo específico y estas respuestas en particular no encajen exactamente con tu situación, pero entiendes a dónde queremos llegar. Si empiezas con una declaración de arrepentimiento, incluso leve, esas palabras pueden ayudar mucho a encontrar una resolución efectiva.

Paso 6. Evalúa tu solución

Una vez que te has decidido por una solución –una que crees que tienes la capacidad de implementar– estás preparado para evaluarla (es decir, observar lo que ocurre cuando la pones en práctica). Como dijimos antes, cuanto mayor sea tu conciencia de cómo influyen en los demás tus acciones y tus reacciones, más contribuirá esa conciencia a tu crecimiento general y a tu eficacia.

Consigue apoyo y abre tu mente

Cuando recién estés empezando a utilizar esta forma nueva y distinta de resolver los problemas, quizás te ayude trabajar con un amigo o una amiga de confianza, con un miembro de tu familia o con un terapeuta. (En nuestras propias vidas personales, nosotros también consultamos con amigos acerca de los problemas difíciles antes de elegir una forma de proceder). Considera la posibilidad de utilizar el ejercicio práctico 6 para uno o dos problemas cada semana, hasta que el proceso de seis pasos se vuelva automático para ti. La figura 6.5 al final de este capítulo muestra las respuestas de Billy al ejercicio práctico 6.

Hemos descubierto que el proceso de seis pasos que se describe en este capítulo es una de las maneras más prácticas de controlar la ira. Puedes usar este proceso para una gran variedad de problemas y una amplia gama de situaciones. La clave es abrir tu mente y permitirte pensar en tus problemas de una forma distinta. Cuando lo hagas, serás cada vez más capaz de crear soluciones que sean eficaces no sólo en el momento, sino también, con mucha frecuencia, a largo plazo.

Puntos clave

✓ La forma en que abordas los problemas sociales sienta las bases para que las condiciones de tu vida mejoren, empeoren o sigan igual.

✓ La resolución negativa de problemas sociales se caracteriza por decisiones impulsivas, respuestas llenas de ira, evitación y la esperanza de que los problemas se resolverán solos.

✓ La resolución positiva de problemas se caracteriza por un enfoque optimista, paciente y cuidadoso para hacer frente a las dificultades, e incluye ver los problemas como desafíos que hay que enfrentar.

✓ El método de seis pasos para resolver los problemas sociales puede aplicarse a una amplia gama de situaciones y puede ayudarte a encontrar soluciones constructivas a los problemas que enfrentas. Los pasos para la resolución de problemas sociales son: identificar claramente el problema e idear soluciones potenciales (es decir, resumir el problema en términos concretos y generar un menú de opciones, cosa que haces en los pasos 1 y 2); evaluar los resultados probables de cada solución potencial (es decir, considerar los resultados tanto a corto como a largo plazo, cosa que haces en los pasos 3 y 4); escoger la mejor solución y ponerla en práctica (es decir, elegir la mejor línea de acción de ese menú, cosa que haces en el paso 5), y evaluar tu solución (es decir, aprender y crecer al hacer tus elecciones, cosa que haces en el paso 6).

Paso 1. Identifica claramente el problema

Utilizando el formato *cuando-entonces,* describe un problema. Incluye lo que hiciste, cómo reaccionó la otra persona, qué dijo cada uno y qué pensaste.

Cuando…

Después de un día difícil en el trabajo, fui a tomar unas copas con mis amigos. Sabía que mi mujer había preparado la cena, pero olvidé llamarla y decirle que llegaría tarde. Cuando llegué a casa, tenía una expresión de enojo. «¿Dónde diablos has estado? Te he esperado durante casi una hora y ahora la cena se ha echado a perder».

Entonces…

Creo que ella no entendió que yo había tenido serios problemas en el trabajo y necesitaba pasar un rato con mis amigos. Así que se lo dije y empezamos a discutir, peleando y gritando. Finalmente le dije: «Ya cállate». Entonces me fui al sótano a ver la tele y ella se fue a dormir.

Paso 2. Identifica las soluciones potenciales

Haz una lista de al menos cinco soluciones posibles al problema que identificaste en el paso 1.

1. Decirle que estoy estresado, que todavía tengo hambre y que no tengo que responderle.

2. Evitarla – salir de casa e ir a tomar unas copas.

3. Decirle que es igual que su madre.

4. Comprarle unas flores antes de ir a casa.

5. Disculparme y preguntarle qué debería hacer en el futuro.

Figura 6.5. El ejercicio completo de Billy para resolver problemas sociales.

Paso 3. Identifica los probables resultados a corto plazo de tus soluciones potenciales

Haz una lista de los resultados probables a corto plazo de las soluciones potenciales que identificaste en el paso 2.

1. *Cenamos en medio de un silencio amargo.*

2. *Ella se enfada, luego se preocupa.*

3. *Más discusiones. Ella me dice que soy egoísta.*

4. *Ella está enojada y feliz al mismo tiempo.*

5. *Ella descarga su enojo un rato y luego me hace sugerencias. Yo escucho. Algunas suenan bien, otras no.*

Paso 4. Identifica los probables resultados a largo plazo de tus soluciones potenciales

Haz una lista de los probables resultados a largo plazo de las soluciones potenciales que identificaste en el paso 2.

1. *Falta de comunicación abierta; amargura continua.*

2. *No hablamos durante días. Ella está callada y no está dispuesta a cooperar.*

3. *Nunca solucionamos esta situación.*

4. *Ella se siente mejor temporalmente, hasta que vuelve a ocurrir.*

5. *Juntos, desarrollamos un plan y nos ponemos de acuerdo acerca de qué hacer en el futuro.*

Figura 6.5. Continuación.

PARTE 3

Cambiar los pensamientos que causan la ira

CAPÍTULO 7

Estrategia cuatro: Cambia tu forma de pensar sobre tu vida

*Podemos quejarnos porque los rosales tienen espinas
o regocijarnos porque los arbustos con espinas tienen rosas.*[1]
ALPHONSE KARR

Los problemas son parte de la vida. No importa cuánto te esfuerces por desarrollar habilidades eficaces para hacer frente a las situaciones difíciles o cuánto intentes mantener la calma ante los infortunios, puedes estar seguro de que la vida continuará presentándote nuevos e inesperados desafíos: la pérdida de un empleo, una enfermedad, problemas en tu matrimonio, el comportamiento imprudente de los demás, chismes dirigidos en tu contra, injusticias en el trabajo o en la universidad, etc. Por este motivo, es importante que desarrolles maneras de pensar de forma realista sobre los infortunios y que comprendas lo que son: un inconveniente desagradable. La abrumadora mayoría de los detonantes de tu ira, independientemente de lo horribles que parezcan ser en el momento, causan poco más que una pérdida de tiempo, dignidad o dinero. Estas situaciones son de naturaleza social. No son una amenaza para tu vida, y por eso las llamamos inconvenientes.

Este capítulo te presenta seis patrones de pensamiento irracional y seis maneras de pensar de una forma distinta e inteligente acerca de los problemas y las desgracias para que tu ira pueda disminuir. El enfoque que te vamos a enseñar es muy sencillo, pero no es fácil. Para pensar de

---

1. Alphonse Karr, *Lettres écrites de mon jardin* (París: Michel Lévy Frères, 1853).

una manera distinta acerca de los aspectos difíciles de tu vida, es importante que desarrolles la conciencia de tus pensamientos irracionales y que encuentres el tiempo para practicar el uso de pensamientos alternativos. El objetivo es producir un cambio en tu forma de ver el mundo para que reacciones con menor intensidad a los problemas e inconvenientes cotidianos.

Tu forma de pensar crea tu ira

Como cualquier otro ser humano, tú eres una criatura pensante. En otras palabras, estás constantemente percibiendo, observando, interpretando, evaluando y haciendo juicios sobre los eventos en tu vida, no sólo estás reaccionando a ellos. La forma en que piensas acerca de los hechos tiene una influencia poderosa en tus sentimientos y en tus actos. Tu forma de pensar contribuye a tu ira y a algunos de los comportamientos contraproducentes que la acompañan. Como todos los demás, a lo largo del tiempo has desarrollado patrones de pensamiento y años de repetición que han hecho que esos patrones se vuelvan automáticos e inflexibles.

Y, como casi todo el mundo, probablemente no eres consciente de cómo estás pensando cuando aparece un detonante de la ira. Después de todo, tus patrones de pensamiento y los pensamientos que emanan de ellos te parecen perfectamente normales porque has estado utilizándolos y teniendo esos pensamientos durante muchos años. Tomar consciencia de cómo sueles pensar cuando te enojas y cambiar tus pensamientos antiguos es de suma importancia para reducir tu ira. Tendrás que esforzarte y practicar para cambiar tu forma de pensar sobre los eventos desagradables, pero la buena noticia es que ese esfuerzo y esa práctica reducirán tu ira e incrementarán tu alegría y tu felicidad.

¿Crees que los demás provocan tu ira con su comportamiento desagradable e indeseado? Si es así, estás haciendo lo que en el capítulo 2 llamamos *el gran error*. Pero lo cierto es que *tú estás al mando de la forma en la que piensas* y eso quiere decir que tienes más control sobre tu ira de lo que crees.

Imagina, por ejemplo, que estás en una autopista muy transitada cuando, súbitamente, otro conductor vira bruscamente para entrar en tu carril. Das un frenazo y tocas el claxon en señal de advertencia, pero él te responde tocando el claxon con ira y te hace un gesto obsceno. Obviamente, es posible que tengas una serie de reacciones a esta situación. ¿Alguno de los siguientes ocho pensamientos haría que sintieses poca o ninguna ira?

1. Ese tipo es un imbécil y merece que le den una lección.
2. No sé nada acerca de esta persona. Quizás estaba distraído. Lo dejaré ir.
3. ¿Quién se cree que es? No voy a aguantar esto. Le voy a mostrar que no me intimida.
4. Estoy demasiado viejo para estar reaccionando a este tipo de cosas. Puedo mantener la calma y mantener el control.
5. No debería estar actuando de esa forma. Está siendo completamente injusto porque fue él el que no estaba prestando atención.
6. Sería agradable que todos los conductores fueran justos y considerados, pero algunos de ellos no lo son. Así es el mundo.
7. Lo que está haciendo es terrible. No lo voy a tolerar.
8. No es para tanto. No tengo que reaccionar.

Probablemente puedes ver que los pensamientos 2, 4, 6 y 8 son los que seguramente producirán menos ira.

¿Cómo desarrolla la gente respuestas de pensamientos que les permiten dejar ir su ira fácilmente? Terapeutas cognitivo conductuales como Albert Ellis y Aaron Beck han contribuido al desarrollo de cuatro pasos que pueden ayudarte a reevaluar y cambiar tu forma de pensar.[2]

---

2. Albert Ellis, *Reason and Emotion in Psychotherapy,* ed. rev. (Nueva York: Carol Publishing, 1994); Aaron T. Beck, *Prisoners of Hate: The Cognitive Basis of Anger, Hostility, and Violence* (Nueva York: HarperCollins, 1999).

Paso 1. Sé consciente de tus pensamientos y escéptico

Dos tendencias que harán difícil que cambies tu forma de pensar:

1. La tendencia a no ser consciente de lo que piensas.
2. La tendencia a dar por sentado que lo que piensas es verdad.

No ser consciente de lo que piensas

La mayoría de la gente no es consciente de sus pensamientos. Si intentamos sintonizar con el fluir de nuestros pensamientos en tiempo real, percibimos que, minuto a minuto, la mente está ocupada procesando una gran cantidad de información.

Nuestros pensamientos están siempre con nosotros. Forman parte de nuestra existencia diaria y, por lo tanto, probablemente no dedicamos mucho tiempo a ser conscientes de ellos. Como el aire que nos rodea, que es crucial para nuestra supervivencia, nuestros pensamientos son cruciales para el desarrollo y la reducción de nuestra ira. Pero de la misma manera que no dedicamos mucho tiempo a pensar sobre el aire, tampoco dedicamos mucho tiempo a adoptar la perspectiva de una persona extraña sobre nuestros pensamientos.

Prueba este experimento. Deja este libro durante un momento y pasa treinta segundos sentado en silencio y observando lo que ocurre en tu mente. Notarás que los pensamientos van y vienen, y que tu mente va a la deriva. Fíjate que estás constantemente juzgando, evaluando y prediciendo tu experiencia.

Ahora, recuerda la última vez que te enojaste. ¿Recuerdas lo que pasaba por tu mente o lo que te estabas diciendo a ti mismo? Deja este libro un momento otra vez y, en tu mente, completa la siguiente frase: «La última vez que me enojé, pensé…».

Quizás te des cuenta de que algunos de tus pensamientos te resultan fáciles de encontrar y de comunicar. Por ejemplo, ¿qué estás pensando ahora mismo mientras lees las palabras de esta página? Con un mínimo esfuerzo puedes acceder a tus pensamientos en el «aquí y ahora», simplemente concentrándote en ellos. Otros pensamientos son fugaces y operan por debajo del nivel de tu percepción consciente, a menudo porque están conectados a tus creencias más profundas. Pero es importante que entres en contacto con esos pensamientos más profundos porque tomar conciencia de cómo piensas y evaluar las situaciones en las que te enojas es un primer paso crucial para mejorar tu vida.

Dar por sentado que lo que piensas es verdad

Si eres como casi todo el mundo, consideras que tus pensamientos son la verdad. Eso quiere decir que es probable que tengas un alto grado de confianza en lo que estás pensando. Crees que estás interpretando correctamente los acontecimientos, las intenciones de los demás y el mundo que te rodea, y que tus juicios te llevan a tomar buenas decisiones y a tener un comportamiento sano. No hay duda de que tus pensamientos son reales para ti, pero la verdad es que son, mayormente, producto de tu historia y tu aprendizaje.

Examinemos a Eli, Daniel, Kathy y Wayne, todos ellos de unos veinte años de edad:

- Eli creció con unos padres estrictos que tenían la actitud de que los niños deberían hacer lo que se les dice y no contestar. También había un fuerte sentido de lo que está bien y lo que está mal en el hogar durante su infancia y Eli aprendió que es importante defender lo que está bien, a toda costa.
- Daniel creció en una familia que hacía énfasis en las relaciones y en llevarse bien con los demás. Le enseñaron que a veces es necesario considerar el punto de vista de la otra persona, incluso cuando uno cree tener la razón.
- A Kathy le enseñaron a ser cauta en las relaciones. Le dijeron que la confianza es algo que los demás tienen que ganarse. Le enseñaron a creer que lo más importante de todo es ser independiente y fuerte.
- Wayne fue tratado duramente por sus padres. Desarrolló muy poca seguridad en sí mismo y se preocupaba con frecuencia de no estar a la altura de los estándares de la mayoría de la gente.

Cada una de estas cuatro personas se encuentra en las primeras etapas de una relación amorosa y tienen un problema en común: las personas con las que están saliendo suelen llegar cuarenta y cinco minutos tarde a los encuentros programados. Los cuatro tienen pensamientos acerca de lo que este comportamiento significa y lo que deberían hacer al respecto. Utilizando la poca información histórica que tienes, intenta vincular correctamente cada uno de los siguientes pensamientos con una de esas cuatro personas:

1. Mi pareja no está realmente interesada en mí. Voy a ponerle fin a esto yo primero, para mostrarle que no la necesito.
2. Esto es una m… y ya no voy a tolerar más estas tardanzas.
3. Probablemente es mi culpa. Seguramente es por algo que dije. Siempre estropeo las cosas.
4. No me gusta lo que está ocurriendo y quiero averiguar qué hay detrás de esto.

Éstas son las respuestas:
Katy: 1
Eli: 2
Wayne: 3
Daniel: 4

¿Pudiste ver cómo las diferentes historias de estas personas dieron forma a lo que piensan sobre su experiencia actual?

Paso 2. Identifica lo que piensas cuando estás enojado

Tú también haces muchas evaluaciones acerca de los acontecimientos de tu vida cotidiana y, hasta cierto punto, esos pensamientos están guiados por tus experiencias anteriores. Pero es posible que tus pensamientos no sean exactos, realistas o incluso útiles, especialmente cuando estás enfadado. A medida que vayas siendo más consciente de tu forma de pensar, es importante que empieces a ver tus pensamientos como lo que son: una corriente privada de palabras evaluadoras influenciadas por tu historia personal, pero que no necesariamente reflejan la verdad.

Una manera de hacerlo es consultar la siguiente lista de seis patrones de pensamiento irracionales mientras recuerdas varias experiencias de ira, usando los episodios de ira que registraste en el ejercicio práctico 2 o utilizando ese ejercicio para analizar diferentes episodios de ira a medida que vas avanzando. (Los psicólogos lo denominan *tarea de automonitoreo*). Mientras realizas esta tarea, ten presente que los que nos interesan son los pensamientos conectados de forma más inmediata con una experiencia de ira. Fíjate si puedes determinar cuáles son los patrones y pensamientos irracionales más representativos de lo que estás pensando durante un episodio de ira:

1. *Dramatización:* Ésta es una de las peores cosas que podían ocurrir.
2. *Baja tolerancia a la frustración:* No puedo hacer frente a esta situación.
3. *Exigencia:* Mi familia debería actuar de otra manera.
4. *Calificar al otro:* Mi colega es un verdadero idiota.
5. *Calificarse a uno mismo:* En el fondo, creo que no soy importante y que no valgo la pena.
6. *Distorsión o malinterpretación:* Mi pensamiento está distorsionado y no estoy viendo las cosas con claridad.

Estos seis patrones irracionales son importantes porque representan errores comunes en la forma de pensar que contribuyen al desarrollo de la ira. Abordar esos errores ahora te ayudará enormemente a manejar tus reacciones de una forma más efectiva en el futuro.

Dramatización

La *dramatización* es exagerar las consecuencias o el nivel de sufrimiento asociado con una situación difícil. Es posible que describas las dificultades diarias con palabras como «atroz», «horrible» o «terrible» en lugar de «desafortunado», «malo» o «inconveniente». Esto es un problema porque «atroz», «terrible» y «horrible» son palabras muy fuertes.

Cuando las examinamos detenidamente, queda claro que su significado es que «Todo está perdido». Esa frase sería apropiada para describir la devastación que llega después de un terremoto, un accidente aéreo, un tornado, un huracán o la pérdida una vida. Pero cuando estas palabras se usan en relación a una frustración, un revés o una dificultad cotidiana, exageran el aspecto negativo de la situación y son demasiado fuertes para describir con exactitud lo que está ocurriendo. Cuando calificas un desafío normal como «atroz», «horrible» o «terrible», reduces tu motivación para hacer frente al infortunio hábilmente. Además, te impides a ti mismo hallar una solución efectiva para el problema en cuestión.

Baja tolerancia a la frustración

La *baja tolerancia a la frustración* es la tendencia a subestimar tu capacidad para lidiar con una molestia o un infortunio. Cuando se presenta una situación difícil o injusta, la pregunta que suele surgir es «¿Es esto tolerable?». Y es increíble con cuánta frecuencia la gente utiliza la palabra «intolerable» para indicar su incapacidad para hacer frente a un problema. Por ejemplo, puedes decir, «No soporto esto» cuando estás esperando en una cola larga que avanza lentamente, o «He llegado a mi límite» cuando tu hijo derrama el jugo sobre la alfombra, o «Ya no puedo lidiar con esto» cuando te niegan el tan esperado ascenso. Pero éstos son reveses e irritaciones normales. Aumentarás tu ira si ves un simple infortunio como algo con lo que no puedes lidiar. La baja tolerancia a la frustración también te distraerá y te impedirá idear una solución efectiva. Además, quejarte y lamentarte por tu incapacidad para tolerar o hacer frente a un hecho desagradable hará que la gente no quiera estar cerca de ti. El verdadero significado de «Ya no aguanto esto» es «Me voy a morir». De hecho, la vida está llena de desafíos, grandes y pequeños, y la mayoría de las personas que son traicionadas, que pierden sus empleos, fracasan en sus estudios, son rechazadas, etc., se las arreglan para adaptarse. La vida continúa independientemente de si piensas que puedes hacerle frente o no, de modo que, ¿por qué no ser optimista, o al menos realista, respecto a tus aptitudes y habilidades?

Exigencia

La *exigencia* es la tendencia a convertir tus preferencias personales en reglas inflexibles y rígidas que esperas que los demás y el mundo entero sigan. Esto se refleja en palabras y frases como «ellos deben», «tú deberías», «él tendría que» y «ella tiene que», las cuales sugieren que no hay ninguna alternativa razonable a aquello que tú quieres. Pero el comportamiento de los demás está determinado por una serie de factores como la naturaleza humana, la imitación, la historia del aprendizaje y las normas culturales. Por lo tanto, cuando estás exigiendo, estás ignorando la realidad, porque olvidas que el mundo es complejo y que las condiciones no siempre van a respaldar el que tú consigas todo lo que quieres.

Ciertamente, es verdad que algunas cosas en este mundo realmente deben ocurrir. Tenemos que comer, dormir, respirar, etc. ¿Pero *debe* tu hija ir a la universidad, incluso si es brillante? ¿Tu jefe *debe* apreciar el duro trabajo que realizas? ¿Tu marido *debe* hacer lo que le pides? ¿Tus hijos *deben* oír tus consejos? ¿Tus profesores *deben* reconocer tu creatividad? ¿Tus alumnos *deben* darse cuenta de cuánto has trabajado en la planificación de la lección de hoy? ¿El jardinero o el electricista *deben* llegar cuando esperas que lo hagan? ¿El nuevo ordenador *debe* funcionar a la perfección cuando llega a tu casa? ¿Los otros conductores *deben* ser corteses? La realidad es que incluso en las mejores circunstancias experimentarás muchas decepciones. Las personas actuarán de maneras que no te gustarán o que no esperas. Es poco aconsejable insistir en que las otras personas y situaciones siempre estén de acuerdo con tus términos. De hecho, probablemente vivirás una vida más tranquila y feliz si renuncias a intentar controlar a la gente y las situaciones.

Calificar al otro

Calificar al otro es la fuerte tendencia a generalizar en exceso acerca de las personas en una forma negativa. Condenas a la otra persona por una sola cosa que hace. Como parte de este patrón, utilizas un lenguaje incendiario como «imbécil», «H de P», «idiota» y «animal». Calificas a la persona completa, no sólo lo que hizo o dijo.

Pero el problema con este tipo de pensamientos es que todos hacemos muchas cosas buenas y algunas cosas malas. Algunas personas hacen más malas acciones que otras, pero incluso esas personas hacen buenas acciones de vez en cuando. Un conductor desesperantemente lento puede estar en camino de un trabajo como voluntario en una escuela, o un vendedor telefónico irritante puede estar intentando ganar un dinero extra para el servicio de ambulancias de la comunidad.

Cada una de las personas que conoces y quieres actuará ocasionalmente de una forma que te decepcione. Cuando eso ocurra, ¿cuál es la mejor manera en que puedes pensar sobre ello? Tanto si estás en el trabajo, con tu familia, en una fiesta o en una cita, cuando etiquetas a alguien duramente por haber hecho algo que no te gusta, interfieres con tu capacidad de conservar tus relaciones y mantener conexiones que enriquecen tu vida.

Autocalificarte

Al *autocalificarte* usas el mismo patrón de pensamiento irracional que utilizas al calificar a los demás, sólo que las evaluaciones están dirigidas a ti en lugar de estar dirigidas hacia otra persona. Cuando las cosas no van bien, te culpas o te condenas a ti mismo: «Soy un perdedor, no puedo hacer nada bien, nunca lo lograré». Este patrón conduce a la tristeza, a la culpa y a más ira, y reduce tu motivación para resolver el problema. Esto se debe a que el hecho de autocalificarte te quita tiempo para concentrarte en el problema específico y hallar una solución realista.

Distorsión o malinterpretación

La *distorsión o malinterpretación* implica llegar a conclusiones incorrectas acerca de los motivos, intenciones o comportamientos de amigos, familiares, compañeros de trabajo y otros. Por ejemplo, podrías ver los actos de otras personas como intencionadamente ofensivos. Pero cuando distorsionas o malinterpretas las motivaciones de otra persona, no consideras explicaciones alternativas para su comportamiento.

Paso 3. Piensa de una forma distinta y más efectiva en las situaciones de ira

Hay un pensamiento racional alternativo para cada uno de los pensamientos irracionales asociados con los seis patrones de pensamiento que subyacen a la ira. Esos pensamientos racionales te permitirán evaluar las situaciones difíciles de una manera más flexible, menos extrema y más razonable. Revisa una vez más el ejercicio práctico 2 y pon tu atención en la parte 2 («Los pensamientos»). ¿Qué patrón de pensamiento irracional (dramatización, baja tolerancia a la frustración, exigencia, calificar al otro, calificarse a uno mismo, distorsión o malinterpretación) aparece más durante tus experiencias de ira? Si hay varios patrones de pensamiento irracional que se presentan con frecuencia, trabaja con ellos en las partes correspondientes del ejercicio práctico 7.

Reemplazar la dramatización con evaluaciones moderadas

Si la dramatización es tu patrón de pensamiento irracional típico, podrías beneficiarte de aprender a calificar los problemas de una forma más moderada. Normalmente, «inconveniente», «desafortunado», «malo» o «difícil» es una mejor descripción de cualquier dificultad a la que te estés enfrentando. El objetivo no es minimizar la seriedad de tu problema o molestia. Nadie quiere sentirse rechazado o herido; nadie quiere perder dinero, o un empleo, o su prestigio. Antes bien, ofrecemos estas palabras como descripciones más realistas de tu experiencia. La tabla 7.1 presenta alternativas racionales a varios pensamientos dramatizantes. Usando la tabla, completa la parte 1 del ejercicio práctico 7.

Tabla 7.1. Pensamientos dramatizantes y alternativas racionales

Pensamiento dramatizante	Pensamiento racional alternativo
Es *terrible* que mi jefe me trate tan injustamente y no reconozca lo duro que trabajo por la empresa.	Aunque *no me gusta* cómo me trata mi jefe, hay situaciones mucho peores.
Es *horrible* que mis hijos se peleen continuamente.	Las constantes peleas entre mis hijos son *desagradables*.
Es *atroz* que mi novio haya roto conmigo.	La forma en que terminó esta relación fue realmente *mala*.

Aumentar tu tolerancia a la frustración

Si la baja tolerancia a la frustración ha aparecido como un patrón de pensamiento irracional típico en ti, es importante que veas las dificultades de la vida como manejables en lugar de decirte continuamente que no puedes lidiar con ellas. Cuando surge un problema, está bien decir que verdaderamente no te gusta, que es indeseado y que desearías que no estuviera ocurriendo.

La mayoría de los problemas e infortunios de la vida, ya sean económicos, familiares, sentimentales, legales o médicos, finalmente acaban siendo manejables incluso cuando no parecen serlo originalmente. De hecho, Martha Stewart, Steve Jobs y muchas otra personas destacadas se han enfrentado a dificultades que van desde el encarcelamiento y la humillación hasta el rechazo y la desgracia profesionales, pero aun así consiguieron sobrevivir e incluso prosperar. Decirte a ti mismo y decir a los demás que no soportas o no puedes lidiar con una adversidad claramente no te ayuda porque mina tu capacidad para hacer frente a los problemas y desarrollar soluciones creativas. Harías mejor en describir el problema como difícil o frustrante en lugar de lamentarte y quejarte diciendo que no puedes hacerle frente. La tabla 7.2 presenta alternativas racionales a varios pensamientos de baja tolerancia a la frustración. Usando la tabla, completa la parte 2 del ejercicio práctico 7.

Tabla 7.2. Pensamientos de baja tolerancia a la frustración y alternativas racionales

Pensamiento de baja tolerancia a la frustración	Pensamiento racional alternativo
No *soporto* cuando mi mujer me critica.	*Puedo* escuchar tranquilamente las quejas de mi esposa. Soy una persona madura *capaz* de escuchar los puntos de vista de los demás.
No puedo lidiar con el comportamiento odioso de Bob.	Algunas personas nunca aprenderán a ser consideradas. *Puedo* escuchar los comentarios de Bob y no tengo que tomarlos en serio.
Ya *no aguanto* los llantos de mi hija.	Los bebés lloran mucho. Eso es parte de la maternidad. No tengo que enojarme y *puedo soportar* escuchar los llantos.

Renunciar a las exigencias y ser más flexible

La exigencia es un patrón de pensamiento común en la mayoría de experiencias de la ira. Los cambios en esta área requerirán que sustituyas palabras y frases como «debe», «debería» o «tiene que» con un lenguaje menos rígido. Por ejemplo, es perfectamente aceptable que pienses que te gustaría que tu jefe te tratara con respeto, pero es algo muy distinto pensar que tu jefe *debe* tratarte con respeto. Está bien que digas que quisieras que las cosas fuesen diferentes, pero es menos eficaz *insistir* en que lo sean. La tabla 7.3 presenta alternativas racionales a varios pensamientos exigentes. Usando la tabla, completa la parte 3 del ejercicio práctico 7.

Tabla 7.3. Pensamientos exigentes y alternativas racionales

Pensamiento exigente	Pensamiento alternativo racional
James *debería* decir la verdad.	Sería *mejor* para todos si James fuera sincero acerca de lo que ocurrió. Pero no hay ninguna garantía de que dirá la verdad.
El jefe de personal *debe* respetar mi antigüedad.	*Quiero* que el jefe de personal respete mi antigüedad
Debbie *debería* llegar puntual a sus citas.	Sería *más considerado* por parte de Debbie llegar puntual. Pero ella es una de esas personas que siempre llegan tarde.

Reemplazar la valoración negativa de los demás con aceptación

Es fácil hacer juicios exagerados acerca de los demás cuando hacen cosas que no te gustan. Cambiar este patrón de pensamiento irracional requiere que sustituyas los calificativos negativos («idiota», «cabrón», «tarado», etc.) con descripciones más precisas del comportamiento específico de las personas. No tiene nada de malo ver algunos comportamientos de otras personas como algo malo, pero abstente de hacer juicios generales sobre esas personas. La tabla 7.4 presenta alternativas racionales a varios pensamientos de calificación de los demás. Utilizando la tabla, completa la parte 4 del ejercicio práctico 7.

Tabla 7.4. Pensamientos de calificación del otro y alternativas racionales.

Pensamiento de calificación del otro	Pensamiento racional alternativo
Rick es un *idiota* porque discutió conmigo en público.	Hay muchas ocasiones en las que Rick es considerado y bien intencionado. No obstante, *algo* que no me gusta de él es que a veces dice cosas negativas acerca de mí delante de otras personas.
La jefa de personal es un a verdadera *idiota*. ¡Qué tarada!	Aunque la jefa de personal ha tomado esta decisión injusta, *en otras ocasiones me ha tratado bien.*
Austen es un *pequeño monstruo.* Nunca presta atención a las reglas.	Austen todavía *es muy joven* y tiene mucho que aprender. Espero que sus padres lo puedan ayudar a comportarse mejor.

Aceptar tu propia falibilidad

Si normalmente te etiquetas o te calificas duramente cuando cometes un error, sufres un revés o actúas desconsideradamente, entonces puedes realizar un cambio aceptando más tu propio comportamiento y diferenciando tu comportamiento específico de tu visión total de ti mismo. Calificarte como una persona completamente mala no sólo contribuirá a tu ira, sino que además hará que te sientas culpable y deprimido. La tabla 7.5 presenta alternativas racionales a varios pensamientos autocalificadores. Usando la tabla, completa la parte 5 del ejercicio práctico 7.

Tabla 7.5. Pensamientos autocalificadores y alternativas racionales

Pensamiento autocalificador	Pensamiento racional alternativo
No puedo creer que haya echado a perder la entrevista de trabajo. *Soy un fracaso.*	*No estaba bien preparado* para esa entrevista. La próxima vez sí lo estaré.
Soy un *idiota* por haber olvidado la cita.	*Olvidé la cita.* A veces me pasa ese tipo de cosas. Veré si la puedo reprogramar.
Soy una persona *horrible* por haber tratado a Adriana de esa forma.	*Cometí un error* al tratar a Adriana de esa forma. La próxima vez que me encuentre en una situación así la manejaré mejor.

Reducir la distorsión o la malinterpretación, e interpretar más acertadamente el comportamiento no deseado de los demás

Para cambiar este patrón tendrás que empezar a resistirte al impulso de sacar conclusiones precipitadas acerca de por qué el comportamiento de la otra persona es tan malo. Luego tendrás que considerar explicaciones alternativas. Ten en cuenta todos los datos y las pruebas relacionadas con la situación y haz una mejor interpretación. Si no tienes los datos, suspende tu juicio hasta tener más información. La tabla 7.6 presenta alternativas racionales a varios pensamientos distorsionados. Utilizando la tabla, completa la parte 6 del ejercicio práctico 7.

Tabla 7.6. Pensamientos distorsionados y alternativas racionales

Pensamiento distorsionado	Pensamiento racional alternativo
Dado que mi supervisor no escucha mis ideas y siempre tiene prisa, está claro que *no considera que hago un buen trabajo.*	Mi supervisor parece tener prisa siempre y no escucha a nadie. Es posible que esté bajo mucha presión y que eso *no tenga nada que ver con mi desempeño.*
Eileen canceló nuestra cita en el último minuto. Dijo que se le había presentado algo. *Probablemente eso significa que no está interesada en mí.* Las mujeres son unas idiotas.	Realmente no sé por qué la canceló Eileen. *Quizás le ocurrió algo serio.* La llamaré en un par de días para ver si quiere que nos veamos.
Derek siempre me interrumpe cuando le hablo. *No me respeta.*	He notado que Derek no es muy bueno escuchando. *Al parecer, interrumpe mucho a las personas.*

Paso 4. Practica una nueva forma de pensar en tu vida cotidiana

Hacer un cambio real requiere que practiques tener pensamientos más racionales en tu vida cotidiana. La mayoría de la gente se demora bastante en cambiar su forma de pensar, así que este cambio tomará un poco de tiempo, pero puedes acelerar el proceso si practicas expresando estos nuevos y mejores pensamientos en voz alta. Para empezar, elige uno de los seis patrones de pensamiento irracional y concéntrate en él durante el día. Trabaja para cambiar únicamente ese patrón. Cuando surja un problema, prueba el nuevo pensamiento en la privacidad de tu mente. Luego encuentra a una persona de confianza a quien se lo puedas decir en voz alta. Por ejemplo, le puedes decir a tu mujer o a tu marido, «Ahora me doy cuenta de que en realidad puedo soportar el comportamiento de mi jefe. Es tonto que me queje por lo

tarado que es. Voy a aprender a tomarme sus actos con tranquilidad».
Después, cuando te sientas seguro de que la nueva forma de pensar
racional se está volviendo más automática para ti, prueba a trabajar
con otra pauta de pensamiento irracional. Utiliza tus nuevas formas de
pensar durante las siguientes semanas. Observa cómo se siente este
cambio. Fíjate si te ayuda.

Puntos clave

✓ Tus pensamientos son producto de tu historia y tu aprendizaje personales, de modo que tu forma de pensar no es el evan-
gelio de la verdad y es posible que no siempre sea exacta, realista o útil.

✓ Determina cuál de los seis patrones de pensamiento irracionales son habituales para ti durante tus episodios de ira.

✓ Sustituye tus pensamientos dramatizantes con evaluaciones
más moderadas.

✓ Reemplaza las afirmaciones que refuerzan tu baja tolerancia a
la frustración con afirmaciones que enfaticen tu capacidad de
lidiar con los problemas.

✓ Renuncia a las declaraciones que expresan exigencias rígidas.
En lugar de eso, haz declaraciones más comprensivas y flexi-
bles acerca del comportamiento de los demás.

✓ Abstente de hacer juicios altamente negativos sobre otras personas. En lugar de eso, describe su comportamiento específico.

✓ Sustituye las evaluaciones duras de ti mismo con afirmaciones
que reflejen tu autoaceptación y tu disposición a aprender de
tus errores.

✓ Resiste el impulso de llegar a conclusiones precipitadas negativas y distorsionadas sobre los actos de otras personas. En
lugar de eso, piensa en explicaciones alternativas.

CAPÍTULO 8

Estrategia cinco: ¡Déjalo ir!

Lo que pensamos, o lo que sabemos, o lo que creemos, a fin de cuentas, es de poca importancia. Lo único que realmente importa es lo que hacemos.[1]

JOHN RUSKIN

Los hechos externos raramente son la causa directa de tu ira. La situación es mucho más compleja. En primer lugar, tus pensamientos acerca de los hechos y tus interpretaciones de ellos son causas importantes de tu ira *(véase* capítulo 7). En segundo lugar, las palabras que puedes oír en una situación de conflicto no son las mismas que la realidad de la situación. Son sólo palabras, percibidas a partir de movimientos del aire que entra en tu oído, y esas palabras son menos reales de lo que piensas.

Como ser humano, tienes la capacidad para lo que los psicólogos denominan *actividad cognitiva superior,* o la capacidad de pensar acerca de situaciones y juzgarlas. Eso hace que seas distinto a una hiena o un cocodrilo. La ira protectora de una animal salvaje está hecha mayormente de impulsos biológicos. La tuya está hecha de impulsos biológicos y de una actividad cognitiva que te permite interpretar los acontecimientos y tomar decisiones. Cuando *piensas* que te han tratado mal, ignorado, rechazado, malinterpretado, o que han hablado mal de ti, o que te han engañado, ese pensamiento contribuye a tu experiencia de ira.

Como ocurre con cualquier otro ser humano, tu herencia biológica y genética y tu pasado evolutivo te han programado para que tengas el hábito no sólo de pensar en las situaciones, sino también de juzgarlas

---

1. John Ruskin, *The Crown of Wild Olive* (Nueva York: Wiley, 1978).

y reaccionar a ellas. Como resultado de ello, tienes un fuerte impulso de juzgar precipitadamente, y eso es natural. Pero no estás limitado por los factores biológicos, genéticos y evolutivos. Como ser humano, tienes la extraordinaria capacidad de *soltar tus pensamientos.*

En este capítulo observaremos los pensamientos y los juicios a través del lente de la *aceptación* y el *compromiso*. Estas dos palabras están asociadas a la terapia de aceptación y compromiso (TAC) desarrollada por el psicólogo Steven Hayes. En términos de control de la ira, las claves de este enfoque son la aceptación de tus pensamientos coléricos (es decir, simplemente percibirlos sin actuar al respecto) y el compromiso de vivir una vida basada en tus valores centrales a largo plazo. Esto es distinto de la estrategia de cambiar el contenido de tus pensamientos (*véase* capítulo 7).

Aceptación: Percibir pero no reaccionar a los pensamientos llenos de ira

Tus pensamientos, en realidad, no son ni verdaderos ni falsos. Son simplemente tus pensamientos, lo cual significa que puedes dejar de darles tanto poder. Para utilizar esta técnica eficazmente, el primer paso consiste sencillamente en ser consciente de tus pensamientos coléricos, sin ceder a ellos:

- Estás conduciendo tu coche, llevando a tu hijo de diez años a sus clases de fútbol y él está jugando con vídeos a todo volumen en su teléfono, a pesar de que ya le has pedido en dos ocasiones que lo apague. Quizás estés pensando, «¿Eres tan estúpido que no puedes apagar esa maldita cosa?». Y quizás te gustaría gritar, «¡Deja de actuar como un idiota!».

- Tu jefe te dice, «He oído que no estás haciendo tu trabajo en el área de ventas. Los otros empleados dicen que eres perezosa». Tu primera reacción podría ser pensar, «¡Eso no es cierto! Voy a averiguar quién está diciendo eso y ver cómo me puedo vengar».

En ambas situaciones te resultaría fácil dejar que tus pensamientos, que son casi automáticos, te impulsen a cometer actos coléricos, especialmente en el segundo caso, donde probablemente pensarías en ello de forma continuada y tendrías un comportamiento vengativo. Pero otra opción sería simplemente reconocer que esos pensamientos no son una realidad y luego dejarlos atrás.

En este enfoque, cuando sintonizas con tus pensamientos inmediatos en cualquier situación, es posible que descubras que son pensamientos útiles, o pensamientos inútiles, o pensamientos que ni siquiera tienen relación con tus circunstancias actuales. Cualesquiera que sean tus pensamientos, la clave es aceptarlos *como pensamientos,* construcciones mentales que pueden, o no, reflejar tu realidad. No tienes que reaccionar a ellos, y tus pensamientos no deben impulsarte a cometer ningún tipo de acto, colérico o de cualquier tipo. Utilizando este enfoque, puedes aprender a ser un observador de tus pensamientos y a comportarte de una forma que esté más alineada con lo que tú crees que es más importante en la vida. Puedes salir fuera de ti, por así decirlo, y observar lo que está ocurriendo en tu mente. No tienes que dejarte acosar por las ideas que pasan por tu cabeza (¡Así es! Los pensamientos pueden ser acosadores). En lugar de eso, puedes practicar adoptar una actitud abierta, curiosa y receptiva hacia tus pensamientos y tus impulsos, incluso cuando esas experiencias internas sean desagradables. Puedes limitarte a dejar que tus pensamientos vayan y vengan, sin luchar con ellos, sin intentar cambiarlos y sin actuar en respuesta a ellos.

Piensa, por ejemplo, en la posibilidad de que no tengas que considerarte una persona insensible sólo porque alguien te diga, «Nunca piensas en mí», y que no tienes que verte como alguien estúpido sólo porque alguien te diga, «¿Es que no sabes nada?». Como si fueras una persona ajena al asunto, puedes limitarte a observar lo que estás pensando, sin actuar inmediatamente movido por tus pensamientos. Por ejemplo, podrías estar pensando, «Este tipo necesita que le den una lección» o «No voy a aguantar esa basura» o «Es una perra mentirosa, ¡me voy a vengar de ella!». Pero, independientemente de lo que estés pensando, un pensamiento es sólo un pensamiento. No es la realidad. De modo que practica escucharte a ti mismo, sin juzgar o actuar. Tu objetivo es desenganchar tus pensamientos coléricos de tu comportamiento.

Compromiso: Comprometerte con tus valores, tus prioridades más altas y los actos que los respaldan

El segundo paso en el uso del método de la TAC para el control de la ira es tomar conciencia de tus valores. Tus valores son un reflejo de lo que es importante para ti en la vida, de lo que hace que tu vida valga la pena ser vivida. También puedes pensar en tus valores como si fueran indicaciones para la vida, a gran escala, que reciben continuamente tu atención durante toda tu vida.

Por ejemplo, quizás valores el hecho de ser un progenitor respetuoso y comprensivo. En ocasiones, honrar este valor puede significar asistir a los partidos de fútbol y las presentaciones de danza de tus hijos. También puede implicar apoyar la decisión de tu hijo de formar parte de un club de matemáticas en lugar de un equipo de fútbol. Con el paso del tiempo, esto puede querer decir que tienes que ser respetuoso de la decisión de tu hijo o hija adolescente de ir a una determinada universidad, o de no ir a ninguna universidad y unirse a los Cuerpos de Paz o a las Fuerzas Armadas. En ocasiones, honrar tu valor de ser un progenitor respetuoso y comprensivo será algo difícil no sólo para ti, sino también para tu hijo o hija y, ciertamente, las circunstancias en las que expreses este valor cambiarán a medida que él o ella vaya madurando.

Pero el valor subyacente de ser un progenitor respetuoso y comprensivo continuará manifestándose de diversas formas. Quizás proporciones un apoyo económico o profesional a tu hija después de su graduación universitaria, por ejemplo, o quizás cuides a tus nietos para que tu hijo pueda realizar una actividad que es importante para él.

Si eres como la mayoría de la gente, nunca has puesto tus valores en palabras y, por lo tanto, eres relativamente poco consciente de cuáles son. La figura 8.1 enumera varias palabras y frases que representan valores centrales comunes en los adultos. Echa un vistazo a esa lista ahora. ¿Algunas de esas palabras o frases resuenan contigo y con lo que consideras más importante en la vida? A continuación, hazte estas preguntas:

1. ¿Qué es lo que valoro? (Identifica dos o tres de tus principales valores centrales).

2. ¿Qué quiero obtener de la vida?

3. ¿Qué fuerzas están empujándome hacia mis prioridades en la vida, o alejándome de ellas?

4. ¿Qué acciones puedo realizar ahora para acercarme más a mis valores?

5. ¿Cómo puedo continuar avanzando hacia mis valores en el futuro?

Estas cinco preguntas te ayudarán a pensar en lo que realmente valoras en la vida y luego a empezar a superar tus pensamientos e impulsos coléricos.

Pero hay otra pregunta muy importante que debes hacerte: «¿Hasta qué punto son mis pensamientos coléricos compatibles con mis prioridades en la vida?». En la mayoría de los casos, verás que tus pensamientos coléricos y tus deseos de realizar actos impulsivos no están alineados con lo que tú consideras que es más importante en la vida. Por lo tanto, cuando actúas movido por esos pensamientos estás menoscabando tus valores y tu felicidad a largo plazo. Por contra, cuando descubres cuáles son tus valores subyacentes, te resulta más fácil tomar decisiones que están en consonancia con tus prioridades, y tus decisiones están guiadas por factores que te conducirán hacia una vida que vale la pena ser vivida. En este sentido, clarificar tus valores puede ser una gran motivación para hacer algunos cambios.

Es bastante obvio, por ejemplo, que si quieres vivir tu vida como un padre o una madre cuya prioridad es ser comprensivo y sabio, entonces gritar y degradar a tu hijo o hija no es coherente con ese valor. Supongamos que tu hijo de catorce años te ha dicho que siente que es una niña y que se ha sentido así durante la mayor parte de su vida. Si tu valor central es ser un progenitor comprensivo, cariñoso y que acepta a su hijo, ¿cómo reaccionas? ¿Dices, «Es sólo una fase; sal de ella»? ¿Consideras que lo que te ha dicho tu hijo es una locura, o te vas a preocupar por lo que los demás van a pensar? ¿O haces una pausa y te centras en tus valores? En tal caso, podrías decirle a tu hijo,

«¡Vaya! Debe de ser difícil para ti hablarme de esto. Cuéntame más acerca de cómo lo has vivido. Quiero ayudarte y quiero que seas feliz». Oír este tipo de información de un hijo pone en marcha todo tipo de pensamientos y alarmas en un padre o una madre. Los adolescentes transgénero, homosexuales, bisexuales y lesbianas se enfrentan a muchas dificultades en la sociedad y, estadísticamente, tienen muchas más probabilidades que otros adolescentes de pensar en el suicidio e intentarlo. Esto puede ser todo un desafío, pero serás un progenitor mucho más útil si eres capaz de escuchar esta información que te está transmitiendo tu hijo sin ceder a tus impulsos o pensamientos coléricos, y luego actúas de acuerdo con tus valores de amor, apertura y bondad.

amistad	comunidad	imparcialidad
amor	conocimiento	influencia
amor propio	contribución	justicia
apertura	creatividad	lealtad
aplomo	curiosidad	liderazgo
aprendizaje	equilibrio	logro
armonía interior	espiritualidad/	optimismo
autenticidad/	religión	paz
sinceridad	estabilidad	popularidad
autonomía/	estatus	reconocimiento
independencia	éxito	reputación
autoridad	fama/	respeto
aventura/desafío	reconocimiento	riqueza
belleza	fe/armonía interior	sabiduría
bondad	felicidad/placer	seguridad
compasión	fiabilidad	servicio
competencia	honestidad	
comprensión	humor	

Figura 8.1. Valores centrales comunes.

Todo esto nos lleva a la idea de la *acción comprometida*. Tienes la capacidad de reflexionar sobre tus pensamientos, tus impulsos y acciones y tus valores. El objetivo es comprometerte a vivir una vida en la que tus valores y tus actos sean congruentes con las decisiones que tomas a diario. Quizás no sea fácil, y necesitarás tomar conciencia y también mucha práctica para poder llegar a un punto en el que escojas deliberadamente actos que sean coherentes con tus valores, no con tus pensamientos coléricos. Ciertamente, puedes desarrollar esa conciencia y ponerla en práctica. La decisión es tuya.

Este ejemplo te ayudará. Imagina que la tarea de controlar tu ira y vivir de acuerdo a tus valores es como conducir un autobús escolar. La tarea de la conductora consiste en estar atenta a los semáforos, al movimiento de los otros coches, etc., para que los niños puedan llegar sanos y salvos al colegio. Quizás estén cantando, chillando y gritando todo tipo de tonterías: exactamente igual que tus pensamientos revoltosos. Y de la misma manera en que la conductora es consciente de la conmoción pero no presta atención a la mayor parte de ella, tú no tienes que prestar atención a los pensamientos que pasan por tu mente, ni actuar movido por ellos. Los pensamientos son como los niños en el autobús. Nadie esperaría o querría que la conductora detuviera el vehículo o cayera en una zanja sólo porque un niño la ha insultado, pero ese tipo de comportamiento es exactamente el que tiene la gente cuando reacciona a sus propios pensamientos: actúa no sólo como si esos pensamientos fueran ciertos, sino como si además requirieran una reacción inmediata.

Los palos y las piedras pueden romper tus huesos, pero las palabras nunca podrán hacerte daño, a menos que tú lo permitas. Es cierto que las palabras importan en algunas situaciones, pero también es fácil olvidar que *las palabras son sólo palabras*. Cuando otras personas te dicen cosas desagradables, o te convierten en el blanco de su ira, tienes dos opciones:

1. Puedes elegir escuchar esas palabras (y tus propios pensamientos) como perfectas representaciones de la realidad, tomándolas a pecho y teniendo inmediatamente una fuerte reacción.

2. Puedes simplemente escuchar las palabras y dejar que tus pensamientos fluyan con facilidad por tu mente, reconociendo que las palabras y los pensamientos no son la realidad.

Para mejorar y enriquecer tu vida, decide realizar sólo aquellos actos que estén en coherencia con tus valores centrales. La clave es serenarte, alejarte de las reacciones «de piloto automático» y decidir si lo que deseas hacer está en línea con lo que más valoras en la vida. Si es así, estás en el camino correcto para manejar la adversidad, mejorar tus relaciones e incrementar tu felicidad.

Puntos clave

✓ Tus pensamientos no son la realidad.

✓ Puedes aprender a observar tranquilamente tus pensamientos, aceptarlos y abstenerte de reaccionar de un modo intenso o impulsivo.

✓ Los valores representan grandes indicaciones para la vida que requieren una atención continua durante toda tu existencia.

✓ Es importante que revises tus valores y tengas claro cuáles son los más importantes para ti.

✓ Si eres sincero contigo mismo, puedes reconocer que tus pensamientos de ira normalmente no son coherentes con tus grandes prioridades en la vida. Al comprender esto, puedes discernir hasta qué punto tus pensamientos coléricos están ayudando o entorpeciendo tus esfuerzos por vivir de acuerdo con tus valores más elevados.

✓ Cuando te comprometes con acciones que son coherentes con tus valores y tus mayores prioridades, con el tiempo ellas mejorarán y enriquecerán tu vida.

✓ Si es posible, empieza ahora mismo a observar tus pensamientos y sentimientos coléricos sin actuar movido por ellos y sin ceder a ellos.

CAPÍTULO 9

Estrategia seis: Perdona

El estúpido no perdona ni olvida; el ingenuo perdona y olvida;
el sabio perdona pero no olvida.[1]

THOMAS SZASZ

Si te fijas, las vidas de la mayoría de la gente están llenas de todo tipo de problemas, decepciones y conflictos. Pero como señalamos en capítulos anteriores, la mayoría de ellos no encajan con la definición de «horrible» o «terrible».

Pero también es posible que tu ira se deba a unos hechos bastante graves. Un amigo, un familiar, o tú, podéis haber sido lesionados o incluso quedado lisiados por una paliza o una agresión sexual. Tú, o un ser querido, podéis haber sido víctimas de la opresión religiosa, sexual o racial, o incluso de un ataque terrorista. Acontecimientos como éstos pueden provocar una ira que dure toda una vida, una ira que suele ir acompañada de un intenso deseo de justicia y venganza. Es posible que sientas amargura. Quizás pienses una y otra vez en el hecho dañino. Y es posible que no seas capaz de seguir adelante con tu vida. Si tú o tus seres queridos habéis sufrido cualquiera de estos tipos de incidentes, os ofrecemos nuestra solidaridad y nuestro deseo de que lleguen tiempos mejores en el futuro. Asimismo, si tu ira personal ha derivado de problemas con tus hijos, con tu pareja o con un amigo o amiga, es posible que puedas mejorar tus relaciones con muchas de las estrategias SMART para «escoger y usar» que se presentan en este libro.

---

1. Thomas Szasz, *The Second Sin* (Garden City, Nueva York: Anchor Press, 1973).

No obstante, a pesar de los esfuerzos razonables, a veces es imposible trabajar para la resolución del problema que causó tu ira. Si han entrado en tu domicilio y te han robado algo de valor cuando no estabas ahí, probablemente ni siquiera conozcas al delincuente. O quizás la persona que te hizo daño, y con la que estás enojado, no esté dispuesta a reunirse contigo para arreglar las cosas. Es posible que se haya ido a vivir lejos, o que esté en prisión, o que haya desarrollado una enfermedad mental, o haya fallecido, o que no esté disponible para hablar contigo sobre lo que ocurrió por algún otro motivo.

Fred tenía un matrimonio feliz, dos hijos y un buen trabajo, pero seguía estando amargamente enojado con una exnovia que lo había rechazado inesperadamente cuando él era un estudiante de veintiún años. Ella no tenía ningún interés en hablar con él acerca de lo ocurrido años atrás.

Marie, de cuarenta y tres años, todavía estaba enfadada con su padre, porque cuando ella era pequeña, trabajaba muchas horas al día y, básicamente, había sido un padre ausente por tener que mantener a su familia. Entonces él tenía ochenta y un años, había desarrollado la enfermedad de Alzheimer y ya no tenía ningún sentido que Marie le hablase sobre su decepción y su ira.

Tanto si el hecho que desencadenó tu propia ira fue de poca o de mucha importancia, la pregunta básica es: «¿Se puede remediar el problema?». Si es así, avanza en esa dirección con las estrategias que presentamos en este libro. Si no es así, quizás haya llegado el momento de perdonar y seguir adelante con tu vida. Después de todo, el objetivo siempre es reducir tu ira y tus pensamientos sobre el hecho detonante, los cuales, a la larga, probablemente serán más dañinos para ti que para cualquier otra persona.

Las intervenciones que incluyen el perdón están relacionadas con las estrategias de pensamiento que presentamos en los capítulos 7 y 8.

Se basan en ver las situaciones de una forma lógica y aceptar las realidades de la vida. ¿Tu ira se desencadenó de una forma poco importante, como cuando tu hija derramó su bebida en el suelo de la cocina? ¿El detonante de tu ira fue moderado, como cuando tu exmujer se negó una vez más a oír tus ideas acerca de lo que sería mejor para vuestros hijos? ¿O fue un detonante importante, como un robo o un ataque? Independientemente de cuál haya sido el detonante, un análisis cuidadoso seguido del perdón te conducirá hacia una vida más serena y más feliz, porque el perdón enfatiza una perspectiva más global y te ayuda a soltar.

Por qué es importante el perdón

El perdón es importante por lo que ocurre si *no* perdonas. Más adelante en este capítulo te indicaremos los pasos concretos que puedes dar para desarrollar respuestas de perdón a las decepciones, las desgracias o los daños que has experimentado en el pasado. Por ahora, describiremos algunas maneras de reaccionar a hechos del pasado *sin perdonar,* incluyendo las respuestas que ofrecemos a continuación:

- Pensar mucho en un hecho hiriente del pasado, o revivirlo mentalmente.
- Guardar rencor por un daño que te hicieron hace tiempo.
- Evitar a las personas o los lugares relacionados con un evento hiriente del pasado.
- Consumir alcohol o drogas para afrontar un daño del pasado.
- Fantasear sobre tomarte la revancha, o buscarlo, o realmente hacerlo.

Comprendemos que no es fácil adaptarse al mal trato por parte de otras personas. Pero una adaptación realista a un mal trato del pasado, unida al hecho de soltar, suele ser exactamente lo que necesitas para mejorar tu vida a largo plazo, y el perdón es una manera de adaptarse. Una respuesta que no incluye el perdón es, esencialmente, una estrategia infructuosa para hacer frente a la injusticia y la desgracia, pues te mantiene en el papel de víctima y te resta poder porque te encadena al pasado y al recuerdo de lo ocurrido. Una estrategia así amarra la energía emocional e interfiere con tu capacidad de crear y experimentar alegría y felicidad. Dado que mantiene activa tu ira, puede provocar un comportamiento contraproducente y altos niveles de excitación emocional, lo cual, con el tiempo, puede causar un daño físico en la forma de una enfermedad coronaria o un derrame cerebral.

Rumiar

Cuando piensas una y otra vez en una persona cuyo comportamiento hizo que te enojaras en una determinada situación, quizás experimentes también pensamientos e imágenes mentales no deseados. Es posible que estés continuamente recordando lo que la otra persona dijo, además de otros detalles del suceso y cómo te sentiste en ese momento. Quizás pienses obsesivamente en lo injusto de la situación y no puedas dejar de pensar en que la otra persona tenía la intención de hacerte daño.

Rencores

Prácticamente todos hemos guardado rencor en algún momento. En ocasiones guardar rencor es una reacción al comportamiento realmente decepcionante de otra persona.

Perry, de treinta años, y su hermano Todd, de treinta y seis, tuvieron una acalorada discusión cuando la mujer de Perry no asistió a un funeral familiar. Todd describió a su cuñada como «estúpida» y «asquerosa», y se negó a hablarles a Perry y a ella durante diez años. El rencor de Todd no sólo alteró la relación entre su propia familia y la familia de su hermano, sino que además tuvo un efecto negativo en sus hermanos y sus padres. Las reuniones familiares y las fiestas se convirtieron en algo incómodo porque todos sentían que tenían que elegir un bando.

Pero muchas personas guardan rencores por cosas muy poco importantes.

Guardar rencor sugiere un deseo de mostrar poder, de venganza y de castigo. Pero en realidad el rencor no hace ningún bien. A menudo es el producto de una forma de pensar poco realista y de una mala toma de decisiones, y sus efectos negativos en las personas implicadas hacen que sea difícil que las cosas mejoren.

Evitación

En el capítulo 5 describimos el tipo de evasión a corto plazo que puede utilizarse como una estrategia preventiva para eludir algunas provocaciones. Aquí estamos hablando de una reacción negativa, de inadaptación y a más largo plazo.

Consumo de alcohol o drogas

Como dijimos en el capítulo 4, otra forma de evitación es consumiendo alcohol o drogas para lidiar con la ira. Algunas personas consumen sustancias para escapar de los pensamientos negativos y de las sensaciones incómodas relacionadas con el pasado. Estas sustancias interfieren con la capacidad de poner el pasado en la perspectiva adecuada y seguir adelante. Consumir alcohol o drogas para lidiar con la ira es una estrategia de alto costo que probablemente creará muchos otros problemas.

Venganza

La característica más seria y dramática de una respuesta al infortunio en la que no hay perdón es el deseo de venganza o un acto real de venganza. Para algunas personas, la venganza se limita a una fantasía. Hemos conocido a muchas personas que han dedicado mucho tiempo y energía a pensar en cómo vengarse de conocidos, familiares, compañeros de trabajo, extraños y otras personas que ellas consideran que les han hecho daño. Quizás tú seas una de ellas. ¿Piensas en cómo podrías castigar a alguien o agredirlo físicamente si tuvieras la oportunidad de hacerlo sin peligro? Quizás pienses en cómo crear dificultades para otra persona, o en maneras de hacerla sufrir. Hay quien escribe varios borradores de cartas o correos electrónicos expresando su ira, con la esperanza de que se le ocurran palabras para hacer daño. Pero incluso este tipo de ensayo te hace perder tiempo y energía. Cuando tiene lugar una confrontación directa, o una carta realmente es enviada, la persona que cometió la ofensa rara vez sufre como es deseado. Esto se debe a que quien ha hecho que nos enojemos tiene su propio punto de vista sobre la situación, uno que tiene sentido para ella.

Para otros, los pensamientos de ira y venganza se manifiestan de una forma más indirecta que no incluye una confrontación real, o que ni siquiera la considera. Ejemplos habituales de este enfoque incluyen los chismes, negarse a cooperar, cooperar sólo mínimamente, dañar secretamente bienes personales y sabotear un acuerdo de negocios. Si, por ejemplo, estás enojado por una discusión que tuviste con tu mujer el mes pasado, podrías decidir que no vas a cooperar con su petición de asistir a la fiesta de cumpleaños de su madre; e incluso si vas, es posible que estés distante y poco comunicativo.

Pero inclusive las meras fantasías de venganza pueden sentar las bases para una agresión más seria, como cuando el miembro de una pandilla lleva su fantasía a la acción y toma represalias contra una banda rival para igualar el marcador, o un alumno de una escuela de secundaria que se siente incomprendido dispara contra sus compañeros, o una mujer que ha perdido su empleo regresa a su antiguo lugar de trabajo y asesina a su antiguo jefe. La venganza hace un gran daño a la vida humana y provoca mucha desgracia y sufrimiento.

Perdón y religión

Tradicionalmente, las enseñanzas religiosas han creado las bases de la forma en que la gente piensa acerca del perdón. Perdonar no sólo es fundamental para el cristianismo, el judaísmo y el islam, sino también para el budismo, el taoísmo y otros grupos espirituales. Si encuentras que leer textos religiosos como la Biblia, el Talmud y el Corán te ayuda, entonces continúa por ese camino, por supuesto. Asimismo, si tu ira lleva mucho tiempo de existencia, entonces probablemente habrás descubierto que perdonar no es fácil.

En ocasiones los modelos de comportamiento pueden ayudar. Si crees que desarrollar una visión perdonadora te va a beneficiar, entonces te recomendamos que visites la página web de The Forgiveness Project.[2]

---

2. Véase «Story Topic: Reconciliation», The Forgiveness Project, 2018, http://theforgive-nessproject.com/topics/reconciliation/

Ahí encontrarás historias personales de perdón de todas partes del mundo, basadas en perspectivas religiosas y no religiosas, y que incluyen conducir en estado de ebriedad, violencia de bandas, agresiones sexuales y de otro tipo, racismo y muchos temas más.

Sin embargo, según nuestra experiencia, la mayoría de las personas que desean desarrollar la habilidad de perdonar necesitan algo más que leer libros religiosos, oír sermones o escuchar las historias de otras personas. Nosotros consideramos que el perdón requiere de consideración, comprensión y la práctica de unos tipos de comportamiento específicos que lo *demuestran*. Por ese motivo, hemos desarrollado el modelo para un proceso de base científica de cinco pasos que puedes usar para soltar el pasado y vivir una vida más feliz, libre de ira. En la siguiente sección de este capítulo describiremos el modelo para nuestro proceso de perdón. Por ahora, independientemente de cuál sea tu fe, y de si eres creyente o no, esperamos que te sea de utilidad repasar brevemente con nosotros lo que el cristianismo, el judaísmo y el islam tienen que decir acerca del perdón.

El perdón en el cristianismo

La postura cristiana se presenta en citas bíblicas como «Perdónalos, Padre, porque no saben lo que hacen» (Lucas 23, 34) y «Porque si perdonáis a los hombres sus ofensas, os perdonará también a vosotros vuestro Padre celestial; mas si no perdonáis a los hombres sus ofensas, tampoco vuestro Padre os perdonará vuestras ofensas» (Mateo 6, 14-15). El perdón cristiano está guiado por la idea de que buscar venganza por un agravio no es la línea de acción correcta. En lugar de eso, el objetivo es dejar que Dios se haga cargo de la situación de una forma justa e imparcial.

En el cristianismo, el objetivo es perdonar incluso cuando el ofensor no está dispuesto a arrepentirse. La idea aparece en Romanos 12, 19, donde dice: «Queridos hermanos, no os venguéis vosotros mismos. Dejádselo a Dios. Porque está escrito, "Yo seré quien haga justicia; yo pagaré", dice el Señor». La idea es reconocer que quien ofende merece el perdón, que perdonar a tu ofensor es tu elección, que Dios al final arreglará el problema y que cuando te esté costando perdonar, te será de gran ayuda rezar y hablar con alguien a quien respetes y en quien confíes, como un pastor o un amigo o amiga.

El perdón en el judaísmo

La perspectiva judía es un tanto distinta. En el judaísmo se reconocen varias formas de perdón. Según el rabino David R. Blumenthal, profesor de estudios judaicos en la Universidad de Emory, «El tipo de perdón más básico es "renunciar a la deuda del otro" *(mechilá)*. Si el ofensor [...] es sincero en su arrepentimiento, la persona ofendida [...] debería renunciar a la deuda del ofensor, renunciar a su reclamo contra el ofensor. Ésta no es una reconciliación del corazón ni una aceptación del ofensor; es simplemente llegar a la conclusión de que el ofensor ya no me debe nada por lo que hizo. *Mechilá* es como un indulto otorgado a un delincuente por el Estado moderno. El crimen sigue existiendo; sólo la deuda es olvidada».[3]

A diferencia con el cristianismo, en el judaísmo la persona ofendida no tiene la obligación de perdonar. En lugar de eso, se supone que el ofensor debe ser sincero y, si es posible, debe haber planeado o dado verdaderos pasos para corregir su mal comportamiento. Este tipo de perdón llega con la expectativa de que quien haya obrado mal se arrepentirá. Se espera, por ejemplo, que una mujer adulta cuyo padre abusó de ella durante su infancia conceda este tipo de perdón únicamente si el padre ha dejado de abusar de ella, ha reformado su carácter, ha admitido sus problemas y ha pedido el perdón de la hija. Ella está moralmente obligada a perdonarlo sólo si cree que él está siendo sincero.

Hay un segundo tipo de perdón *(selichá)* que se considera más profundo, pues pide a la parte ofendida que comprenda la vida del ofensor y desarrolle una idea de por qué éste se ha comportado mal. Si este

---

3. David R. Blumenthal, «Repentance and Forgiveness», Cross Currents, se accedió el 24 de junio de 2018, en www.crosscurrents.org/blumenthal.htm

tipo de perdón se lleva a cabo, se produce una empatía con el ofensor, pero no necesariamente una reconciliación. Este tipo de perdón proviene de la idea de que el ofensor, como el resto de nosotros, es humano y frágil. (Esta perspectiva es similar a la que encontrarás en nuestro modelo del proceso de perdón).

El tercer tipo de perdón en el judaísmo supone una expiación o una purificación, el borrado total y absoluto del acto instigado por las maliciosas intenciones del ofensor. Para los judíos, sólo Dios concede este tipo de perdón, ya que un ser humano no puede purificar totalmente a otro.

El perdón en el islam

El Corán alaba el perdón, el cual se define como pasar por alto las ofensas de la persona que te ha hecho un daño insultándote, agrediéndote físicamente o dañando tus propiedades. Una vez más, el papel de la venganza se tiene en cuenta, pero conceder el perdón se ve como algo deseable incluso cuando existe la capacidad de vengarse. Los musulmanes reconocen que abstenerse de vengarse es difícil, pero consideran que es un objetivo deseable que se hace más fácil con la ayuda de Alá.

Según el doctor Muzzamil Siddiqi, expresidente de la Sociedad Islámica de Norteamérica, es importante creer en la compasión y el perdón de Alá, pero también se indica a los musulmanes que deben basar sus relaciones personales, humanas, en el perdón: «Perdonarse unos a otros, incluso perdonar a nuestros enemigos, es una de las enseñanzas islámicas más importantes».[4] No todo el mundo puede hacerlo, pero el padre de Salahuddin Jitmoud, un repartidor de pizzas que fue asesinado, ha dado un poderoso ejemplo de este tipo de perdón.[5]

---

4. Zeinab, «Islam Teaches Us to Be Forgiving and Pardoning», Foro islámico, 25 de enero de 2005, www.gawaher.com/topic/7231-islam-teaches-us -to-be-forgiving-and-pardoning/
5. Véase «Father of Murdered Pizza Delivery Driver Forgives Killer, Brings Court to Tears», 8 de noviembre de 2017, www.youtube.com/watch?v=rS1rFr9KOAc

El proceso del perdón: Un modelo

El perdón no es inmediato. No es como presionar el interruptor de la luz. Antes bien, es un proceso que ocurre a lo largo del tiempo e implica un cambio mental lento que te permite *comprender* a la persona que te ofendió o te lastimó, incluso ante el mal causado, y alejarte parcialmente del papel de víctima. Perdonar produce una menor excitación física, un cuerpo más calmado y una capacidad de tomar mejores decisiones y ser más eficaces en la vida cotidiana. Se trata de minimizar la frecuencia, la intensidad y la duración de tu ira, tu resentimiento y tus pensamientos de venganza. De este modo, perdonar beneficia principalmente a la persona que está concediendo el perdón.

Nuestro modelo del proceso de perdón consta de cinco pasos:

1. Descubrir la ira.
2. Decidir perdonar.
3. Definir el perdón.
4. Entender por qué las personas se comportan mal.
5. Dar algo de valor al ofensor.

Paso 1: Descubrir la ira

El proceso del perdón empieza con el reconocimiento de que has sufrido una verdadera injusticia. Has experimentado un sufrimiento psicológico, o rechazo, o negligencia, o posiblemente un daño físico, y los efectos de este daño han sido realmente negativos. La ira que se desencadenó puede haber sido menor, moderada o severa, y el detonante puede haber sido serio o trivial.

- Quizás la mujer que estaba delante de ti en la cola para pagar tardó mucho tiempo en sacar decenas de cupones de su bolso.
- Tal vez una buena amiga tuya reveló uno de tus secretos personales.
- Quizás un agente de bolsa inescrupuloso te hizo perder dinero o fuiste víctima de otro tipo de estafa económica.

- Tal vez perdiste tu empleo o una oportunidad de un ascenso porque fuiste víctima de racismo, sexismo o discriminación por tu edad.
- Es posible que te hayan atacado físicamente, agredido sexualmente o que te hayan herido fuertemente de otro modo.

Tu ira puede haber sido leve, o puede haber sido tan intensa que ya no fuiste capaz de ver el mundo como un lugar agradable.

Independientemente del motivo por el cual te enojaste, el primer paso en el proceso del perdón es desarrollar una conciencia plena del hecho específico que detonó tu ira y una comprensión absoluta de la ira en sí misma. Es posible que hayas tenido pensamientos y sentimientos de odio, hostilidad y amargura. Y, como señalamos anteriormente, quizás desees algún tipo de venganza. No obstante, es posible que todavía no tengas una comprensión plena y profunda de lo que ocurrió.

Hablando con amigos o miembros de tu familia en los que confíes y te apoyen, o escribiendo sobre tu experiencia en un diario, puedes aumentar tu comprensión de lo que ocurrió exactamente y apreciar la profundidad de tu ira. Lo importante es que hables del evento y no evadas tus sentimientos, aunque es mejor que no los lleves a la acción. Limítate a reconocerlos. Cuando saques a la luz tu experiencia de ira, descubrirás que te resulta más fácil reconstruir y reevaluar lo que ocurrió. Entonces puedes empezar a ver una disminución de tu reacción colérica.

Paso 2. Decidir perdonar

- «¡Renata realmente difundió rumores desagradables sobre mí! ¡*Sé* que es verdad!».
- «No puedo seguir trabajando con ella. No la soporto. ¡Está loca!».

Cuando continúas concentrándote en el evento detonante y en tus pensamientos incendiarios sobre él, lo único que consigues es una ira innecesaria adicional y una angustia personal. Sin olvidar ese evento, ¿puedes empezar a soltarlo, como una estrategia para mejorar tu vida? Considera estas preguntas esenciales sobre ti y tu futuro:

- ¿Qué le pasaría a tu ira si tus pensamientos de venganza desaparecieran?
- Si tomaras la decisión clara y consciente de perdonar, ¿qué beneficios podrías obtener?
- ¿Cuánto tiempo y esfuerzo se requieren para mantener tu ira activa?
- ¿Tu ira te está ayudando realmente?
- ¿Es posible que con menos ira pudieras dormir mejor, comer mejor, tener mejores relaciones con tu familia y amigos, sacar mejores notas o avanzar con mayor rapidez en el trabajo?

Ten en cuenta el hecho de que a nadie le gusta una persona iracunda. Tu ira empezó siendo una respuesta legítima a una injusticia, pero no hará que tengas mejores relaciones con los demás. No importa qué haya sido lo que provocó tu ira, y no importa cuán justificada está, es probable que se vuelva tóxica con el tiempo. De manera que, examina los hechos, reevalúa lo que está ocurriendo y considera tomar la decisión de cambiar, con la finalidad de mejorar tu vida.

Paso 3. Definir el perdón

A menudo, la idea misma del perdón parece extraña e inaceptable. Después de todo, ¿por qué habrías de perdonar a alguien que te mintió, te robó, te rechazó, te desatendió o te hizo daño? Pero si tienes dificultades con la idea del perdón, quizás se deba a que no comprendes lo que significa. Si es así, hemos descubierto que no eres el único.

Nosotros vemos el perdón como un proceso que te permite desenredar la relación entre tus *pensamientos,* tus *actos* y tus *respuestas corporales.* Perdonar significa desprenderte de tu ira. Significa ser capaz de pensar en lo que te ocurrió sin sentir los latidos de tu corazón, sin sudar, sin tomar una copa o consumir drogas y sin tener pensamientos de venganza. Una vez que has perdonado a alguien con quien estabas enojado, aquello que detonó tu ira se convierte simplemente en una pieza más de tu compleja y sutil vida, no en el acontecimiento central o definitorio de ella. Sea lo que fuere lo que desencadenó tu ira, puede ser siempre un recuerdo central para ti, pero ya no define quién eres.

Para entender lo que es el perdón, empecemos considerando lo que *no* es:

- Perdonar *no* es *olvidar* lo que te ocurrió.
- Perdonar *no* es *aceptar* el mal trato por parte de otra persona.
- Perdonar *no* es *excusar* el mal proceder de alguien.
- Perdonar *no* es *ser neutral* respecto al evento que detonó tu ira.
- Perdonar *no* es *justificar* el mal comportamiento de alguien.
- Perdonar *no* es *calmarte* ante un daño que te hicieron en el pasado.

Y, de la misma manera en que el perdón es compatible con una mayor conciencia de ti mismo y una mayor comprensión de los demás, hay ciertas cosas con las que el perdón *no* es compatible:

- El perdón *no* es compatible con *buscar justicia y una compensación*.
- El perdón *no* es compatible con la *condena*.

Perdonar versus olvidar

Perdonar se confunde con mucha frecuencia con olvidar.

Hace más de veinte años, durante la infancia de Saria en la India, su primo la violó. Ella nunca olvidó lo que él le hizo, pero el perdón la ha permitido cambiar su concentración. Ahora, en lugar de recordar obsesivamente el evento y pensar exclusivamente en cuánto desearía que su primo fuese castigado, Saria tiene otros recuerdos también de su infancia y de los buenos momentos que compartió con su familia. Aunque sus recuerdos de la violación perduran hasta el día de hoy, ahora son menos frecuentes y el ataque de su primo contra ella es sólo un evento en el recuerdo mucho mayor de su niñez. Cuando Saria piensa en lo que

Perdonar versus aceptar

Un buen maestro puede saber que algunos de sus alumnos se han copiado en un examen, pero perdonarlos no significa aceptar que copiarse es algo inevitable. El profesor no se limita a enojarse al pensar en lo ocurrido, sino que trabaja para cambiar las condiciones en la clase para maximizar el comportamiento honesto y ético y minimizar la probabilidad de que los alumnos que se copiaron lo vuelvan a hacer. Asimismo, perdonar a un niño que ha provocado un incendio o ha agredido a otros niños no significa que uno sea indiferente. Significa que, además de perdonarlo, le ayudamos a actuar correctamente.

El perdón no implica una aceptación pasiva, ni tampoco una falta de motivación para cambiar lo que está mal en el mundo. Si te hicieron daño sin razón, no es apropiado que simplemente aceptes lo que te ocurrió. El perdón te permite no sólo liberarte de la ira, sino también trabajar para cambiar tus relaciones con tus familiares, amigos y otros.

Perdonar versus excusar

Bueno, ¡nosotros creemos que *sí es* malo! Los niños tienen más probabilidades de prosperar si son criados en un hogar amoroso, que los apoya. Sería mejor si el marido de Clara no bebiera en exceso y si no gritara groserías a sus hijos. Nos gustaría que Clara perdonara a su marido, por su propia felicidad, pero también queremos que Clara y su marido busquen soluciones realistas para el problema de la bebida y los gritos. Clara puede perdonar a su marido *y* dejar de excusar su comportamiento.

Perdonar versus ser neutral

Darin tiene treinta y dos años. Cuando era niño, su padrastro abusó sexualmente de él. A medida que Darin se fue haciendo adulto, empezó a desprenderse de su ira. Perdonó a su padrastro e incluso fue capaz de tolerar su presencia en las reuniones familiares. Pero cuando sus hermanos, sus hermanas, sus primos y él empezaron a tener sus propios hijos, a Darin le empezó a preocupar que su padrastro pudiera abusar sexualmente de ellos también. Para protegerlos, decidió hablar tranquilamente de sus dolorosas experiencias con los miembros de su familia que tenían hijos pequeños.

Algunas situaciones (discriminación y otras injusticias en el lugar de trabajo, la agresividad de un adolescente, el comportamiento opresivo de un dictador o, como acabamos de ver, el abuso sexual de un niño) requieren de una acción clara. Si estás enojado por los actos de un matón, un tirano, un terrorista o alguna otra persona malvada, no esperamos que seas neutral. Esperamos que decidas de qué lado estás y hagas lo que esté en tus manos para evitar que los mismos actos que te hicieron daño y desataron tu ira hagan daño a otras personas en el futuro.

Perdonar versus justificar

Francine, de cuarenta y dos años, estaba casada con Cole, el gerente de una ferretería. Cole trabajaba muchas horas; solía salir a trabajar a las

ocho de la mañana y no regresaba hasta las nueve de la noche. Francine
acababa de dar a luz a su segundo hijo y la pareja tenía dificultades
para llegar a fin de mes. Como resultado de ello, Cole decidió ganar
más dinero trabajando los domingos como obrero.
Pero su nueva actividad implicaba que tenía que promocionar su negocio
de fin de semana y hacer presupuestos, además de realizar los trabajos,
y al poco tiempo ya estaba trabajando siete días a la semana.
Al no poder descansar, Cole se volvió discutidor, exigente y, francamente,
abusivo, pero Francine justificaba su comportamiento. «Es el trabajo
duro y el cansancio los que hacen que se comporte así –decía–.
Él realmente me ama. Actualmente no estoy viendo al verdadero Cole».

Nosotros queríamos que Francine entendiera lo que estaba ocurriendo y perdonara a Cole, pero perdonarlo no significaba justificar lo que él estaba haciendo. No hay nada que justifique ser directamente desagradable.

Perdonar versus calmarte

¿Alguna vez le has dicho a una persona que estaba agitada que se tranquilice? ¿Cómo te fue? El estado de tranquilidad, como cualquier otro estado emocional, no aparece cuando se lo exigimos. Y estar tranquilo no es sinónimo de perdonar. El perdón es un proceso –al igual que enfadarte– que requiere un detonante genuino. Si quieres calmarte en relación con algo, no va a ser algo tan sencillo como hacer que alguien te diga, «¡Relájate! Ya sé que lo que te ocurrió fue malo, pero simplemente olvídalo».

Como Henry descubrió, el perdón puede implicar ser consciente no sólo de que los conflictos existen en la vida, sino también que existe un proceso legal que puede resolver algunas disputas.

Henry contrató a una empresa de mudanzas para hacer el viaje desde
New Haven, Connecticut, hasta el centro de Nueva Jersey. La empresa

---

No tienes que limitarte a calmarte ante el comportamiento inadecuado de otra persona. El perdón puede significar reducir tu agitación, cambiar tu forma de pensar y dejar que la disputa llegue a una resolución justa a través de otros canales y medios.

Perdonar versus buscar justicia y una compensación

---

*Durante el juicio, el fiscal del distrito le dijo a Wally, «Sé que está
sufriendo y que lo que ocurrió fue una tragedia. Verá cómo se siente
mucho mejor cuando pongamos a este delincuente tras las rejas».
Como era de esperar, el sospechoso fue juzgado, hallado culpable
y sentenciado a un largo período en prisión. Pero Wally no se
sintió mejor. Su hijo seguía estando muerto.*

Hemos oído este tipo de historias en muchas ocasiones. La búsqueda de justicia y otros tipos de compensación sugieren que una víctima enojada sólo podrá sentirse mejor ejerciendo algún tipo de venganza. Pero en realidad, la justicia y la compensación, incluso económica, no hacen que las cosas mejoren mucho.

Piensa en todas las personas que han muerto después de pasar años fumando cigarrillos, o manipulando amianto sin la protección adecuada. Muchas de sus familias demandaron a las compañías tabacaleras, o a las empresas de construcción negligentes, cuando sus seres queridos desarrollaron un cáncer o un mesotelioma y fallecieron. Pero los acuerdos económicos, por grandes cantidades, no les devolvieron a sus seres queridos. Cuando todo hubo acabado, continuaron llorando sus muertes.

Al señalar que una compensación económica no restituye una pérdida profunda, ciertamente no estamos defendiendo a las empresas de construcción negligentes, ni a las compañías tabacaleras que mintieron al público durante muchos años. Lo que estamos diciendo es que el verdadero perdón no exige una compensación. Es un acto de comprensión (y, a veces, de piedad) que, esperamos, produce menos ira y menos dolor para la persona a la que se dañó originalmente.

También es importante recordar que la justicia y las compensaciones económicas producen buenos sentimientos temporalmente, pero esos sentimientos pueden tener altibajos. Perdonar significa mucho más que sentirse bien y ser compensado. Y en muchas situaciones, como cuando una persona es estafada y pierde los ahorros de toda su vida, o es forzada a ser un niño soldado, o es encarcelada injustamente, no hay ninguna compensación que sea adecuada para el daño causado.

Es necesario algo más personal que una sentencia penal o un acuerdo económico si quieres seguir adelante con tu vida. Pero desprenderte de tu ira, tu amargura y tus fantasías de venganza no significa renunciar a tu deseo de mejorar tu vida. El perpetrador con el que estás enojado sigue siendo responsable de la ofensa. Puede que se haga o no se haga justicia, pero *tú* tienes que controlar de tu ira. No importa lo que ocurra, tú estarás mejor y más sano si tienes menos amargura personal. Estamos con Gandhi: «Si practicamos el ojo por ojo, diente por diente, pronto el mundo entero estará ciego y sin dientes».

Perdonar versus condenar

La condena refleja un sentimiento de superioridad moral. En nuestros años de vida y de práctica profesional hemos aprendido que todos cometemos errores.

El versículo bíblico que dice «El que esté libre de culpa que tire la primera piedra» (Juan 8, 7) es el final de la famosa historia de la mujer que cometió adulterio y fue llevada ante Jesucristo por los escribas (es decir, los abogados) como prueba para ver si Jesús era excesivamente liberal. Jesús no aprobó su comportamiento, pero tampoco la condenó como persona. Antes bien, pensó que los escribas eran unos hipócritas. Perdonó a la mujer y le dijo que no volviese a cometer adulterio.

La acusación y la condena no tienen lugar en el verdadero perdón. Pregúntate si alguna vez has cometido un error. ¡Nosotros sí! Ambos reconocemos que hemos intentado vivir una buena vida y ayudar a los demás, pero también sabemos que en ocasiones hemos actuado de maneras que luego lamentamos. Esperamos que esas personas no nos hayan condenado por nuestros errores humanos. Intentamos dar a los demás el beneficio de la duda cuando observamos un mal comportamiento, y esperamos que tú consideres hacerlo también.

Paso 4. Entender por qué las personas se comportan mal

Puede parecer extraño, pero en este paso llegas a entender a la persona que te ofendió o te hizo daño y sientes compasión por ella. Para avanzar en esa dirección, sería de utilidad comprender, por ejemplo, la infancia del ofensor o la ofensora y lo que causó el desarrollo de su comportamiento hiriente. Para hacerlo, tendrás que realizar un cambio mental y desarrollar nuevas formas de pensar.

¿Cómo puedes aprender a poner en contexto el evento detonante? Puedes intentar comprender la presión a la que estaba sometida la persona en el momento en que cometió el acto nocivo. Hasta hace poco, por ejemplo, en algunas zonas de la India rural era aceptable matar a las niñas, y hace menos de doscientos años la esclavitud era una parte normal de la vida en el sur de Estados Unidos. Afortunadamente, esas prácticas culturales se han terminado y ahora nos parecen bastante extremas. Pero todavía tienes el desafío de intentar comprender aquellas prácticas culturales que, en combinación con la naturaleza humana, pueden haber contribuido al mal comportamiento del ofensor. Considera, también, la posible influencia de estos factores:

- Maltrato en la niñez.
- Consumo de drogas o alcohol.
- Disfunción cerebral o enfermedad psiquiátrica, incluyendo alucinaciones y delirios.
- Reglas aprendidas para el trato de mujeres, niños, ancianos, criminales y animales.

Entender al ofensor no significa librarlo de la responsabilidad por el daño que ha causado. El objetivo principal de este paso es ver al perpetrador como una persona completa que actuó de una forma injusta, en parte por fuerzas de la naturaleza, su historia y su entorno.

Paso 5. Dar algo de valor al ofensor

Quizás haya un miembro de tu familia al que no has visto en años debido a un comportamiento ofensivo que provocó tu enojo. Es posible que, secretamente, todavía esperes que esa persona sufra por haberte hecho daño. O tal vez estés enojado con un compañero de trabajo que hizo trampas o hizo acusaciones en tu contra y luego fue ascendido. Posiblemente todavía albergas rabia cuando piensas en esa persona.

Te sorprendería saber que perdonar en ocasiones implica mostrar generosidad o hacer una buena acción a la persona que te hizo daño. Incluso podrías ofrecer una atención o un tiempo que contribuya a la mejora de la vida de esa persona. Si la persona que provocó tu ira es tu hijo, o tu hija u otro miembro de tu familia, eso probablemente tenga sentido y sea algo que esperarías hacer, pero si se trata de un extraño, este tipo de generosidad puede ser difícil de entender, o puede ser completamente impensable.

Pero considera la posibilidad de hacerle un regalo a esa persona. Cuando le das algo, dejas de ser una víctima y empiezas a tener el control. Tomas el poder, ya que decides qué tipo de regalo le vas a dar, cuándo se lo vas a dar y qué le vas a decir. El obsequio no tiene que ser un objeto físico y no tiene que ser sentimental. De hecho, puede ser un regalo simbólico o un simple gesto de buena voluntad.

Quizás podrías enviar una tarjeta de Navidad a un amante que te rechazó, expresando buenos deseos para el futuro. Podrías enviar un correo electrónico a la persona que te hizo daño, compartiendo el vínculo a un artículo que le podría gustar. O si la persona que te ofendió tiene ahora una enfermedad terminal, podrías enviarle flores o bombones al hospital o a la residencia.

Si la persona que provocó tu ira ha envejecido mucho, podrías verla en un estado debilitado y, entonces, tener una visión distinta de ella. Si la persona ha fallecido, podrías considerar hacer una donación a una asociación caritativa o a alguna causa a la que dicha persona apoyara o que le gustara. Tú decides cual será el obsequio, pero se requiere algún tipo de acción de tu parte. Y, sorprendentemente, como señalamos antes, es a *ti* a quien este tipo de perdón y donación le hará el mayor bien. El que se sentirá mejor una vez que estéis en paz serás *tú*.

Poner en práctica el perdón

Aunque tu ira te puede parecer justificada, en algún momento tienes que preguntarte, «¿Qué tipo de persona soy y qué me está haciendo la ira?». El hecho de que estés leyendo este libro puede ser una señal de que ya te estás haciendo esa pregunta. ¿Deseas seguir siendo una víctima amargada y enojada? ¿Quieres continuar pasando el tiempo pensando en el daño que te hicieron y en cómo podrías vengarte? ¿O estás preparado para considerar dar un paso hacia adelante?

Es importante recordar que el perdón no es inmediato. Es un proceso que toma tiempo; posiblemente mucho tiempo. Se desarrolla de una forma distinta para cada persona y depende, en cierta medida, de las características de la situación y de las personas involucradas. El tiempo que tome perdonar será diferente para cada persona y cada evento.

Hemos conocido a una serie de personas extraordinarias que han escogido el camino del perdón en respuesta a graves injusticias y tragedias. Hemos conocido a otras personas que decidieron aferrarse a su amargura y su ira. En un caso dramático, un padre que se esforzó por seguir los pasos del perdón llegó a crear una relación con el asesino de su hijo.[6] Nuestra conclusión es que las personas que eligen perdonar avanzan de una forma más positiva con sus vidas que aquellas que siguen sin perdonar y llenas de amargura.

Otras maneras de avanzar hacia el perdón

Algunas víctimas de opresión severa escriben libros. Primo Levi, por ejemplo, escribió sobre su internamiento en Auschwitz para poder avanzar hacia lo que él denominó la «liberación interior» y para mejorar su salud mental.[7]

Otros dejan atrás la ira a través de la erudición. El neurólogo y psiquiatra Viktor Frankl, quien estuvo recluido en campos de concentración desde 1942 hasta 1945, desarrolló la logoterapia, una forma de psicoterapia especializada que se basa en recuperarse de eventos adver-

---

6. Puedes encontrar una entrevista con este padre en Raymond Chip Tafrate y Howard Kassinove, *Anger Management in Counseling and Psychotherapy* (vídeo), distribuido por Psychotherapy.net.
7. Primo Levi, *Survival in Auschwitz: The Nazi Assault on Humanity*, trans. Stuart Woolf (Nueva York: Collier, 1993).

sos en la vida mediante el fortalecimiento de la confianza en el sentido de la vida y la dignidad de las personas.[8] Al propio Frankl, sin duda, lo ayudaron sus propias contribuciones a la psicoterapia, y la logoterapia continúa siendo parte del plan de estudios de psicólogos, trabajadores sociales y consejeros en formación.

Algunas de las personas que han sido víctimas de un daño en el pasado y que están buscando nuevas maneras de avanzar hacia el perdón suelen escribir poesía o cuentos, crear películas, conocer a otros sobrevivientes o simplemente conversar a través del correo electrónico para impulsar su liberación personal de la ira y la venganza. Algunas crean páginas web para dedicar la atención a sus situaciones particulares y explorarlas. Otras encuentran que lo que las ayuda es mantener un simple diario en el que escriben acerca de cada fase en el proceso de perdonar, una práctica que les permite establecer el significado de los eventos dañinos y profundizar en el perdón.

Si crees que te ayudaría tener un diario, te recomendamos que te hagas las siguientes preguntas:

- ¿Qué es exactamente lo que me enoja?
- ¿Quién es el blanco de mi ira?
- ¿Cuánto tiempo llevo enojado?
- ¿Cuáles son algunos de los motivos para seguir estando enojado y buscar venganza?
- ¿Cómo me beneficia la ira?
- ¿Cuáles serían las razones para desprenderme de mi ira, pero continuar considerando que la persona ofensora es responsable?
- ¿Cómo me daña mi ira?
- ¿Cómo fue la vida de mi ofensor durante su infancia?
- ¿Cómo podría el ofensor haber intentado lidiar con una mala situación de vida?
- ¿Qué fue lo que impidió que lo hiciera?

---

8. Viktor Frankl, *Man's Search for Meaning* (Boston: Beacon Press, 1959).

- ¿Puede el ofensor, de alguna manera, ser considerado también una víctima?
- ¿Cómo puedo desarrollar una actitud de perdonar, no de olvidar?
- ¿Qué puedo hacer para seguir adelante con el resto de mi vida?

Si decides tener un diario, piensa en cuán privados quieres que sean tus pensamientos y tus escritos. Todo el mundo enfoca este asunto de una manera distinta. Quizás consideres que tu diario debería ser un secreto. Podría representar una oportunidad para hablar contigo mismo y expresar pensamientos que no quieres compartir con otras personas. O podrías decidir compartir tus pensamientos con un amigo o una amiga o con un miembro de tu familia. Quizás te resulte útil hablar con alguien acerca de lo que has escrito. Es posible que incluso descubras que es mejor compartir tus escritos con alguien a quien respetas, pero que no es muy cercano a ti: una profesora, un miembro del clero o un psicólogo. Cada una de estas opciones es aceptable

Cuando empiezas a aceptar el perdón, muchas veces es mejor empezar poco a poco. De hecho, es posible practicar el perdón en muchas situaciones cotidianas. Una vez que has aceptado la idea del perdón, encontrarás numerosas oportunidades para practicarlo. Por ejemplo, podrías practicar el perdón cuando alguien te cierra en el tráfico, se cuela cuando estás haciendo cola, malinterpreta tus intenciones o critica tu trabajo. La próxima vez que te enfrentes a este tipo de comportamiento irritante, prueba estos sencillos pasos:

- Reconoce que estás teniendo los mismos pensamientos llenos de ira de siempre («Es un estúpido», «Es tan maleducada», o «Le voy a dar una lección; no debería tratarme así», etc.). Intenta ser consciente de cuándo tienes estos pensamientos y detenlos.
- Brevemente, intenta adivinar qué podría estar ocurriendo o que podría haber ocurrido en la vida de la otra persona que está haciendo que se comporte de una forma que despierta tu ira.
- En silencio, en tu mente, deséale el bien a la otra persona.
- Despréndete de tu ira y continúa con tu día.

Cuando ya estés un poco familiarizado con este método, puedes decidir aplicar estos pasos a algún evento más importante de tu pasado. Con el tiempo, responder con perdón te parecerá cada vez más fácil y serás capaz de decidir si una actitud más indulgente tiene sentido para ti.

El desafío de perdonar

Estarás de acuerdo en que muchas personas han cometido ofensas que pueden ser perdonadas. Quizás recuerdes una ocasión en la que uno de tus hijos, o tu cónyuge o tu pareja, o uno de tus padres, o tu vecina, o un buen amigo o amiga se comportó mal, quizás revelando un secreto, diciendo una mentira, robando o siendo infiel. Sin embargo, con el tiempo, es posible que hayas podido desprenderte de tu ira y perdonar a la persona que te ofendió.

El desafío, mientras avanzas en tu vida, es desarrollar las habilidades para perdonar a *todas* las personas que te han enfurecido, sin importar lo que hayan hecho.

A lo largo de la historia ha habido agresores que han provocado las muertes de millones de personas y otros que han cometido actos salvajes contra individuos. ¿Es posible perdonar a un agente del mal, una persona violenta que ha cometido actos brutales? Quizás pienses que no, y ciertamente es más difícil perdonar a un malhechor cuando alguien a quien amas ha sufrido personalmente debido a sus actos. Pero ¿es aconsejable que las personas que han sido víctimas de esos perpetradores continúen estando enojadas, amargadas y siendo vengativas? A medida que vayan pasando los meses y los años, ¿cuáles son los efectos probables de la ira continua en el bienestar de las personas que fueron las víctimas?

¿Qué dirías acerca de la idea de continuar albergando ira si fueses amigo o amiga de alguien que ha sufrido por los actos de un terrorista, o que ha perdido a un ser querido a manos de un asesino de masas o asesino en serie?

Sin duda, los actos para eliminar futuros actos de agresión y reinados de terror están justificados. Es importante que tengamos en consideración las palabras de muchos sobrevivientes del Holocausto: «Nunca más». ¿Pero los perpetradores del mal pueden ser perdonados algún día por sus víctimas? ¿Qué es lo que más les conviene a las víctimas? ¿Cuál es la alternativa al perdón?

El perdón significa cambiar tus reacciones mentales, emocionales y de conducta. Cuando perdonas, *piensas* de una manera distinta acerca de la vida de la persona que te ofendió y enfureció. Piensas en las fuerzas que la llevaron a comportarse mal. Con el tiempo, empiezas a *sentir* menos ira cuando el problema surge en tu consciencia y es posible que incluso *actúes* para ayudar de alguna manera a la persona que te ofendió. Esperamos que consideres el perdón como una manera de reducir tu ira. Por ahora, te dejamos con las palabras del arzobispo de Sudáfrica Desmond Tutu, quien recibió el Premio Nobel de la Paz en 1984: «Sin perdón, no hay futuro». Esperamos que tu futuro sea brillante.

Perdonar a Josef Mengele

Eva Mozes Kor, una mujer judía, nació en Transilvania, Rumanía, en 1934. En 1944, durante la Segunda Guerra Mundial, los nazis transportaron a Eva y a su familia al campo de exterminio de Auschwitz-Birkenau, donde el llamado Ángel de la Muerte, Josef Mengele, un médico de la Schutzstaffel (SS), estaba realizando una serie de experimentos médicos infames con aproximadamente 1400 pares de mellizos. Puesto que Eva tenía una hermana gemela, Miriam, Mengele las seleccionó para mantenerlas vivas para sus experimentos.

El procedimiento habitual de Mengele era inyectar un veneno, una bacteria o un virus en uno de los gemelos y luego observar cómo se desarrollaba la enfermedad y cuánto tardaba en producirse la muerte. Cuando uno de los gemelos moría, Mengele mataba al otro para determinar, por comparación, los efectos de la enfermedad. Eva y Miriam estuvieron en Auschwitz

durante nueve meses, pero sobrevivieron y fueron liberadas
en 1945 a la edad de diez años.[9]
Después de la guerra emigraron a Israel, donde Eva se casó con un
sobreviviente estadounidense del Holocausto. Más adelante, Eva se fue
a vivir a Estados Unidos y se convirtió en una exitosa agente de
bienes raíces en Indiana. Miriam, quien permaneció en Israel, desarrolló
una grave enfermedad de los riñones a causa de una de las inyecciones
de Mengele. Eva le donó uno de sus riñones, pero Miriam falleció.
En 1984, Eva empezó a desarrollar programas educativos para el público
y fundó la organización Children of Auschwitz Nazi Deadly Lab
Experiments Survivors (CANDLES). En su búsqueda personal de paz
interior, Eva inició también una campaña para ayudar a las víctimas
supervivientes del Holocausto a aprender a perdonar. Habiendo
sido en el pasado una sobreviviente amargada, ahora se había
convertido en una promotora de la sanación.
El camino hacia el perdón de Eva comenzó con un viaje que hizo
a Alemania para conocer al médico alemán Hans Münch, quien había
trabajado con Mengele en Auschwitz. Münch fue juzgado después de
la guerra, pero fue declarado inocente porque en realidad él no había
llevado a cabo los experimentos de Mengele. Eva, que sentía ira
y ansiedad, confrontó a Münch acerca de su pasado. Cuando
conversaron, Münch admitió haber estado presente durante los gaseados
de los prisioneros judíos. «Y ése es mi problema», le dijo a Eva, porque
estaba sufriendo de depresión y pesadillas sobre la época en que trabajó
en el campo de concentración. Después de su encuentro, Eva le envió
a Münch una carta en la que le decía que lo perdonaba.
Más adelante, Eva le pidió a Münch que se reuniera con ella
en la ceremonia que tendría lugar en enero de 1995 para conmemorar
el quincuagésimo aniversario de la liberación de Auschwitz. El campo
de exterminio era entonces un museo. Delante de un grupo de reporteros,

---

9. Véase Carl Schreck, «"I Was No Longer a Child": Auschwitz Survivor Eva Mozes Kor», Radio Free Europe/Radio Liberty, 25 de enero de 2015, www.rferl.org/a/auschwitz-survivor-eva-mozes-kor/26812368.html

Eva leyó la confesión de culpa de Münch. Ella vio esa confesión
como una declaración de un testigo que podía ser usada para contradecir
a aquellos que continuaban negando que el Holocausto había ocurrido.
En esa ceremonia conmemorativa, Eva realizó una declaración personal
sorprendente: «En mi propio nombre, perdono a todos los nazis».
Ella no estaba olvidando, justificando, aprobando o aceptando
pasivamente lo que los nazis y Mengele le habían hecho a ella
o a las miles de personas que habían sufrido en Auschwitz.
Antes bien, ésta era su manera de desprenderse de su dolor personal
y emocional y seguir adelante.
La declaración de Eva conmocionó a algunos sobrevivientes.
Estaban sumamente enojados y creían que estaba mal perdonar
a aquellos que habían causado su sufrimiento. Pero Eva veía su
declaración como un acto personal y creía que había hecho lo correcto.
«Sentí como si me hubiese quitado de encima un sufrimiento
increíblemente pesado —dijo—. Nunca pensé que yo pudiera
ser tan fuerte».
Eva descubrió que, debido a que fue capaz de perdonar a los nazis,
también pudo liberarse de su estatus de víctima. Aclaró la diferencia
entre perdonar y olvidar: «Lo que las víctimas hagan no va a cambiar
lo que ocurrió». Convencida de que todas las víctimas tienen el derecho
independiente de sanar a su manera, dijo, «Lo mejor del remedio
del perdón es que no hay efectos secundarios. Y todo el mundo
se lo puede permitir».
En 2015, Eva viajó a Alemania para testificar en el juicio de Oskar
Gröning, un exnazi. Durante el juicio, Kor y Gröning se abrazaron
y se dieron un beso, y Eva agradeció a Gröning por su disposición
de testificar, a los noventa y tres años, sobre lo que había ocurrido
más de setenta años atrás.

Puntos clave

✓ Al principio, el concepto del perdón puede parecerte extraño e inaceptable. Perdonar a alguien que te ha hecho daño o te ha agraviado puede parecer imposible.

✓ El no perdonar está asociado con pensamientos obsesivos sobre el pasado, con rencores, evitación y deseos de venganza.

✓ Tradicionalmente, los principios del perdón han estado basados en la filosofía religiosa.

✓ Las ventajas del perdón incluyen una menor agitación física, menos ira, una mejor toma de decisiones, una mayor capacidad de disfrutar del presente y la capacidad de seguir adelante y tener una vida más feliz.

✓ El modelo de cinco pasos del perdón está integrado por (1) descubrir la ira y el dolor, (2) decidir perdonar, (3) definir lo que es y lo que no es el perdón, (4) desarrollar una comprensión de por qué la otra persona actuó mal y (5) dar algo, por muy pequeño que sea, a la persona que te ha hecho un daño.

✓ El perdón toma tiempo y se desarrolla de una forma distinta en cada persona.

PARTE 4

Cambiar las experiencias internas de la ira

CAPÍTULO 10

Estrategia siete: Cambia tus impulsos de ira con relajación, *mindfulness* y meditación

No es la montaña lo que conquistamos, sino a nosotros mismos.[1]
Sir Edmund Hillary

«¡Relájate!», «¡Cálmate!», «¡Tranquilo!». Esas palabras son fáciles de decir, pero alcanzar un verdadero estado de relajación es mucho más difícil. En este capítulo te ayudaremos a entender los problemas básicos de la relajación y te enseñaremos maneras de alcanzarla fácilmente.

Relajarte te puede ayudar a superar tu tendencia natural y automática a enojarte y ponerte agresivo cuando te sientes amenazado. Fíjate en las palabras «natural y automática».A principios del siglo xx, el fisiólogo Walter Bradford Cannon nos enseñó lo que era la *respuesta de lucha o huida* (actualmente llamada *respuesta de lucha, huida o parálisis*). Cuando los animales de cualquier tipo se sienten amenazados, o se vuelven agresivos y luchan, o se retiran y huyen, o se quedan paralizados en el lugar con la intención de no ser vistos.

Veamos algunos ejemplos. Un guepardo en la sabana de África ha matado a una gacela para alimentar a sus cachorros. Mientras los guepardos se están alimentando, llega un grupo de leones que quiere quitarles la comida. ¿Qué hacer? La nerviosa e inteligente madre guepardo deja rápidamente la comida y *huye* con sus cachorros, ya que los leones son mucho más fuertes y los pueden matar fácilmente. Sin em-

---

1. Bill Steigerwald, *«Lofty Ideals»* (entrevista con *Sir* Edmund Hillary), Pittsburgh Post-Gazette, 9 de noviembre de 1998.

bargo, si los leones se aproximan a una manada de elefantes que está pastando con sus crías, los elefantes mostrarán signos de una reacción enojada y agresiva de *lucha*, agitando las orejas, moviendo la cabeza de una forma amenazadora y emitiendo gruñidos y bramidos. Los elefantes pueden hacer mucho daño a prácticamente todas las demás criaturas, así que los otros animales se mantienen alejados. Y muchas lagartijas geco, cuando perciben una amenaza, se *paralizan* con la esperanza de no ser vistas por los potenciales predadores.

En el mundo animal, quedarse para luchar, retroceder y huir o quedarse paralizados en el lugar son respuestas naturales que se han desarrollado a lo largo de millones de años. Estas respuestas permiten a los animales evitar el daño y conseguir lo que necesitan, como por ejemplo comida. Incluso dentro de una misma especie hay un momento para luchar y un momento para huir. Por ejemplo, los carneros, los potros y otros animales machos suelen luchar entre ellos para la dominación y para tener derechos sobre las hembras del grupo, pero en algún momento durante la lucha un macho se rinde y huye cuando es evidente que el otro es más fuerte.

¿Lucha o huida u otra cosa?

Tú no eres un animal en la naturaleza. Tienes un tipo de cerebro distinto. Puedes pensar, evaluar y juzgar las situaciones de una forma más compleja. No te limitas a responder con instintos animales. No obstante, todos los seres humanos siguen siendo parcialmente prisioneros de esa reacción antigua y automática de lucha, huida o parálisis.

Pensar significa usar tu cerebro para considerar tus opciones. Significa observar las situaciones, evaluarlas y decidir cuál es la forma de proceder apropiada. Significa considerar algunas de las estrategias SMART para «escoger y usar» para la reducción de la ira que te presentamos en capítulos anteriores, como evitar una situación difícil, usar técnicas de resolución de problemas para desarrollar una solución nueva en la que no habías pensado antes y reducir tu respuesta colérica repensando el significado de una situación. Pero considerar las alternativas con éxito toma tiempo.

En el mundo animal, las reacciones rápidas y automáticas de lucha, huida o parálisis son valiosas. Ese tipo de reacciones pueden salvar las vidas de las crías, preservar los alimentos y las vidas de miembros de las familias y proteger el territorio. Los animales no tienen alternativa, excepto reaccionar rápidamente, porque la agresión de otro animal a la que se enfrentan suele poner en peligro su vida.

Sin embargo, en tu mundo hay dos factores adicionales a considerar:

1. La mayoría de las amenazas a las que te enfrentas en la vida diaria no ponen en peligro tu *vida*. Como hemos visto, en tu mundo humano normalmente te enojas porque experimentas que tus amigos y familiares te insultan, te traicionan, no te comprenden, te critican, se burlan de ti, te ignoran o te tratan injustamente. Entendemos que algunas amenazas, como un robo u otro tipo de ataque, pueden causar un daño físico, pero la mayoría de las cosas por las que probablemente te enojas son mucho menos urgentes.

2. Como ser humano, posees recursos para la resolución de problemas que los animales no tienen. Puedes recurrir a reglas, regulaciones y leyes. Puedes llevar tus disputas a un profesor, un amigo, una amiga, un progenitor o progenitora, un mediador, un abogado, un tribunal, etc. Por estos motivos, normalmente te conviene más no luchar, huir o retirarte. En lugar de eso, la mejor meta es buscar una solución negociada que sea justa y beneficiosa para ti y para los demás.

La respuesta de relajación

Hallar una solución toma tiempo. Tienes que sentarte y relajarte un poco. Tienes que examinar el problema. Tienes que superar tu impulso natural de inmediatamente luchar, huir o quedarte paralizado. Tienes que decidir qué hacer.

Desafortunadamente, como vimos en el capítulo 9, las simples palabras (como «¿Por qué no te relajas?») no pueden producir una relajación. Pero si eres capaz de practicar la relajación correctamente, ralentizará tus reacciones y te dará la oportunidad de desarrollar una respuesta más juiciosa a las situaciones desencadenantes de la ira.

Al igual que la respuesta automática de lucha, la *respuesta de relajación* forma parte de la naturaleza humana.[2] Cuando esta respuesta se desencadena, se liberan ciertas sustancias químicas y empiezas a respirar más lentamente y necesitas menos oxígeno. Tu presión sanguínea baja y tu frecuencia cardíaca disminuye. Tienes menos pensamientos disruptivos sobre tus problemas. La respuesta de relajación puede ser producida de muchas maneras, pero independientemente de cómo la alcances, serás capaz de pensar con mayor claridad, de actuar de acuerdo con tus valores y tu interés personal, de reaccionar de una forma menos impulsiva a los problemas y de hacer elecciones más positivas. Aprender técnicas de relajación para poder mantener la calma ante las provocaciones es una forma importante de interrumpir la secuencia de la ira.

Recuerda que estamos hablando del desarrollo de una reacción aprendida con la que puedes responder a tus ansias impulsivas de actuar. Requiere práctica y probablemente no lograrás el estado de relajación más profundo hasta que hayas trabajado en ello durante un tiempo. Muchas personas pueden aprender a relajarse por sí mismas, pero ciertamente a algunas les resulta más fácil trabajar con un profesional especializado que pueda ayudarlas a producir más rápidamente una respuesta de relajación. No importa cómo lo consigas: aprender a relajarte es una habilidad importante en sí misma. La relajación mejora tu capacidad de lidiar con muchos problemas en la vida y calma a tu cuerpo, lo cual tiene muchos beneficios a largo plazo.

Relajación muscular progresiva

En 1930, Edmund Jacobson, un fisiólogo norteamericano, desarrolló una técnica conocida como la *relajación muscular progresiva* (RMP),

---

2. Véase Herbert Benson y Miriam Z. Klipper, *The Relaxation Response* (Nueva York: Harper Paperbacks, 2000).

una estrategia consciente de autocontrol que te ayuda a relajarte tensando y aflojando varios grupos de músculos. Ésta no sólo es la técnica más común, sino también la más sencilla que puedes usar para desarrollar tu propia respuesta de relajación. Después de un poco de práctica, podrás saber fácilmente cuándo tus músculos se encuentran en un estado de tensión y cuando están relajados. (Quizás desees consultar a un médico si tienes problemas musculares, una afección ortopédica o enfermedades que podrían verse afectadas por esta actividad, pero si eres capaz de realizar las actividades físicas que realizan la mayoría de los adultos, entonces estos procedimientos no te resultarán difíciles).

Con el tiempo serás capaz de provocar la respuesta de relajación mientras interactúas con detonantes de la ira de la vida real *(véase* capítulo 11), pero empieza practicando la RMP en privado. Busca un período de tiempo (aproximadamente 30 minutos) en que no serás molestado. Apaga tu teléfono, pon la habitación en penumbra y ponte todo lo cómodo que puedas (ve al baño antes si es necesario). Lo ideal es practicar la RMP estando sentado en una silla cómoda, preferentemente un sillón reclinable, aunque también puedes hacerlo acostado en una cama. Ponte ropa suelta y zapatos cómodos, o puedes estar sin zapatos. Quítate las gafas, cualquier joya pesada y la corbata si la llevas puesta. No cruces las piernas.

Empieza por cerrar los ojos y respirar profundamente unas cuantas veces, inspirando a través de la nariz y espirando a través de la boca. La idea es adoptar un ritmo lento. A continuación, empieza a tensar y relajar alternadamente grupos de músculos específicos (hombros, brazos, piernas, pies, etc., empezando por la cabeza y descendiendo hasta los pies, o de los pies a la cabeza; la dirección que tú prefieras). No tienes que concentrarte mucho en tensar. La clave es relajar y soltar cada grupo de músculos voluntariamente.

Obtendrás los mejores resultados si completas toda la secuencia de tensar y relajar una vez al día hasta que llegues al punto en el que seas capaz de relajar rápidamente cualquier tensión que puedas estar sintiendo. ¡Los suspiros espontáneos son una buena señal! Si aparecen pensamientos que interfieren con la relajación, lleva tu concentración suavemente de vuelta a las sensaciones en tus músculos y en el resto del cuerpo. Si estás muy cansado, es posible que incluso te quedes dormido. Eso no es un problema, y puede ser placentero quedarte dormido mientras te relajas, pero permanecer despierto ayudará más al desarrollo de tus habilidades de relajación voluntaria.

El ejercicio práctico 10 es una grabación de audio de doce minutos que puedes utilizar cuando estés aprendiendo la relajación muscular progresiva. La práctica regular te llevará al punto en el que podrás realizar la RMP sin la grabación. Pero si encuentras que la relajación muscular progresiva no es de tu agrado, tienes muchas otras opciones como el *mindfulness,* la meditación, la respiración rítmica y profunda, el uso de palabras calmantes, el yoga y otros tipos de ejercicios, masajes, oraciones, cantos y experiencias en la naturaleza, incluyendo la proximidad al agua y la inmersión en ella.

Mindfulness y meditación

Si descubres que la relajación muscular progresiva no es para ti, hay otras opciones. El *mindfulness* y la *meditación* son técnicas específicas que se originaron en las prácticas budistas, pero que ahora forman parte de la corriente principal secular. A veces se habla de la *meditación mindfulness,* pero en realidad son dos técnicas distintas, aunque sus efectos positivos pueden amplificarse cuando la conciencia alerta del *mindfulness* se combina con la meditación formal. Al igual que la RMP, estas dos técnicas producen experiencias que muchos consideran similares a la relajación. Incluyen concentrarte en el momento presente (ya que no puedes estar en paz si estás lamentando el pasado o preocupándote por el futuro) y aprender simplemente a observar o percibir lo que te rodea sin reaccionar a ello.

Mindfulness: La conciencia de tu vida exterior

El *mindfulness* es la práctica de ser consciente, en el presente, del mundo que te rodea. Puedes usarlo en cualquier situación mientras estás despierto. En estos tiempos en los que supuestamente debemos hacer varias cosas al mismo tiempo, el *mindfulness* te permite concentrarte y ser activamente consciente de lo que estás haciendo mientras lo estás haciendo.

Como en el caso de cocinar, por ejemplo. En ocasiones, cocinar puede ser una actividad mecánica. Para cocinar conscientemente, podrías decirte: «Estoy cocinando. Estoy poniendo aceite en la sartén. Ahora estoy colocando el brócoli y las zanahorias. Una zanahoria cayó al suelo. Se ve muy anaranjada contra el suelo blanco. Estoy tapando la sartén. El brócoli se ve verde. Huele bien. Estoy probando un trocito de brócoli. Está caliente y crujiente. Mi piel está sudorosa. Estoy abriendo la ventana». Intenta concentrarte en tus cinco sentidos. El objetivo es simplemente percibir y nombrar o describir tus experiencias y tu comportamiento, sin evaluarlos. En otras palabras, no hagas juicios como *bueno, malo, correcto, incorrecto, perezoso, débil, fuerte, bondadoso* o *malicioso*. La ira surge en parte debido a las evaluaciones y los juicios (es decir, los pensamientos) y, por lo tanto, aprender a observar tus experiencias y tu comportamiento sin evaluarlos puede ser un poderoso eliminador de la ira.

¿Qué ocurre si vives sin una conciencia del momento en el presente? Te pasas la vida en piloto automático. No disfrutas ni aprecias verdaderamente los momentos y las experiencias significativos del día a día. Te pierdes los placeres de los amigos, la familia y la comida, y la dicha de un vaso de vino o una ducha relajante, y la belleza del cielo. Minimizas y no recibes plenamente los elogios de los demás. Te pierdes cosas de la vida mientras estás pensando en el pasado o en el futuro, y no puedes hacer mucho respecto a ninguno de los dos. La falta de conciencia del momento en el presente también puede impedirte escuchar a tu cuerpo, el cual podría estar diciéndote que duermas más o que comas mejores alimentos o que reduzcas tu estrés realizando algunos cambios en tu estilo de vida, como comentamos en el capítulo 4.

Una manera de ver el *mindfulness* es considerar el objetivo de desarrollar lo que los budistas llaman la *mente de principiante*. Trata de ver, oír, oler, saborear y sentir todo (personas, eventos, palabras, voces, emociones) con una atención plena y como si lo estuvieras haciendo por primera vez. La mayoría de nosotros, por ejemplo, cuando hemos estado un rato con gente, empezamos a anticiparnos a lo que van a decir; juzgamos sus reacciones y esperamos a que acaben de hablar para poder hablar nosotros. Escuchamos poco, y ése es un arte que debemos cultivar. De manera que, hoy, dedica algunos minutos a tener una conversación con tu pareja, con un amigo, una amiga, con tu hijo o hija, o con uno de tus padres, y trata de estar completamente presente, escuchado detenidamente lo que la otra persona te está diciendo. No la juzgues ni juzgues sus palabras. Inhibe tu impulso de responder. Escuchar conscientemente mejorará tus relaciones porque escuchar de una forma abierta y respetuosa fortalecerá la comunicación y las conexiones con las personas que son importantes para ti.

Meditación: Conciencia de tu vida interior

La meditación es una forma de reducir la excitación y encontrar paz disminuyendo tu conversación interior contigo mismo. La manera habitual de hacerlo es concentrándote en un sonido o un mantra, una imagen, la llama de una vela o tu respiración. La idea es dejar que tus pensamientos floten como nubes mientras estás meditando, y no ver tus pensamientos como representaciones perfectas del mundo. Son *pensamientos,* no la realidad. Si puedes verlos con distancia, por así decirlo, te resultará más fácil ver cómo tu forma de pensar puede ser problemática y cómo concentrarte en el pasado y en el futuro puede ser una pérdida de tiempo y energía.

Al meditar y simplemente ser testigo de tus pensamientos, sin apegarte a ellos, puedes distanciarte de lo que los budistas llaman la *mente de mono,* una metáfora que sugiere que la mayor parte de nuestros pensamientos son como monos salvajes dando saltos y columpiándose de rama en rama. Esos pensamientos nos llevan desde nuestro incontrolable pasado hasta un futuro altamente desconocido, y luego de vuelta. Pero si le das a tu mente algo en lo que se pueda concentrar, puedes alcanzar cierto grado de calma.

Ciertamente, nosotros estamos centrados en la reducción de la ira, pero la meditación se ha vinculado a muchos otros beneficios, incluyendo una forma de pensar mejorada, un aumento de la vitalidad física, una mejora del funcionamiento del sistema inmunitario y un mejor sueño. Meditar en la mañana y luego otra vez en la tarde, incluso durante cinco o diez minutos, puede ayudarte a conseguir una paz interior suficiente para contrarrestar tus impulsos de ira.

Respiración rítmica con una palabra repetida

Quítate la ropa apretada y apaga tu teléfono móvil. Con los ojos cerrados, siéntate en silencio en una posición cómoda. Piensa en tus distintos grupos musculares, desde tus pies subiendo hasta tu rostro y, voluntariamente, haz que se relajen. Inspira por la nariz y espira por la boca.

Sé consciente de estar respirando de una forma rítmica. En una forma similar a la meditación, mientras espiras di la palabra «uno» lentamente y en silencio, para ti mismo. Inspira lentamente y luego espira y di la palabra «uno» para ti mismo. Respira con facilidad y naturalidad, repitiendo la palabra «uno» en cada espiración. Continúa haciéndolo durante quince minutos. Puedes abrir los ojos para ver la hora, pero no utilices una alarma, porque podría sobresaltarte. Cuando hayas terminado, tómate unos minutos para estar sentado en silencio con los ojos cerrados. Luego abre los ojos y permanece sentado unos cinco minutos más. Una vez transcurridos esos cinco minutos, ponte de pie y regresa a tus actividades normales.

Evita hacer este ejercicio justo después de una comida, ya que la digestión podría interferir con el desarrollo de la relajación. Después de un período de práctica diaria, es muy probable que surja una respuesta de relajación con muy poco esfuerzo de tu parte.

Palabras calmantes

Esta práctica también se superpone un poco con la meditación. A algunas personas las ayuda elegir una palabra calmante como «calma» o «suave», y luego dicen la palabra en voz alta (o simplemente piensan en ella) en ritmo con los movimientos o pasos de un ejercicio repetitivo como nadar, caminar o correr.

Yoga y ejercicio

Muchas personas encuentran que el yoga es profundamente relajante, quizás porque el hecho de concentrarte en la posición de tu cuerpo y la respiración sirve como una distracción que te impide pensar en los detonantes de la ira. Puedes aprender las técnicas básicas del yoga mediante una clase formal o un DVD. Al igual que otras técnicas relajantes, el yoga requiere una práctica constante.

Tener algún otro tipo de rutina de ejercicio físico también puede ayudar. Las opciones más comunes incluyen caminar, correr, montar bicicleta, nadar, hacer aeróbicos, o entrenamiento con pesas, o usar la cinta caminadora y asistir a clases de *spinning*, de *body pump* o de zumba. La clave está en encontrar una actividad física que te guste, una que esté en consonancia con tu estado físico y que puedas incorporar fácilmente en tu rutina.

Respiración profunda simple

La respiración diafragmática simple y lenta, sin tensar los músculos, es otra forma de relajación. La forma en que respiras cuando estás enojado tiende a ser rápida y superficial. Puedes contrarrestar esta tendencia practicando una respuesta de respiración que es opuesta: lenta y profunda.

Para respirar desde el diafragma, acuéstate en el suelo boca arriba. Estírate cómodamente. Coloca un libro pequeño sobre tu abdomen. Si estás respirando desde tu diafragma, el libro ascenderá suavemente cuando inspires y descenderá suavemente cuando espires. Es posible que tengas que intentarlo unas cuantas veces hasta que te habitúes a este movimiento: *inspira* y el libro asciende, *espira* y el libro desciende. A lo largo de varios días, practica la respiración profunda durante unos minutos cada día hasta que este tipo de respiración empiece a surgir de una forma natural.

Una vez que lo tengas bajo control, fíjate si puedes respirar de una manera que recree este movimiento ascendente y descendente de tu diafragma cuando estés de pie, sentado y en otros momentos durante el transcurso de tu día.

Oración y cantos

Cualquier forma de oración o canto repetitivo, si lo haces durante el tiempo suficiente, creará una relajación. Herbert Benson, profesor de la Universidad de Harvard y coautor de *The Relaxation Response,* concluyó a partir de muchos de sus estudios que todas las formas de plegaria repetitiva evocan relajación y reducen la excitación corporal. La clave es la *repetición* de sonidos o palabras. Una oración que requiere una repetición verbal o muscular produce una relajación porque necesita una respiración profunda y rítmica. Por lo tanto, una sola plegaria no es suficiente, ya que lo que crea la relajación es la naturaleza repetitiva de la experiencia.

La oración repetitiva y la respuesta de relajación resultante forman parte de las historias y tradiciones de muchas religiones y culturas.

- Los judíos tienen una forma de oración repetitiva llamada *daven,* que consiste en recitar un texto religioso de una manera suave y monótona al tiempo que te inclinas o te meces hacia adelante y atrás (por lo tanto, el *daven* implica una repetición verbal así como una acción muscular repetitiva).

- En la ortodoxia oriental, la repetición continua de la oración de Jesús («Señor, ten piedad de mí») puede producir la respuesta de relajación, especialmente para las personas que la repiten hasta seis mil veces al día, sincronizando la plegaria con una respiración rítmica y usando una cuerda para contar el número de oraciones.

- En el catolicismo romano, rezar el rosario es una devoción que empieza con el credo de los Apóstoles y continúa con cinco secuencias del padrenuestro seguidas de diez repeticiones del avemaría y luego la Gloria. Cuando esta devoción se repite durante nueve días seguidos, se denomina la novena.

- Algunas formas de protestantismo y catolicismo promueven el uso de lo que se denomina una *oración centrante,* en la cual uno debe sentarse cómodamente, con los ojos cerrados, y luego elegir y repetir una palabra sagrada, llevando de vuelta la atención suavemente a la palabra cada vez que uno es consciente de pensamientos externos (existen prácticas similares en el islam, el confucianismo, en sintoísmo y el taoísmo.

Experiencias en la naturaleza

Podrías relajarte simplemente dando un paseo a pie sobre la arena en una playa y oyendo a las olas romper, o yendo a un campo o a una zona forestal al final de la tarde, cuando lo único que se puede oír es el sonido de los grillos. Si pasar tiempo en la naturaleza es una de las experiencias más relajantes para ti, intenta hacer que forme parte de tu rutina semanal.

Agua

Es posible que hayas notado las propiedades relajantes del agua. Date un baño caliente, camina junto a un arroyo y escucha el agua correr o colócate junto a una cascada. Los jacuzzis, los spas y las piscinas también pueden ser muy útiles. La mayoría de nosotros no es capaz de continuar estando enojado durante mucho tiempo después de pasar unos minutos en una bañera burbujeante con el agua a unos 38 grados de temperatura.

Masajes

La tensión y la ira van acompañadas de músculos tensos. No es de extrañar, entonces, que tantas personas se sientan relajadas después de recibir un masaje profesional. Si no te gusta que un extraño trabaje con tu cuerpo, entonces una barra masajeadora eléctrica o un sillón de masajes podrían ser una buena alternativa.

Vídeos, DVD y grabaciones

Las librerías y los proveedores en Internet tienen una amplia variedad de material relacionado con la relajación. Para información sobre otros recursos útiles, entra en www.youtube.com o en www.google.com y escribe las palabras «relajación» o «técnicas de relajación» en la casilla de búsqueda.

Un menú de opciones para la relajación

Cuando te enfrentas a un desafío, la excitación colérica de tu cuerpo puede darte una falsa sensación de optimismo y audacia, pero ese sentimiento puede ser contraproducente y causarte mucho dolor. Por el contrario, cuando tu cuerpo y tu mente están relajados, es más probable que tus respuestas a los desafíos de la vida sean más juiciosas y efectivas y conduzcan a una vida más tranquila y feliz para ti.

Tradicionalmente, siempre hemos recomendado la RMP como una manera efectiva de producir una relajación. Y, como dijimos antes, las prácticas meditativas y de *mindfulness* también se han incorporado a las corrientes principales y muchos adultos y adolescentes encuentran que estas prácticas son beneficiosas para ellos. Pero es posible que conectar con la naturaleza, dedicarte a una práctica religiosa o participar en otros tipos de actividades alternativas orientadas a la relajación funcione mejor para ti.

Las técnicas descritas en este capítulo son relativamente sencillas de aprender y son útiles para la mayoría de las personas que las practican. Todas ellas están en el menú de opciones para «escoger y usar» de SMART, y tú decides si vas a usar una determinada técnica y cuándo lo vas a hacer. Cualquiera que sea la técnica de relajación que decidas usar, tómate el tiempo para hacer que forme parte de tu rutina diaria. Cuando lo hagas y cuando practiques habitualmente evocar una respuesta de relajación que reduzca tu forma crítica de pensar y ralentice tus impulsos automáticos de ira, estarás mejor preparado para tomar buenas decisiones respecto a los detonantes de la ira en tu vida.

Puntos clave

✓ Como todos los animales, la respuesta de *lucha, huida o parálisis* forma parte de tu reacción instintiva ante amenazas letales.

✓ La mayoría de las dificultades a las que te enfrentas no representa una amenaza para tu vida, pero la intensa excitación física asociada a las reacciones instintivas interferirá con tu capacidad de responder juiciosamente a los problemas.

✓ Desarrollar la habilidad de calmar tu cuerpo y tu mente te ayudará a responder de una forma menos impulsiva a las situaciones difíciles.

✓ La relajación muscular progresiva (RMP) es una técnica que puedes utilizar para relajarte.

✓ El *mindfulness* y la meditación aumentan tu conciencia del momento presente y permiten que los pensamientos fluyan por tu mente sin que tengas que responder inmediatamente a ellos.

✓ Existen muchas otras actividades (respirar profundamente, hacer ejercicio, pasar tiempo en la naturaleza, recibir un masaje profesional, etc.) que pueden ayudarte a experimentar lo que se siente al estar relajado y a aprender a usar tu respuesta de relajación mientras te esfuerzas por superar tu tendencia natural y automática a enojarte y ponerte agresivo cuando te sientes amenazado.

CAPÍTULO 11

Estrategia ocho: Practica técnicas de exposición y reacciones más sanas

En teoría no hay ninguna diferencia entre la teoría y la práctica, mientras que en la práctica sí la hay.[1]

BENJAMIN BREWSTER

El secreto para aprender nuevas habilidades es la práctica. La práctica es necesaria cuando estás aprendiendo algo como, por ejemplo, una posición de golf, un programa de informática o una lengua extranjera. No basta con leer o pensar acerca de la nueva técnica. En este capítulo te pedimos que hagas frente (en tu imaginación o en la vida real) a las personas, imágenes, palabras y situaciones que encienden tu ira. Esto es lo que queremos decir cuando hablamos de *técnicas de exposición*.

En lugar de responder a las situaciones problemáticas de la manera tensa y enojada con que sueles hacerlo, aprenderás a reaccionar con otras dos respuestas: relajación y una forma de pensar más constructiva. Si practicas enfrentar estos desafíos de una manera *juiciosa*, probablemente reaccionarás menos a las circunstancias que desencadenan tu ira y no te molestarán tanto. Una forma en que los psicólogos ayudan a las personas a superar la preocupación, la timidez, la falta de seguridad en sí mismas cuando tienen una cita y otros problemas comunes, es haciendo que se enfrenten a las situaciones reales que provocan emociones fuertes. Tu ira disminuirá cuando combines la relajación y los pensamientos constructivos con la práctica de enfrentar de buena gana y continuamente las situaciones difíciles.

---

1. Benjamin Brewster, *Yale Literary Magazine*, febrero 1882.

Cuándo no utilizar las técnicas de exposición

Antes de que te enseñemos a aplicar las técnicas de exposición a tus detonantes de la ira, queremos señalar que hay algunas circunstancias en las que la exposición no está recomendada. No podemos mencionar todas esas circunstancias aquí, pero considera estas cuatro:

1. *Cuando careces de compromiso y motivación.* Si no estás comprometido y motivado para cambiar tu forma de actuar cuando te enojas, entonces la exposición será contraproducente. Por ejemplo, es posible que en lugar de trabajar para cambiar tus propias reacciones te estés concentrando secretamente en intentar cambiar las acciones de los demás, y de este modo podrías acabar creando un mayor conflicto.

2. *Cuando estás activamente consumiendo sustancias indebidamente.* Si estás consumiendo drogas o bebiendo alcohol con regularidad como una forma de manejar tus emociones o evitar problemas, entonces éste no es el mejor momento para practicar las técnicas de exposición. Normalmente, tus emociones y tu comportamiento son menos predecibles cuando estás ebrio o drogado. Además, el consumo indebido de sustancias interferirá con tu capacidad de evaluar tus reacciones y dificultará que puedas cambiar. Las técnicas de exposición te serán más útiles cuando tu consumo de sustancias esté bajo control.

3. *Cuando estás deprimido o agitado.* Si tienes tendencia a la depresión profunda o a la agitación, entonces te recomendamos que seas cauto cuando pruebes las técnicas de exposición. Tú eres el único responsable de monitorear tu progreso, de modo que es mejor que pruebes algunos de los ejercicios prácticos primero y veas qué efecto tienen en ti. Si te sientes peor, no continúes. Hazlo únicamente si los ejercicios hacen que te sientas más seguro de ti mismo al lidiar con los desafíos a los que te enfrentas.

4. *Cuando sientes que no puedes controlar tus impulsos agresivos.* Si tienes un historial de atacar a otras personas y si crees que practicando las técnicas de exposición podrías hacer daño a alguien,

entonces, por favor, no procedas. Aunque las técnicas de exposición podrían serte útiles, sería mejor que las utilizaras bajo supervisión de un profesional entrenado.

Cómo funcionan las técnicas de exposición

Las técnicas de exposición pueden ayudarte a hacer una serie de cosas. Éstas son algunas de ellas:

- Aprender nuevas habilidades en un contexto realista.
- Habituarte a tus detonantes de la ira.
- Romper los patrones de refuerzo de la ira a corto plazo.
- Cambiar la forma en que te ves a ti mismo y en que ves a los demás.

Aprender nuevas habilidades en situaciones de la vida real

Si practicas la relajación y una forma de pensar racional, no colérica, sin enfrentarte realmente a tus detonantes de la ira, no estarás aprendiendo estas habilidades de la forma más beneficiosa porque no estarás practicándolas en un contexto realista. Resulta más útil practicar tus nuevas habilidades en situaciones que se parezcan a las que normalmente enfrentas.

Doug, el padre impulsivo

Doug, de treinta y seis años, era un padre cariñoso, pero solía reaccionar de una forma excesiva, gritando y maldiciendo cuando sus dos hijos pequeños, Caleb y Jacob, discutían en voz alta. Él reconocía que sus explosiones de ira detenían el comportamiento desagradable de sus niños en el momento, pero también veía que su ira tenía muy pocos efectos positivos a más largo plazo. Además, la mujer de Doug creía que las riñas de los chicos eran perfectamente normales y eran de esperar. Doug y su esposa asistieron a varias sesiones de terapia y finalmente acordaron que el comportamiento de los niños era razonablemente normal y no una fuente importante de preocupación, a pesar de ser desagradable. Cuando Doug examinó su forma de pensar acerca de la situación, identificó dos pensamientos que eran parte de su típica secuencia de ira: «No deberían estar peleando» y «No soporto sus riñas».

En la terapia, Doug aprendió que su ira ante las discusiones de sus hijos estaba amplificada por la forma en que pensaba sobre ellas. Estuvo de acuerdo en que sería una gran idea que sustituyera sus exigencias y sus pensamientos de baja tolerancia a la frustración con dos pensamientos alternativos nuevos y racionales: «Las riñas son normales, de modo que es tonto exigir que nuestros hijos dejen de discutir» y «Ciertamente, puedo tolerar y aceptar las peleas de nuestros hijos sin enojarme».

Doug entendía que estos dos nuevos pensamientos eran alternativas racionales, pero cuando oía a sus niños discutiendo en situaciones reales, regresaba impulsivamente a sus patrones de pensamiento originales. Para prepararse para reaccionar mejor a las discusiones de sus hijos, Doug escribió una descripción de un incidente típico, haciendo un relato detallado de la pelea de los chicos y de sus propias reacciones. Una vez que hubo puesto esa escena por escrito, la volvió a visualizar en su imaginación mientras practicaba los nuevos pensamientos.

Doug practicó esta técnica de exposición durante unas semanas y, con el tiempo, la nueva forma de pensar se volvió cada vez más natural para él. Poco después, ya era capaz de usar su nueva forma de pensar para calmar su ira cuando surgía un conflicto y una discusión entre sus hijos.

Habituarte a los detonantes de tu ira

Los seres humanos tenemos una extraordinaria capacidad para adaptarnos a todo tipo de inconvenientes. *Habituación* es el término que utilizan los psicólogos para referirse al proceso de cambiar nuestras reacciones, a lo largo del tiempo, a algo que inicialmente nos parecía nuevo, amenazador o interesante. Supongamos, por ejemplo, que anoche viste una película de terror. Sentiste que tu corazón latía y tu estómago se tensaba. Pero ¿qué ocurriría si vieras la misma película veinticinco veces seguidas? Obviamente, después de haberte expuesto varias veces a ella, la película perdería gran parte de su impacto emocional sobre ti.

Lo mismo ocurre con algunos de los detonantes de tu ira. En ocasiones sentirás una disminución de la ira si simplemente permaneces en la situación detonante y adoptas el punto de vista de un observador. Practicar esta técnica significa renunciar a cambiar a la otra persona, a dejar claro tu punto de vista o a resolver el problema. Ciertamente, ¡esta técnica es mucho más fácil de describir que de practicar! Pero a veces es realmente aconsejable limitarte a observar el comportamiento injusto de otra persona sin reaccionar. En realidad, gritar a otra persona, o pensar obsesivamente en una venganza, puede distraerte del impacto total de aquello que está provocando tu ira, de manera que eres menos capaz de analizar la situación y desarrollar mejores respuestas en el futuro. Recuerda que no tienes que reaccionar o actuar ante tus pensamientos de ira (*véase* el capítulo 8). Con el tiempo, podrás ver cómo tu ira disminuye al aprender a ser el observador del comportamiento de las otras personas y de tus propias reacciones.

Romper los patrones de refuerzo de la ira

Muchas de las personas con las que he trabajado dicen: «A veces la ira simplemente se apodera de mí». Si así es como ves tu propio comportamiento cuando estás enojado, es posible que tu comportamiento sea una función de refuerzo (*véase* capítulo 1). En otras palabras, es posible que el comportamiento que tienes cuando estás enfadado te haya proporcionado beneficios que no has percibido. Cuando has sido reforzado (es decir, recompensado) por haber reaccionado con ira, tu ira empieza a parecer algo automático y natural. Pero puedes reemplazar tus reacciones automáticas de ira con nuevas formas de comportamiento que produzcan mejores resultados si pruebas con esmero diferentes maneras de comportarte en situaciones de la vida real.

Cambiar la forma en que te ves y en que ves a los demás

Cuando practicas la exposición a circunstancias negativas pero no reaccionas automáticamente con ira, ocurre algo más. Aprendes cosas nuevas sobre ti, sobre otras personas y sobre el mundo que te rodea. Y lo que puede cambiar cuando te tomas el tiempo para comprender su punto de vista no sólo es tu forma de ver a la persona ofensora. También puedes obtener una mayor confianza en tu propia capacidad de tolerar una situación difícil sin tener una reacción de ira.

*unas reacciones menos intensas a las discusiones de los chicos
y un mejor plan para moldear su comportamiento. Gracias
a su nueva disposición a enfrentar las situaciones de una manera
distinta, fue capaz de aprender y crecer.*

Trabajar con una situación de ira

Lee el ejercicio práctico 11.A. Piensa en algunas situaciones actuales en las que habitualmente te enojas y en las que tus reacciones normalmente producen malos resultados. Puedes usar la situación que identificaste en el ejercicio práctico 2, así como otras más recientes. Siguiendo las instrucciones del ejercicio práctico 11.A, enumera estas situaciones, escribe una descripción de una oración de cada una y, para cada situación, haz un cálculo de la intensidad de la ira que tiendes a experimentar. La figura 11.1 muestra las respuestas de Doug en el ejercicio práctico 11.A.

Ahora, remitiéndote a tu lista de situaciones, escoge la situación con la que deseas trabajar primero. Te recomendamos que empieces con una situación que hayas calificado con un nivel medio, una que asocies con un nivel moderado de ira (un nivel de intensidad de 4 a 6). El motivo para no comenzar con tu problema más grave es que nos gustaría que experimentes un cierto éxito antes de entrar en situaciones más difíciles. Por ahora, deja de lado las situaciones que tengan las calificaciones de mayor intensidad hasta que domines las siguientes tres técnicas de exposición:

1. Practica la exposición en tu imaginación.
2. Practica exponerte a dardos verbales.
3. Practica la exposición en la vida real.

Haz una lista de las situaciones en las que te enojas con más frecuencia. Describe cada una de ellas con una oración. Luego, consulta la escala de intensidad al final de este ejercicio y valora la intensidad de la ira que experimentas en cada situación, siendo el 1 prácticamente nada de ira y el 10 la ira más intensa que hayas sentido jamás.

Situación	Nivel
Mis hijos se están gritando el uno al otro en la habitación y su pelea escala hasta que oigo un fuerte estruendo.	8
Caleb insulta a Jacob y cuando le digo que pare, me dice, «Jacob empezó».	6
Oigo a mi mujer diciendo a los chicos que dejen de pelear.	5
Durante la cena, Caleb y Jacob no se hablan.	2
Me doy cuenta de que los chicos no han limpiado sus habitaciones.	2

Intensidad de tu ira	Magnitud de tu ira	Cómo te sentiste
_____ 1	Casi inexistente	Calmado, indiferente
_____ 2	Escasa	Intranquilo, emocional, agitado, alterado, desafiado
_____ 3 _____ 4	Leve	Contrariado, molesto, irritado, perturbado, agitado, incómodo, provocado, impelido, fastidiado, malhumorado, angustiado, intranquilo
_____ 5 _____ 6	Moderada	Enojado, agitado, cabreado, disgustado, irritado, encendido, alterado, exaltado, fastidiado, indignado
_____ 7 _____ 8	Intensa	Iracundo, enfurecido, exasperado, echando humo, ardiendo, furibundo, rabiando, histérico
_____ 9 _____ 10	Extrema	Frenético, despiadado, trastornado, en pie de guerra, rabioso, enloquecido, maníaco, salvaje, violento, demente

Figura 11.1. Las respuestas de Doug al ejercicio práctico 11.A.

Te recomendamos que pruebes las tres técnicas, aunque una o dos de ellas posiblemente serán más adecuadas para tu situación de ira. También te sugerimos que practiques las técnicas en el orden en el que se presentan aquí. Luego, cuando hayas practicado las técnicas de exposición con una situación menos difícil, puedes pasar a una situación de ira que tenga una intensidad mayor. Y cuando surjan nuevas situaciones de ira en tu vida, siempre tendrás la opción de enfrentar esos nuevos desafíos con las técnicas de exposición descritas en este capítulo.

Practicar la exposición en tu imaginación

Paso 1. Crea una situación hipotética de ira

Pasa al ejercicio práctico 11.B. Remítete al ejercicio práctico 11.A, escoge una situación del rango medio de la lista que creaste en dicho ejercicio (es decir, una situación con un nivel de intensidad de 4 a 5) y sigue las instrucciones para escribir una situación hipotética de ira. Cuando lo hagas, empieza con un borrador y luego añade más detalles en una segunda versión. Quizás sientas un poco de ira mientras escribas tu situación hipotética, y eso en realidad es deseable porque indica que esa situación es adecuada. La figura 11.2 muestra la respuesta de Doug al ejercicio práctico 11.B.

Paso 2. Practica la relajación mientras vuelves a imaginar tu situación hipotética de ira

Cuando hayas completado tu situación hipotética de ira, encuentra un sitio cómodo donde no vayas a ser interrumpido. Empieza practicando la secuencia de RMP que aprendiste en el capítulo 10. Una vez que hayas finalizado la secuencia y te sientas más relajado, concéntrate en la situación hipotética que creaste en el ejercicio 11.B. Revisa la situación: con los ojos cerrados, repásala en tu imaginación, dejando que los acontecimientos en tu situación hipotética se desarrollen paso a paso, como si realmente estuvieran ocurriendo. Permítete percibir y sentir la ira que aparezca a medida que la escena se vaya desarrollando.

Consulta la lista que creaste en el ejercicio práctico 11.A y escoge una situación de ira con un nivel de intensidad de 4 a 6. Escribe una breve situación hipotética que describa lo que normalmente ocurre en esa situación. Incluye detalles como la ubicación, las personas que participan en la situación, la ropa que llevan puesta, las condiciones atmosféricas, las expresiones faciales en la otra persona, su tono de voz, etc. Crea una descripción vívida que te permita imaginarte participando en la situación, no sólo observándola. Si es necesario, utiliza más hojas de papel.

Es el final de la tarde, pero como es verano, el día todavía está luminoso y soleado. Estoy llegando a mi casa después de un largo y ajetreado día de trabajo. Hay narcisos amarillos en el jardín. La puerta de entrada de la casa es azul. Hay una grieta en la barandilla. Estoy aliviado de estar finalmente en casa.

En cuanto entro, oigo a Calleb decir a Jacob que es lo peor que ha existido jamás. Los chicos están sentados delante del televisor, jugando a un videojuego. Los dos llevan puestas camisetas, tejanos y zapatillas deportivas.

Jacob tiene una expresión de irritación en el rostro. Ninguno de los dos chicos está sonriendo y no parecen percatarse de mi presencia. Estoy pensando, «Están peleando otra vez. Ya no soporto tener que aguantar esto desde que llego». Siento que los músculos de mi espalda se están tensando y mi estómago se empieza a retorcer.

«Para», le digo a Caleb.

«Jacob empezó», dice Caleb. «Tú no estabas aquí para verlo».

Estoy pensando, «¿Qué diablos les pasa? No deberían estar peleándose todo el tiempo».

Continúan echándose la culpa el uno al otro y yo intento mantener la calma. Pero siento que mi rostro se acalora. Mis manos están temblando. Justo en ese momento, Jacob arroja el mando del juego al suelo y se va pisando fuerte a su habitación.

Antes de que pueda detenerme, les grito con suficiente fuerza para que los dos me oigan: «¡Estoy harto de que los dos os comportéis como unos gilipollas inmaduros todo el tiempo!».

Mi mujer entra en la habitación y mueve la cabeza negativamente. Está claro que me ha oído perder el control. Parece decepcionada.

Para evitar una discusión con ella, salgo de la habitación y subo a cambiarme. Las escaleras están alfombradas. Las paredes de la habitación son blancas y la cama tiene una manta de color verde claro. Mientras me estoy cambiando, sigo pensando en lo irritante que es tener que hacer de árbitro en las constantes peleas de los chicos.

Estoy en el piso de arriba durante unos veinte minutos. Una parte de mí quiere regresar abajo y discutir con mis hijos, pero sé que voy a reaccionar exageradamente y voy a empezar a gritar. Otra parte de mí simplemente quiere evitar toda la situación.

Decido salir a dar una vuelta con el coche. Bajo y salgo por la puerta de la cocina, donde un pórtico.

Figura 11.2. La respuesta de Doug al ejercicio práctico 11.B.

Ahora, con los ojos todavía cerrados, utiliza la secuencia de RMP una vez más para reducir la tensión y la excitación. Cuando estés relajado, regresa a tu situación hipotética. Revívela una vez más en tu imaginación, terminando, como antes, con una relajación muscular progresiva.

Mientras trabajas con tu situación hipotética de ira, empieza y acaba cada sesión de práctica con una relajación Después de una serie de sesiones de práctica, descubrirás que se te hace cada vez más difícil enojarte cuando vuelves a imaginar la situación.

Paso 3. Desarrolla una declaración

Cuando seas capaz de volver a imaginar tu situación hipotética de ira sin enojarte, entonces estarás preparado para desarrollar una declaración para hacerle frente, la cual reemplazará los pensamientos que aumentan tu ira con pensamientos que te ayudarán a reducirla. Para desarrollar una declaración eficaz, remítete al ejercicio práctico 7 y elige uno de los seis tipos de pensamientos irracionales junto con su correspondiente alternativa racional. Asegúrate de escoger el pensamiento irracional que sea más frecuente para ti y que encaje mejor con tu situación hipotética de ira. Si es necesario, puedes modificar la alternativa racional para ese pensamiento hasta que se te ocurra una declaración concisa para hacer frente a la situación. (Por ejemplo, Doug creó una declaración a partir de dos pensamientos racionales alternativos que desarrolló en la terapia: «Las riñas son normales, así que es tonto exigir que nuestros hijos dejen de pelear» y «Ciertamente, puedo tolerar y aceptar las peleas de nuestros hijos sin enfadarme»). Luego, toma unos minutos para aprenderte de memoria tu nueva declaración.

Paso 4. Practica tu declaración mientras vuelves a imaginar tu situación hipotética de ira

Una vez más, encuentra un lugar tranquilo y cómodo, y vuelve a imaginar tu situación hipotética paso a paso, permitiéndote percibir y sentir la ira que pueda emerger. Cuando empieces a sentirte enojado, deja de imaginar la situación y repite tu declaración en silencio, para ti mismo, varias veces. Luego regresa a tu situación hipotética y retómala donde la dejaste. Mientras continúas repasando la situación, practica tu declaración cada vez que notes que tu ira está surgiendo. La figura 11.3 muestra una parte de la situación hipotética de Doug, con su declaración insertada en los momentos en los que apareció la ira.

En cuanto entro, oigo a Calleb decir a Jacob que es lo peor que ha existido jamás. Los chicos están sentados delante del televisor, jugando a un videojuego. Los dos llevan puestas camisetas, tejanos y zapatillas deportivas.

Jacob tiene una expresión de irritación en el rostro. Ninguno de los dos chicos está sonriendo y no parecen percatarse de mi presencia. Estoy pensando, «Están peleando otra vez. Ya no soporto tener que aguantar esto desde que llego». Siento que los músculos de mi espalda se están tensando y mi estómago se empieza a retorcer.

«Para», le digo a Caleb.

«Jacob empezó», dice Caleb. «Tú no estabas aquí para verlo».

Estoy pensando, «¿Qué diablos les pasa? No deberían estar peleándose todo el tiempo».

[Las riñas de los chicos son normales, así que es tonto exigir que dejen de pelear – Puedo tolerarlas y aceptarlas sin enfadarme].

Figura 11.3. Parte de la situación hipotética de Doug con su declaración.

Paso 5. Evalúa tus resultados

Ahora que has usado la relajación y tu declaración mientras vuelves a imaginar tu situación hipotética de ira, ¿has notado que te resulta más difícil sentir mucha ira? Si es así, ¡felicitaciones! Estás enfrentando eficazmente uno de los detonantes de tu ira.

Practicar la exposición a los dardos verbales

Antes de pasar a una situación de ira más intensa, nos gustaría que practicaras la exposición a los *dardos verbales,* las cosas detonantes de ira que la gente te puede decir como parte de una situación difícil. Es útil practicar no reaccionar a los dardos verbales. Los pasos incluidos en este tipo de exposición te ayudarán a mantener la calma cuando eres blanco de la ira de otra persona.

Paso 1. Crea una lista de dardos verbales

Ve al ejercicio práctico 11.C y sigue las instrucciones para crear una lista de dardos verbales relacionados con tu situación hipotética de ira. La figura 11.4 muestra la lista de dardos verbales que Doug creó para su situación hipotética.

Remítete a la situación de ira hipotética que creaste en el ejercicio práctico 11.B. Mientras vuelves a imaginar la situación, recuerda o imagina entre tres y cinco cosas negativas que la otra persona involucrada en la situación te podría decir o te dijo: dardos verbales que podrían provocar tu ira o que la provocaron. En la columna de la izquierda, escribe esas declaraciones. En la columna de la derecha, escribe un adjetivo (sarcástico, amenazador, colérico, despectivo, condescendiente, etc.) que describa el tono de voz de la persona.

Dardo verbal	Tono de voz
Él empezó. ¡Eres tan injusto!	Acusatorio
Se lo merecía. Yo sólo estoy respondiendo a lo que él me hizo.	Enojado
Estás empeorando la situación, ¡para nuestros hijos y para mí!	Condescendiente
Nunca escuchas mi lado de la historia.	Acusatorio

Figura 11.4. Las respuestas de Doug al ejercicio práctico 11.C.

Paso 2. Practica la relajación en respuesta a los dardos verbales

Una vez que has creado tu lista de dardos verbales, deja la situación hipotética de lado y utiliza la relajación muscular progresiva junto con tu declaración para responder a los dardos verbales de la misma manera en que respondiste a tu situación hipotética de ira. Te recomendamos que grabes tu lista de dardos en algún tipo de dispositivo digital.

Cuando grabes cada dardo, habla claramente y para cada uno de ellos intenta poner el tono de voz que describiste en el ejercicio práctico 11.C. Haz una pausa de treinta segundos entre cada dardo, para darte tiempo a practicar tus técnicas de relajación y utilizar tu declaración. (Si necesitas tiempo adicional, puedes apagar el dispositivo y reanudar la reproducción cuando estés listo).

Al empezar a escuchar el primer dardo verbal, respira hondo, con una respiración relajante y calmante. Tensa y afloja cada uno de los grupos musculares y luego continúa respirando con facilidad, de una forma relajada (*véase* «Respiración profunda simple» en el capítulo 10). Cuando escuches la segunda declaración, una vez más, respira hondo de una forma calmante y relajante, y luego tensa y afloja otro grupo de músculos. Repite esta secuencia hasta que hayas pasado por toda la lista de dardos verbales. Luego usa la misma secuencia para repasar tu lista de dardos cinco veces más. No te tomará mucho tiempo.

Realiza esta secuencia de cinco repeticiones varias veces a lo largo de la próxima semana, hasta que los dardos verbales ya no te provoquen mucha ira. Si ves que te estás aburriendo mientras escuchas la grabación, eso quiere decir que estás logrando escuchar los dardos verbales sin reaccionar a ellos.

Paso 3. Practica tu declaración mientras escuchas tus dardos verbales

Escucha una vez más tu grabación de dardos verbales, pero esta vez, durante las pausas, repite la declaración que creaste. Igual que antes, repasa tu lista de dardos cinco veces para cada sesión de práctica. Puedes detenerte cuando tus declaraciones creadas para hacerles frente se hayan convertido en respuestas cómodas, automáticas, a los dardos verbales.

Paso 4. Evalúa tus resultados

El objetivo de practicar la exposición a los dardos verbales es aprender a permanecer tranquilo y utilizar nuevos pensamientos ante declaraciones desafiantes. Si eres capaz de escuchar tus dardos verbales mientras usas la relajación y tu declaración para hacerles frente, entonces estás preparado para el tercer tipo de exposición.

Practicar la exposición en la vida real

Ahora que has tenido cierto éxito practicando la relajación y las técnicas para enfrentarte a las situaciones en simulaciones de la vida real, el siguiente paso es colocarte intencionadamente en una situación de ira en la vida real. Para tener éxito, es importante que te esfuerces por no regresar a tus antiguas reacciones de ira. Ahora ya tienes práctica con las técnicas para mantenerte tranquilo y relajado, y eres capaz de entender y ensayar un pensamiento racional en la forma de una declaración, de manera que el desafío consiste en enfrentarte a una situación detonante de tu ira y sentir un nivel mínimo de ira.

Es importante que no reacciones a los detonantes de la ira haciendo declaraciones coléricas o utilizando un lenguaje corporal o unos gestos provocadores. Tu objetivo es tolerar una situación detonante, mantener la calma mientras escuchas declaraciones negativas de otras personas y luego retirarte. Tanto si estás tocando un tema difícil con tu cónyuge o tu pareja, interactuando con un compañero de trabajo odioso o lidiando con un vendedor maleducado, el objetivo siempre es el mismo: mantener la calma, desactivar tu respuesta colérica automática, evitar reaccionar, soportar y retirarte con elegancia.

Al dar cada paso, es importante que calibres tu éxito. Si fracasas en una ronda de práctica en vivo, piensa detenidamente en qué fue lo que salió mal que te desvió del camino. Si dudas de tu capacidad de lidiar con una situación difícil, entonces quizás necesites pasar más tiempo practicando la exposición en tu imaginación. Si crees que enfrentar una determinada situación en la vida real probablemente vaya a acabar en un problema significativo o una pérdida (por ejemplo, perder tu empleo si te colocas en una situación detonante con un supervisor crítico), entonces sáltate la práctica en vivo por ahora o piensa en buscar una orientación profesional para este tipo de exposición.

Mantenerse al margen e intervenir

Normalmente era la mujer de Doug quien respondía cuando Doug y ella estaban juntos y sus hijos empezaban a pelearse. Ella estuvo de acuerdo en mantenerse al margen con la finalidad de crear más oportunidades para que Doug practicara sus nuevas técnicas en la situación que estaba provocando su ira. Doug, a su vez, estuvo de acuerdo en asumir el liderazgo para lidiar con las discusiones de sus hijos. Era tarea suya acercarse a los chicos, respirar hondo, pensar de una forma racional y resolver el problema.

Puntos clave

✓ Cuando utilizas una técnica de exposición, haces frente a las personas, las situaciones y las palabras que provocan tu ira.

✓ Puedes usar las técnicas de exposición (1) en tu imaginación, (2) en conexión con los dardos verbales y (3) en situaciones de la vida real.

✓ Las técnicas de exposición, cuando se utilizan correctamente, te proporcionan la confianza de que puedes tolerar a personas y situaciones difíciles sin reaccionar con ira.

PARTE 5

Cambiar la expresión de la ira

CAPÍTULO 12

Estrategia nueve:
Mejora tus habilidades sociales e interpersonales

Hemos hablado suficiente, pero no hemos escuchado.[1]
WILLIAM H. WHYTE

La mayor parte de la ira se da entre las personas, de manera que aprender a interactuar de una forma más eficaz con los demás será de gran ayuda para reducir tu ira. Las relaciones satisfactorias también son clave para una vida más feliz y más tranquila.

La forma en que tratas a las personas está determinada, en gran medida, por tus habilidades sociales. Éstas influyen en tu éxito en las citas, en tus posibilidades de casarte o compartir tu vida con alguien y en el tipo de padre o madre que llegarás a ser. Además, tu éxito en la profesión que hayas elegido estará determinado fundamentalmente por tu capacidad de conectar con los demás al negociar e influir en los resultados. Gran parte del aprendizaje, está integrado en un contexto social y, por lo tanto, en un sentido general, tu capacidad de desarrollarte se ve afectada por la forma en que te comunicas con otras personas y recibes información de ellas. En resumen, tus habilidades sociales son importantes factores determinantes de cómo será tu vida. Pero es sorprendente la poca atención que damos al desarrollo de nuestras habilidades sociales e interpersonales, dada la importancia que tienen.

La psicoanalista Karen Horney solía decir que todos, en cada momento en el tiempo, queremos acercarnos, o alejarnos, o ir en contra

---

1. William H. Whyte, «Is Anybody Listening?», revista *Fortune*, 1950.

de la persona con la que estamos. Y ¿te has dado cuenta de que cuando conoces a alguien (una persona con la que estás saliendo por primera vez, o la profesora de tu hija, o un vendedor, o tu nuevo dentista, o el vecino que se acaba de mudar a la casa de al lado) tienes una reacción casi inmediata a esa persona? Normalmente, en los primeros minutos percibes una de estas tres reacciones:

1. *Abrazar.* Te sientes atraído hacia esa persona, quieres acercarte y deseas continuar la interacción.
2. *Ignorar.* Te sientes repelido por esa persona y quieres poner fin a la interacción y huir lo antes posible.
3. *Golpear.* Casi inmediatamente sientes irritación y enojo con la persona y tienes el deseo de empujarla, golpearla o actuar contra ella de alguna otra manera.

¿Qué es lo que determina si quieres abrazar, ignorar o golpear a alguien, y si otras personas quieren abrazarte, ignorarte o golpearte? Una vez más, las habilidades sociales tienen mucho que ver con tus reacciones y las de los demás.

La buena noticia es que las habilidades sociales e interpersonales pueden aprenderse y mejorarse. En este capítulo repasaremos los pilares de las relaciones más efectivas. Estos pilares, además de lo que dices durante una interacción, son una mezcla sutil de cosas como tu lenguaje corporal, cómo contactas visualmente y cómo mantienes el contacto, tus expresiones faciales y la posición y postura de tu cuerpo. Todos estos factores contribuyen a tu habilidad para conectar con los demás. Como siempre, limitarte a leer este capítulo no será suficiente para mejorar tus habilidades sociales e interpersonales. Si quieres mejorar tu forma de relacionarte con las personas, tendrás que probar y practicar nuevos tipos de comportamiento en tu vida cotidiana.

Sé consciente de tu lenguaje corporal

Cuando se trata de comunicación, la mayoría de nosotros se concentra únicamente en las palabras. Esto tiene cierto sentido: cuando hablamos con alguien, elegimos las palabras que pensamos que transmitirán lo que queremos decir, en toda su profundidad. Y, sin embargo, muchos expertos están de acuerdo en que la mayor parte de lo que transmitimos a los demás lo comunicamos de una forma no verbal, a través de nuestro lenguaje corporal, y las palabras sólo son responsables de una parte muy pequeña de lo que comunicamos y cómo lo comunicamos.

Conseguirás transmitir tu mensaje a los demás de una forma mucho más efectiva si tu lenguaje corporal sugiere autocontrol, confianza y apertura. Por el contrario, es poco probable que tengas una buena comunicación con otras personas si éstas te perciben como alguien que está enojado y listo para atacar. Nosotros hemos trabajado con muchas personas que *simplemente* no eran conscientes de que su lenguaje corporal estaba haciendo que parecieran enfadadas, agresivas, despectivas o poco interesadas. Sus palabras sonaban razonables, pero su postura física, sus expresiones faciales y sus gestos sugerían algo distinto, a veces lo suficientemente distinto como para hacer que la gente se sintiera incómoda y a la defensiva.

Ulises era un estudiante de veintidós años inteligente, trabajador y vigoroso. Su entusiasmo e intensidad a veces obraban en su contra debido a la forma en que él comunicaba estas cualidades a los demás. Desafortunadamente, con frecuencia, Ulises hacía que la gente se sintiera repelida. Por ejemplo, sus preguntas a sus profesores hacían que pareciera crítico y desafiante, incluso a pesar de que Ulises estaba intentando expresar su curiosidad y su deseo de aprender. En su vida social se presentaban problemas similares. A menudo, cuando hablaba con sus compañeros de estudios que estaban conversando sobre películas, o política, o los posts de otras personas en las redes sociales, sus comentarios provocaban discusiones. Además, Ulises tenía problemas al salir con chicas porque le costaba ir más allá del primer encuentro. Su problema principal era cómo lo percibían los demás. Su mala postura daba la impresión de que no estaba escuchando y que no le importaba lo que los otros estaban diciendo. Cuando hablaba, su rostro comunicaba irritación. Mantenía contacto visual durante demasiado tiempo y a la gente esto le parecía extraño. Solía interrumpir a las personas y su tono de voz era intenso y abrumador. Para subrayar cualquier cosa que estuviera intentando comunicar en una conversación, gesticulaba como un loco con las manos. Durante las conversaciones, también tenía la costumbre de colocarse o sentarse demasiado cerca de las personas. Ulises se daba cuenta de que las personas no se sentían atraídas hacia él pero, tristemente, nunca llegó a entender lo que estaba haciendo mal o los motivos de los constantes rechazos sociales.

Existen cinco elementos básicos en el lenguaje corporal:

1. Contacto visual
2. Expresiones faciales
3. Gestos
4. Postura
5. Espacio interpersonal

Mejorar tu percepción y utilizar estos cinco elementos sentará las bases para la eficacia social.

Finalmente, dependerá de ti que practiques modificar tu lenguaje corporal de maneras que comuniquen una postura abierta y atractiva. Es importante señalar que el contacto visual, las expresiones faciales, los gestos, la postura y el espacio interpersonal no funcionan aisladamente. Se unen para formar lo que se denomina un *grupo de señales*. De ese modo, pueden aumentar o reducir tu eficacia social. Observar los elementos individuales de tu propio lenguaje corporal, y cómo los perciben los demás, es el primer paso para mejorar tus habilidades sociales y llegar a ser un mejor comunicador.

Contacto visual

Cuando hay un contacto visual efectivo con otra persona, se percibe como algo atrayente más que dominante. Sin causar incomodidad, muestra tu atención y tu interés en el punto de vista de la otra persona. En general, un exceso de contacto visual puede resultar intimidante, amenazador e incluso insultante. En la práctica, esto quiere decir que después de cinco o seis segundos es importante desviar la mirada por un momento. Mover tu mirada llevándola de los ojos de la persona a su boca es una buena manera de comunicar interés en lo que está diciendo. La idea es evitar fijar la mirada únicamente en una parte del rostro de la otra persona.

Por contra, muy poco contacto visual sugiere una falta de interés y falta de atención. Todos hemos tenido la experiencia de interactuar con personas que parecían más interesadas en enviar mensajes de texto que en tener una conversación en la vida real. Estar distraído con tu teléfono móvil, echar un vistazo a la pantalla de tu ordenador, mirar a otras personas que están a tu alrededor: todos éstos son ejemplos de señales sutiles (y a veces no tan sutiles) de faltas de respeto.

Si estás hablando con un grupo pequeño de personas, es importante que no te centres en una misma persona durante mucho rato. Ese tipo de atención exclusiva prolongada hace que el resto del grupo se sienta excluido de la conversación y aumenta su sensación de discriminación. Para mantener la atención en todo el grupo es necesario mover intencionadamente tu atención y contactar visualmente con todos.

Para aprender más acerca del contacto visual, ve al centro comercial más cercano y entra en una tienda. Cuando la vendedora se acerque a ti, háblale, pero mira hacia la distancia y no tengas prácticamente ningún contacto visual con ella. Fíjate en el efecto que eso tiene en la conversación e intenta, discretamente, ver cómo reacciona la vendedora. Luego entra a otra tienda y repite el ejercicio, pero en esta ocasión mantén un contacto visual excesivo con la vendedora o el vendedor. Una vez más, observa cómo te hace sentir eso y cómo reacciona la otra persona. En ambos casos, lo más probable es que la vendedora se sienta incómoda al instante y mire hacia otro lado. También puedes probar este ejercicio con otras personas a lo largo del día. Con la práctica aumentarás tu conciencia de cómo estás contactando visualmente y serás capaz de calibrar su uso eficazmente durante las interacciones.

Expresiones faciales

En la figura 12.1 están representados seis rostros. Dos muestran enojo, uno muestra neutralidad, uno muestra tristeza, uno sorpresa y uno felicidad. ¿Puedes identificar qué rostro expresa cada emoción? Bastante fácil, ¿verdad?[2]

Figura 12.1. Expresiones faciales: Enojo, sorpresa, neutralidad, tristeza y felicidad. Adaptado por los autores de la representación realizada por Anggi Sukardi de Steven Gerrard, un futbolista inglés. Véase https://commons.wikimedia.org/wiki/File:Steven-Gerrard-profile.jpg

---

2. Clave de la figura 12.1: (fila superior, de izquierda a derecha) enojado, sorprendido, neutral; (fila inferior, de izquierda a derecha) triste, enojado, feliz.

Los músculos de tu rostro pueden comunicar interés o falta de interés, felicidad o tristeza, miedo o enojo. Cuando frunces el ceño con desaprobación, aprietas los labios, juntas las cejas o haces una mueca con la boca, puedes estar creando un impedimento para la comunicación. Es posible poner cara de póker y esconder las emociones, pero la mayoría de la gente será capaz de leer tus sentimientos porque siempre los estás revelando a través de las microexpresiones (es decir, movimientos muy pequeños de tus músculos faciales). Por eso la práctica de la conciencia facial es sumamente beneficiosa. La idea es desarrollar un mejor sentido de tu comunicación facial.

Vuelve a mirar la figura 12.1. Luego, colócate delante de un espejo e intenta imitar cada una de las expresiones representadas en la figura. Nota los músculos de la cara y cómo los sientes. Ahora, vuelve a mirar la figura y presta especial atención al rostro que expresa felicidad. Practica esa expresión durante noventa segundos cada día hasta que te resulte cómoda hasta el punto de ser automática. La idea es que esta expresión se convierta en un aspecto más natural de tu apariencia diaria. Trata de no esbozar una media sonrisa, sino de expresar auténtica felicidad. Es posible que notes también que realmente te sientes mejor, porque es difícil sentir ira (o tristeza o preocupación) cuando estás actuando como alguien feliz. Este ejercicio puede parecerte extraño al principio, pero pruébalo.

Gestos

Los gestos también tienen un papel importante en la comunicación. Cuando mantienes las manos en los bolsillos, o en las caderas, puedes sugerir que no estás abierto a la discusión. Señalar a otras personas o mostrar un puño cerrado también puede sugerir una actitud cerrada. Un encogimiento de hombros, especialmente cuando está combinado con un gesto de la boca, indica normalmente una actitud que dice, «No sé», o «No me importa». Acariciarte el mentón puede indicar seriedad (una buena señal), pero descansar el mentón sobre la mano puede indicar aburrimiento. Y, en una nota positiva, asentir con la cabeza suele indicar algún tipo de acuerdo acerca de lo que se está diciendo.

Cuando estás escuchando a otras personas, es bueno mantener las manos y los brazos sobre tu regazo, o a tu costado. Los brazos cruzados comunican irritación o enojo.

Cuando estés hablando, presta atención a dónde están tus manos. Dar golpecitos en la mesa con los dedos puede indicar que estás irritado. Y cuando mueves con los dedos frente a alguien puede parecer que estás degradando a la otra persona. Si tiendes a hacer muchos ademanes, practica mantener los hombros relajados y las manos a los lados. Normalmente está bien acentuar un comentario o dos con movimientos de las manos, pero estarlas moviendo continuamente distrae y puede parecer dominante. Uno de nosotros hizo psicoterapia durante años y dedicó tiempo a desarrollar un estilo de comunicación sereno y centrado con los clientes. Aprender a dejar de hacer tantos ademanes con las manos y colocarlas sobre el regazo mejoró las interacciones. Es necesario un poco de práctica para llegar a ser disciplinado en términos de los gestos de las manos, pero es una habilidad que se puede aprender.

Postura

Tanto si estás sentado como si estás de pie, evita los hombros caídos, así como una postura militar rígida. Tu postura ofrece información a los demás acerca de tu actitud y tus sentimientos. Cuando tienes una conversación con alguien, como regla general, es bueno que te inclines un poquito hacia adelante en las ocasiones en las que estés escuchando para dar a entender que estás interesado y abierto a lo que la otra persona está diciendo.

La postura de la pared

Para mejorar tu postura, practica la postura de la pared una vez al día. Ponte de pie contra la pared, manteniendo los talones, la parte inferior de la espalda y la cabeza presionada contra la pared. Deberías sentirte recto y alineado. Mantén esa posición hasta que la sientas más cómoda (unos noventa segundos). Luego sepárate de la pared manteniendo la postura recta y alineada. Intenta recrear esta postura varias veces al día.

La altura también puede afectar a la comunicación. Si eres muy alto, sé consciente de que normalmente estás mirando a los demás hacia abajo. Quizás no te des cuenta de que las otras personas podrían estar sintiendo que no están en tu mismo nivel por tener que estar mirando hacia arriba, especialmente si son mucho más bajas que tú. Una diferencia pronunciada en la altura puede hacer que la persona más baja no esté dispuesta a revelarte información personal. Cuando el objetivo es una comunicación mejorada, es una buena idea nivelar el campo de juego, por así decirlo, de una forma que permita que la persona más bajita y tú os miréis a los ojos en pie de igualdad.

Espacio interpersonal

Cuando las personas se están comunicando, establecen y esperan diferentes medidas de distancia entre ellas y los demás. Es importante entender la cantidad de espacio que es apropiada, dado que variará según la ocasión, la naturaleza de la relación entre las personas que están interactuando y las normas culturales.

Tradicionalmente, el espacio ha estado dividido en cuatro zonas:

1. *Público*. En Norteamérica, un evento formal como una conferencia o un concierto se presenta en un espacio público, donde hay una distancia de al menos tres metros y medio entre el pú-

blico y el ponente o el intérprete. A esa distancia, puede haber muy poca conexión verdadera entre el ponente o intérprete y los miembros del público, pero aun así, la conferencia o el concierto pueden ser muy agradables.

2. *Social.* Cuando las personas están separadas entre uno y tres metros, están en un espacio social. Ésta es normalmente la zona para una reunión pequeña, un seminario universitario, una reunión de trabajo o una fiesta al aire libre. A esta distancia, la mayor parte de la conversación es casual y no es amenazadora. Es muy probable que en un espacio social se revele información altamente personal.

3. *Personal.* Cuando la distancia entre las personas es de entre 45 centímetros y un metro, están en un espacio personal. Es aquí donde normalmente tienen lugar las interacciones con los buenos amigos o con miembros de la familia (como cuando los hermanos tienen una conversación privada sobre un tema sensible). Cuando el espacio personal es invadido por un extraño, normalmente la conversación termina.

4. *Íntimo.* Éste es el espacio para los susurros, las caricias sensuales, los abrazos y los besos. Aquí, la distancia entre las personas es de 45 centímetros o menos. El espacio íntimo normalmente está reservado para los amigos íntimos y las parejas sentimentales, y nos sentimos amenazados cuando este espacio es invadido por otras personas.

Las violaciones del espacio interpersonal pueden ocurrir por muchos motivos, incluyendo el desconocimiento general de las normas, así como el deseo de ser dominante o de acercarse demasiado a alguien con excesiva rapidez. Cualquiera que sea el motivo, acercarte demasiado (o mantener una distancia excesiva, o entrar en una zona en la que no se te espera o a la que no perteneces) puede distraer, alarmar y resultar incómodo para los demás.

Aprende a escuchar

Si quieres ser más eficaz con la gente, debes aprender a escuchar primero y por encima de todo. La gente tiende a hablar más con aquellos que saben escuchar. Además, cuando las personas perciben que sabes escuchar, les caes mejor y confían más en ti, eres más persuasivo y es más probable que tengas interacciones con ellas en el futuro.

Como norma general para las conversaciones, te sugerimos que adoptes el hábito de dejar que los demás hablen más que tú. Reconocemos que tu estilo interpersonal actual puede ser distinto a lo que te estamos sugiriendo. También entendemos que lo que estamos sugiriendo puede ser difícil para ti si no estás de acuerdo con lo que la otra persona está diciendo, o si crees que tienes algo útil que ofrecer. Pero contente. Intenta permitir que la otra persona hable el 75 % del tiempo, reservando sólo el 25 % para ti. ¡Pruébalo! Este cambio puede marcar una gran diferencia en cómo te perciben en las situaciones sociales.

Otra habilidad social relacionada con el hecho de escuchar es transmitir empatía, o la capacidad de ponerte en el lugar de la otra persona y ver el mundo desde su perspectiva. Pero el simple hecho de escuchar y comprender a los demás no será suficiente. Lo importante es *comunicar* a las otras personas que entiendes sus pensamientos y sentimientos.

¿Y cómo lo haces? Practicando adoptar el punto de vista de la otra persona utilizando *declaraciones reflexivas* o *reflejos*. Cuando utilizas reflejos, escuchas detenidamente lo que la otra persona dice y luego vuelves a expresar lo más importante que ha dicho. Pero esto no es un simplemente repetir como un loro. En lugar de eso, un reflejo es una declaración (a veces una suposición) acerca del significado de lo que la otra persona comunicó. Se basa en frases de *tú* porque se centran en la otra persona. Para empezar a desarrollar la habilidad de formar y usar reflejos, prueba frases como «Al parecer…» o «Entonces tú sientes…» o «Parece que…». Éstos son algunos ejemplos:

- *Al parecer* te estás sintiendo realmente afectada por la discusión con tu jefe.

- *Parece que* estás bastante harto de la situación.
- *Entonces tú* esperas poder tomarte unos días lejos del trabajo.
- *Te sientes* enojado porque no tuviste la oportunidad de hablar con ella directamente.
- *Tú consideras* que esa situación es injusta.

Los reflejos pueden parecer poco naturales al principio y la mayoría de la gente necesita tiempo para sentirse cómoda usándolos, así que espera que haya una pequeña curva de aprendizaje. Una de las mejores maneras de desarrollar la fluidez con esta habilidad es prestar atención a la reacción de la otra persona cuando usas un reflejo. Si tu reflejo es adecuado, la otra persona seguirá hablando, probablemente asentirá con la cabeza e incluso podría expresar estar de acuerdo de una forma entusiasta: «Sí, ¡lo has entendido perfectamente!». Cuando un reflejo no es adecuado, verás una expresión facial de desacuerdo y la otra persona te corregirá, posiblemente añadiendo información: «No, no estoy enojada porque llegó tarde. Es por el hecho de que me mintió».

Una vez más, no te limites a repetir como un loro lo que la otra persona dijo, palabra por palabra. En lugar de eso, intenta comprender el significado más profundo de la comunicación. Por ejemplo, si Kevin dice, «Estoy realmente furioso porque mi exmujer sigue interfiriendo continuamente con mis planes de visitar a los niños», no vas a decir simplemente, «Entonces estás furioso porque tu exmujer sigue interfiriendo continuamente con tus planes de visitar a los niños». Pero *podrías* decir, «Parece que realmente quieres ver a tus hijos» o «Entonces, tu ex está impidiendo que veas a los niños» o «Te sientes bastante enojado cuando piensas en su comportamiento». Intenta captar la esencia de lo que la otra persona te está contando. Si lo haces, verás a la persona asentir con la cabeza, continuar hablando del tema y posiblemente expresar que está de acuerdo contigo. Cuando uses un reflejo, muestra que realmente comprendes el punto de vista de la otra persona, independientemente de si estás totalmente de acuerdo con ella.

La técnica de reflejar es útil también cuando eres el objetivo de la ira de otra persona. Quizás tu pareja te ha acusado de ser poco cariñoso o tu hija adolescente se ha quejado de que no confías en ella. Utilizar el reflejo es una buena manera de mostrar que estás escuchando y es una de las mejores maneras de reducir la ira contra ti. Recuerda que el objetivo normalmente es llegar a un entendimiento mutuo y hallar una solución que funcione para los dos. Escuchar es siempre un importante primer paso hacia ese objetivo.

En términos generales, incorporar los reflejos en tu estilo interpersonal tiene muchos beneficios. Reflejar te permite entender mejor y aclarar lo que te están comunicando. Proporciona espacio para que la otra persona pueda hablar, ya que tú estás más concentrado en escucharla que en tratar de expresar tus propias opiniones. Cuando reflejas adecuadamente, la otra persona se siente comprendida. Reflejar se convierte en algo increíblemente valioso cuando has alcanzado un nivel de fluidez y puedes responder constructivamente a todo tipo de declaraciones en situaciones sociales.

Acércate a los demás con curiosidad y preguntas abiertas

¿Alguna vez has interactuado con alguien que te hizo una pregunta pero no estaba realmente interesado en tu respuesta? Era como si la otra persona estuviera simplemente esperando a su turno para hablar. ¿O has intentado alguna vez tener una conversación con alguien que te bombardeó con tantas preguntas que la conversación parecía más una entrevista o un interrogatorio? Para evitar cometer estos errores de comunicación, intenta extraer información de los demás de una forma que permita que la interacción entre la otra persona y tú parezca y *sea* una auténtica conversación. La clave es enfatizar las *preguntas abiertas* en tu estilo de comunicación.

Es posible que ya conozcas la diferencia entre preguntas abiertas y cerradas. En pocas palabras, una pregunta cerrada («¿Dónde te criaste?») puede ser respondida con una información mínima, mientras que una pregunta abierta («¿Qué recuerdas de tu primer día de colegio?») requiere una mayor elaboración. Pero utilizar preguntas abiertas en una conversación de la vida real es más difícil de lo que parece.

Cuando haces una pregunta abierta, es importante que la comuniques desde un punto de vista exploratorio, de curiosidad: «Cuéntame, ¿qué es lo que más te preocupa sobre tu hijo?». Las personas son realmente muy interesantes cuando te tomas el tiempo para entenderlas. Y después de hacer una pregunta abierta, empieza a escuchar y a utilizar reflejos. Cuando combines las preguntas abiertas con los reflejos, notarás una mejora en la calidad de tus conversaciones. Una vez al día, proponte hacer una pregunta abierta con verdadera curiosidad y luego pon en práctica escuchar reflexivamente.

Para ayudarte a la comprensión de las preguntas abiertas, la tabla 12.1 ofrece varios ejemplos de cómo una pregunta cerrada puede convertirse en una pregunta abierta. Cuando examines la tabla, fíjate que es probable que una pregunta abierta obtenga más información que un aluvión de preguntas cerradas. Una pregunta abierta produce más de una historia.

Tabla 12.1. Convertir preguntas cerradas en preguntas abiertas

Pregunta cerrada	Pregunta abierta
¿Estás casada? ¿Cuántos hijos tienes? ¿Tienes hijastros?	¿Cómo describirías a tu familia?
¿Estás trabajando? ¿Estás jubilado? ¿Cuántas veces has cambiado de trabajo?	¿Cómo ha cambiado tu carrera a lo largo de los años?
¿Tu supervisor te culpó por el error? ¿Ya estás harta de tu trabajo? ¿Vas a renunciar?	¿Cuáles son tus principales preocupaciones acerca de tu situación en el trabajo y tu relación con tu supervisor?

Proyecta una actitud optimista, positiva

Para ser más eficaz con las personas, es importante que desarrolles una actitud positiva, optimista. Esto no significa que no puedas hablar nunca de tus problemas o dificultades. Significa simplemente que deberías ser más consciente de lo que estás transmitiendo a los demás.

Una manera útil de pensar en este tema es ver la proporción de tus comentarios positivos y tus comentarios negativos en situaciones sociales. Si eres como la mayoría de las personas con las que hemos trabajado, el contenido de lo que dices a los demás a diario se ha vuelto automático y quizás sea excesivamente negativo.

Pam, una mujer de treinta y cuatro años, vivía en una gran ciudad cosmopolita y era una exitosa ejecutiva de una compañía de seguros. Era inteligente y tenía una situación económica holgada, pero tenía dificultades para salir con hombres y mantener amistades cercanas.

El problema era que, a pesar de que Pam era físicamente atractiva, pasar tiempo con ella era deprimente. En primer lugar, se quejaba continuamente de síntomas y molestias menores, como una erupción cutánea, un dolor en el tobillo o una simple fatiga. La mayoría de la gente perdía el interés en ella rápidamente y se alejaba después de unos minutos escuchando su historia sobre su última cita médica. En segundo lugar, la mayoría de sus comentarios espontáneos eran negativos. Por ejemplo, cuando salía a cenar con amigos a un restaurante, se quejaba incesantemente del servicio o la calidad de la comida. En tercer lugar, chismorreaba frecuentemente sobre otras personas, criticando sus conversaciones recientes con ella y hablando mal de lo que publicaban en las redes sociales. En cuarto lugar, incluso en las conversaciones más informales, Pam manifestaba su desacuerdo con tanta rapidez que parecía estar buscando una pelea.

En numerosas ocasiones, Pam se había ido de viaje en grupo a países extranjeros. Por lo general, esas aventuras empezaban bien, pero al final de las vacaciones Pam se encontraba desconectada y aislada

Este tipo de negatividad interpersonal ha sido representado de una forma divertida en los episodios de «Debbie Downer» en el programa *Saturday Night Live*. Pero en la vida real, este tipo de negatividad no es motivo de risa. Si no estás seguro de cuál es tu situación en este tema de la negatividad automática, trata de llevar un registro de tus comentarios y determinar cuántos son positivos y cuántos negativos durante una mañana o una tarde en el trabajo, en casa, con amigos o en tu relación amorosa. Si te inclinas a lo negativo en situaciones particulares o relaciones, entonces ésta podría ser la ocasión para que trabajes para proyectar una personalidad más alegre, positiva y optimista. No hay una sola manera de inyectar más positividad en tu estilo de comunicación, pero puedes empezar considerando las sugerencias que verás en el resto de este capítulo.

Lidera con calidez, empatía y humor

Resiste la tentación de iniciar discusiones de una forma que sea percibida como demasiado dura, excesivamente fijada en resolver un problema o simplemente negativa. Adquiere el hábito de intervenir en las conversaciones con calidez, empatía y humor. Luego, si es necesario, pasa a algo más centrado o más serio. Ésta es una directriz que se aplica tanto a la comunicación verbal como a la comunicación electrónica.

Pregúntale a tu compañero o compañera de trabajo, por ejemplo, cómo fue su fin de semana antes de entrar en detalles sobre el último informe presupuestario. Y no inicies la conversación con tu pareja diciendo, «Entonces el bobo de nuestro hijo Jack suspendió el examen de matemáticas, ahora tendremos que pensar en algún castigo». En lugar de eso, prueba este enfoque más cálido y empático: «Jack debe de haber estado tan absorto en su nuevo videojuego que no estudió para este examen. Estoy seguro de que yo hacía cosas así cuando estaba en la secundaria. Sentémonos con él y pensemos qué podemos hacer a continuación».

Practica estar de acuerdo con los demás

A menudo, en lugar de simplemente estar de acuerdo con lo que dice alguien, las personas responden hallando objeciones o señalando otras alternativas. Y a veces la gente expresa su desacuerdo sólo para mostrar su poder, hacer alarde de sus conocimientos o afirmar su dominio. Pero si estás de acuerdo, ¡simplemente di que estás de acuerdo!

Supongamos, por ejemplo, que Tyrone dice, «Ese restaurante fue realmente agradable. La comida estuvo riquísima». Su mujer podría responder diciendo, «Sí, pero el servicio era lento. ¿No te fijaste?». O, en lugar de eso, podría decir, «Sí, estoy de acuerdo. Regresemos la semana que viene». En otras palabras, hacer un comentario sobre el servicio realmente no es tan importante; ella puede simplemente estar de acuerdo en que la comida estuvo estupenda, y si Tyrone y ella regresan, probablemente tendrán un mejor camarero, la cocina no estará tan desbordada y el servicio será bueno.

Transmite buenas noticias

Como un primer paso, ¡deja de quejarte! La gente rara vez se siente atraída hacia las personas negativas. De modo que, encuentra cosas que están yendo bien en tu vida, y en las vidas de los demás, y acuérdate de mencionarlas en las conversaciones.

Por ejemplo, puedes contar a los demás tus éxitos más recientes, o hablar de algo que hiciste que fue divertido. Ciertamente, debes tener cuidado de evitar irte al otro extremo y dar la impresión de ser un fanfarrón egocéntrico, aunque una breve mención de algo positivo en tu vida suele ser aceptable. Pero lo que es incluso más importante es preguntar a los demás acerca de lo que está yendo bien en *sus* vidas.

Una vez más, la curiosidad, las preguntas abiertas y el escuchar reflexivamente puede ser útil.

Haz elogios

Algunas personas evitan hacer comentarios positivos, y eso es desafortunado porque los estudios psicológicos han mostrado que una manera poderosa de fortalecer un comportamiento deseable es mediante el refuerzo positivo, es decir, hacer cumplidos, elogiar y prestar atención a lo que consideramos que es un buen comportamiento.

Cuando haces comentarios positivos fortaleces tus relaciones, animas a los demás a continuar esforzándose para completar las tareas y te ayudas a ti mismo y a las otras personas a estar más en armonía. Con la práctica, hacer comentarios positivos te ayudará también a ser más extrovertido de una forma *agradable*. Si haces elogios a otras personas y expresas tu aprecio por ellas, se sentirán atraídas hacia ti.

Así que, adquiere el hábito de elogiar a los demás por los actos que valoras. Conviértete en un hábil observador de lo que las personas hacen bien y hazles saber que lo has notado. Demuestra que reconoces las habilidades, la capacidad, las fortalezas y los logros de los demás. Aquí, las claves son resaltar un comportamiento *específico,* ser genuino y evitar decir cosas que puedan parecer superficiales o poco sinceras. Practica hacer un elogio al día a alguien ¡y luego observa lo que ocurre! Éstos son algunos ejemplos de elogios efectivos:

- Realmente me gustó la forma en que te expresaste en la reunión el otro día, Dinh. Verdaderamente captaste las dificultades que tiene el equipo de ventas con este nuevo producto.
- Miki, parece que estudiar para ese examen de matemáticas valió la pena. Te he visto repasar el material en estas últimas noches. Parece que tus técnicas de estudio funcionaron. ¡Buen trabajo!
- Oye, Denise, gracias por acercarte a saludarme el otro día. Siempre me hace feliz tener noticias tuyas.
- ¡El nuevo programa que escribiste tiene muy buena pinta, Brad! Dos clientes ya me han dicho que les gustó mucho.

- Keith, tienes una cierta sabiduría que hace que los demás quieran hablar contigo.
- Escribiste un muy buen informe, Maurice. Era claro y reflexivo. Gracias por esforzarte tanto.

Acepta los cumplidos

Cuando las personas son elogiadas, suelen rechazar o restar importancia al reconocimiento de sus esfuerzos. Si ése es tu caso, practica aceptar los cumplidos. Por ejemplo, si una compañera de trabajo te dice, «Ésa fue una excelente presentación», no respondas, «No fue gran cosa». En lugar de eso, di, «Gracias por reconocer mi esfuerzo. Trabajé duro». O si tu cónyuge te dice, «Fue genial la forma en que ayudaste a Jane con sus deberes», puedes decir, «Gracias». Pero sería mejor si dijeras, «Gracias. He estado tratando de pasar más tiempo con ella y aprecio que lo hayas notado».

Una vez más, definitivamente no queremos que te conviertas en una persona con una imagen de ti mismo inflada. Más bien, nos gustaría que reconocieras que cuando te hacen un cumplido, te conviene aceptarlo plenamente. Cuando aceptes los cumplidos y des gracias a las personas por reconocer tus talentos o esfuerzos, llegarás a ser más consciente de tus habilidades personales y probablemente tus relaciones mejorarán.

Maneja la información negativa con delicadeza

Ciertamente, no toda comunicación es positiva. A veces incluye la discusión de problemas, dificultades y deficiencias. Te animamos a que seas especialmente cuidadoso cuando surja este tipo de situación complicada y que continúes con el objetivo de ser cálido, optimista y positivo. Entre las circunstancias más difíciles está el dar y recibir información negativa.

Dar información negativa

Si tienes que dar una información negativa a alguien, es mejor hacerlo en privado, ofreciendo apoyo, y con una voz lenta y tranquilizadora.

¿Cómo crees que se sintió Laura después de oír esta información que le dio Sofía? ¿Cómo crees que se hubiera sentido Laura si Sofía le hubiese dado el mensaje de otra manera?

Estar de acuerdo cuando te dan una información negativa

Cuando nos dan una información negativa, prácticamente todos tendemos a negarla o poner excusas. Por ejemplo, así es como Laura podría haber respondido a los comentarios de Sofía:

no parecen entender que sus hijos no están prestando atención en clase.
Ése es el motivo principal por el que sus notas son tan bajas».

Pero supongamos que Laura, en lugar de estar a la defensiva, ha respondido así:

«Gracias por señalarme esto, Sofía. Sé que a mis alumnos no
les está yendo tan bien como me gustaría, y no están al mismo nivel
que los estudiantes de otras clases. Aprecio tu sugerencia acerca
de reunirme con otros profesores y escuchar algunas ideas nuevas.
Las dos queremos que los niños tengan mejores resultados y aprendan
lo máximo posible en matemáticas este año. Hablaré con Elisa;
ella parece tener una buena conexión con sus alumnos. Veré si puede
darme algunos consejos. Gracias otra vez».

La negación y las excusas rara vez conducen a la mejora de uno mismo. Es importante que seas capaz de aceptar las críticas con gracia y considerar cuidadosamente si quieres cambiar tu comportamiento.

Deja de controlar

Muchas de las personas que tienen problemas de ira tienden a querer controlar las situaciones o a las personas. Si éste es tu patrón, a veces tu meta es obtener un objetivo deseado o lograr que los demás cumplan con tus exigencias, y en ocasiones simplemente quieres hacer lo que verdaderamente es mejor para la otra persona. El comportamiento controlador puede ser evidente o sutil, pero hay tres cosas que puedes hacer (o *dejar* de hacer) para interrumpirlo.

Abandona las críticas

Ser excesivamente crítico y sentencioso puede ser una manera de hacerte sentir mejor a ti mismo a expensas de otra persona. Después de todo, si una persona tiene defectos, entonces quizás tú te ves mejor. Pero la gran desventaja de elevarte a ti mismo de esta forma es que los efectos positivos, si es que los hay, son efímeros. El verdadero problema es que, a la larga, estar contigo es una pesadez. ¿Cuántas personas disfrutan pasando tiempo con alguien que siempre las está criticando?

Reduce el debate

Cuando estás discutiendo con alguien, probablemente no estás mejorando la relación. Las otras personas pueden tener opiniones distintas a las tuyas (sobre política, comida, películas, etc.) y las tendrán. De modo que, acepta esta realidad y evita el debate sin sentido.

Sin duda, hay ocasiones en las que es apropiado expresar el desacuerdo con otras personas, pero hay una manera de hacerlo que produce una mejora en la comunicación.

- Tricia le dice a Louis, «Creo que nuestra hija se ve estupenda con ese vestido». Louis dice, «El vestido está bien, pero hace que se vea gorda». Una mejor respuesta de Louis sería, «Respeto tu opinión, pero no estoy de acuerdo. Me preocupa que ese vestido no la favorece. ¿Qué piensas tú?»
- En el concesionario de automóviles, Stephanie le dice a Alex, «¡Me encanta este descapotable! ¡Es precioso!». Alex le responde, «Realmente no entiendes mucho sobre el valor de las cosas. El precio es excesivo para lo que es». En lugar de eso, Alex podría decir, «Quizás te sorprenda oír esto, pero yo lo veo de otra manera. El maletero es realmente pequeño. Y los kilómetros por litro son muy pocos, así que llenar el depósito sería muy caro. No estoy seguro de que este coche se adecúe a nuestro presupuesto. ¿Qué piensas?».

Cuando estés en desacuerdo con otra persona, ella probablemente querrá defender su postura. Ésa es una tendencia natural, como hemos visto. Pero la gente puede tener desacuerdos legítimos y es posible que las otras personas se beneficien al conocer tus opiniones e ideas. Si eres capaz de transmitir tu mensaje de una forma respetuosa, en un tono de voz calmado y relajado, y de invitar a la otra persona a que exprese su punto de vista, entonces ambos tendréis la mejor oportunidad para un intercambio constructivo y para aprender el uno del otro.

Deja de ofrecer los mejores consejos de experto del mundo cuando no son deseados

Ofrecer consejos que no te han pedido. Proporcionar soluciones no deseadas. Dar sermones. Tus intenciones son buenas, pero eres percibido como alguien condescendiente y degradante. Si este patrón encaja contigo, he aquí una recomendación: frena y *pide permiso* antes de dar consejos u ofrecer una solución.

- «Natalie, he estado pensando en el problema que mencionaste el otro día y se me ocurrió algo que te podría ayudar. ¿Te lo puedo contar?».
- «Bill, tengo un amigo al que le ocurrió lo mismo que a ti. ¿Te puedo decir lo que hizo que le funcionó?».
- «He visto este tipo de cosas ocurrir antes en este sector. ¿Te puedo contar lo que hicimos hace unos años para manejar el problema?».

Mantén tus relaciones conflictivas al mínimo

Los adversarios en tu carrera, en tu familia y en tus relaciones románticas pueden alimentar tu negatividad y agotar tu energía emocional. Recuerda que la forma en que tu vida resulte ser tiene mucho que ver con la forma en que manejas tu mundo social. Tu éxito depende del apoyo de otras personas, pero cuando esas personas están a un lado deseando que fracases, entonces no conseguirás el éxito.

Por eso, una buena norma en la vida es intentar limitar el número de relaciones verdaderamente conflictivas. O, para expresar esta idea de una manera más sencilla, no colecciones enemigos. Lo que esto significa en la práctica es que evitar los problemas, suavizar los desacuerdos y dejar pasar las cosas siempre que puedas. (Para un comentario más detallado de estas habilidades, *véase* el capítulo 5).

Puntos clave

✓ La mayor parte de la ira se da entre las personas. Por lo tanto, aprender a ser más eficaz en las interacciones con los demás será de gran ayuda para reducir tu ira y vivir una vida más feliz.

✓ Una interacción eficaz implica ser consciente de tu lenguaje corporal (incluyendo las expresiones faciales, los gestos y la postura) así como el uso del contacto visual y el espacio interpersonal.

✓ Puedes usar los reflejos para lograr escuchar mejor y mostrar empatía.

✓ Tus interacciones mejorarán si adquieres el hábito de acercarte a los demás con curiosidad y haciendo preguntas abiertas.

✓ Iniciar una conversación con calidez, empatía y humor puede ayudarte a proyectar una actitud positiva y optimista. Otras formas de ayudar a proyectar positividad incluyen estar de acuerdo con los demás, transmitir buenas noticias y dar y aceptar elogios.

✓ Si evitas criticar, debatir y presentarte como un experto o una experta, dejarás de dar la impresión de querer controlar a otras personas durante una conversación.

✓ En general, es mejor mantener las relaciones conflictivas al mínimo.

CAPÍTULO 13

Estrategia diez: Expresa tu ira de una forma asertiva y productiva

El camino al poder no es la dominación de los demás, sino la capacidad de expresar tu punto de vista. La distinción fundamental es la diferencia entre agresividad y asertividad.[1]

HARA ESTROFF MARANO

Ahora que has desarrollado algunas habilidades sociales e interpersonales *(véase* capítulo 12), es hora de construir sobre esos cimientos pasando a una discusión sobre ser asertivo: la última estrategia SMART para «escoger y usar» para la reducción de la ira. En este capítulo aprenderás las diferencias entre las respuestas *asertivas, verbalmente agresivas y no asertivas* ante un problema. Además, desarrollarás una comprensión de cómo reconocer y hacer valer tus derechos en un conflicto o una situación decepcionante sin perder la capacidad de apreciar los puntos de vista y los derechos de las otras personas. Al practicar repetidamente las técnicas de asertividad que se describen en este capítulo, desarrollarás un estilo de vida asertivo.

Por muy buenas que sean tus relaciones con los miembros de tu familia y con tus compañeros de trabajo, en ocasiones se comportarán mal y te sentirás molesto, enojado e incluso furioso. Descubrirás que esta estrategia es especialmente útil cuando te sientes enojado y deseas expresar tu enojo, pero de una forma que no eche a perder tus relaciones.

¿Es adecuado expresar tu enfado cuando las personas actúan de una forma desconsiderada, irritante e irrespetuosa? Quizás pienses que la expresión del enojo no sólo es adecuada, sino también requeri-

---

1. Hara Estroff Marano, «Assertive, Not Aggressive», *Psychology Today*, 9 de junio de 2016.

da para que los demás sepan exactamente cuál es tu postura, así que lo dejas salir todo tal como lo sientes. Sin embargo, desafortunadamente, es posible que a los demás no les gusten tus reacciones intensas y podrías sufrir la pérdida de relaciones familiares, amistades, empleos, etc. O quizás pienses que *no* está bien expresar tu ira, porque no crees tener las habilidades para hacerlo en una situación difícil. Simplemente no sabes qué decir. Es posible que te preocupe que, si te expresas, la conversación se tornará más acalorada y se convertirá en una discusión. En consecuencia, es posible que no seas sincero respecto a tus sentimientos porque en el pasado has tenido dificultades para controlar tus reacciones coléricas. Quizás no digas nada y eches humo en silencio cuando las personas te tratan mal. Este enfoque suele producir un resentimiento que se va acumulando. Luego, cuando finalmente te expresas, es posible que lo hagas con excesiva fuerza y agresividad y, por lo tanto, de una forma ineficaz. Éste es un patrón común en las personas que tienen dificultades con la ira: no saben cómo expresar sus sentimientos de una manera productiva, o cómo pedir directamente lo que quieren. Si estos patrones encajan contigo, entonces es hora de que aprendas a ser más asertivo al tratar con otras personas.

En 1970, los psicólogos Robert Alberti y Michael Emmons desarrollaron la formación en asertividad.[2] Aprender a ser asertivo va de la mano con mantener tu ira bajo control. De hecho, la formación en asertividad es una de las técnicas más poderosas para el control de la ira que haya sido desarrollada jamás por psicólogos. Las técnicas de asertividad te ayudan a expresar tus reacciones emocionales de una forma apropiada, a defender tu posición en los conflictos y a negociar soluciones con los demás de una manera justa y razonable. Estas técnicas también minimizan los bloqueos emocionales que te impiden actuar en tu propio interés.

---

2. Véase Robert Alberti y Michael Emmons, *Your Perfect Right: Assertiveness and Equality in Your Life and Relationships*, 10.ª ed. (Oakland: Impact, 2017).

Los objetivos de actuar con asertividad

Cuando actúas de una forma asertiva, utilizas las palabras y el comportamiento apropiados mientras intentas reducir el conflicto y trabajar con los demás para hallar soluciones a los problemas que sean mutuamente aceptables. Fíjate que dijimos «intentas». Creemos que la comunicación asertiva te ofrece las mayores posibilidades de solucionar las cosas, pero no es una garantía.

Judith es una ejecutiva de cuarenta y dos años, casada, con dos hijos pequeños. Generalmente se lleva bien con Malaya, su jefa. No obstante, Judith se enoja cuando Malaya le programa viajes de negocios fuera de la ciudad sin avisarle con suficiente antelación para que los viajes no interfieran con sus obligaciones familiares. Para cumplir con las expectativas de Malaya, Judith normalmente cancela los planes con su familia. Por otro lado, aparenta ser flexible y complaciente, pero en su interior se siente enojada y resentida, y está pensando en buscar otro empleo.

Miguel, un recién casado de veintiocho años, simplemente fue informado por su mujer, Angie, de que celebrarían la Nochevieja con su madre. Con frecuencia, ella se compromete (y compromete a Miguel) a pasar tiempo con su familia, pero sin consultarle a él primero, aunque normalmente él lo acepta. Pero las reuniones con la familia de Angie no acaban bien porque Miguel suele perder los estribos por cualquier cosa poco importante que Angie dice o hace durante la visita.

Si Judith y Miguel se relacionaran de una forma asertiva con las personas que hacen detonar sus episodios de ira, podrían ser capaces de encontrar soluciones razonables. Por ejemplo, si Judith expresara sus preocupaciones de una forma asertiva, quizás Malaya la escucharía y cambiaría la forma en la que programa sus viajes. De igual manera, si Miguel le hablara asertivamente a Angie acerca de cómo los dos podrían programar los eventos de fines de semana y vacaciones de una forma que diera una consideración apropiada a los deseos de la madre de Angie, podrían ser capaces de idear un plan satisfactorio para todos.

Si la asertividad funciona para ti y reduce los conflictos y las molestias en tu vida, ¡fantástico! Pero somos realistas y entendemos que es posible que la asertividad por sí sola no siempre dé el resultado deseado. Por eso normalmente acompañamos las técnicas de asertividad con una o varias otras estrategias SMART de «escoger y usar» para el control de la ira. Si descubres que las técnicas de asertividad por sí solas son ineficaces, puedes añadir otra técnica para ayudarte a reducir la ira mientras trabajas para encontrar una solución.

Objetivos a corto plazo

A corto plazo, el objetivo de la comunicación asertiva es trabajar con otra persona para resolver un problema en particular. Pero la ira que se desarrolla a partir de un conflicto, un rechazo y un trato injusto suele interferir con los pensamientos claros sobre potenciales soluciones y con la capacidad de la gente de trabajar junta. En otras palabras, normalmente hay un bagaje emocional que debe ser reconocido y sacado a la luz para que se pueda hallar una solución.

Ciertamente, una solución mutuamente satisfactoria depende de la situación, así como de cuán cooperadora sea la otra persona. A menudo, cuando el enfado entre dos personas es relativamente leve, es posible proponer ideas para una solución. Por ejemplo, Judith y Malaya podrían decidir que Judith proporcionará a Malaya una lista de fechas de viaje viables y que Malaya consultará dicha lista antes de programarle un viaje fuera de la ciudad. Cuanto más razonable sea Malaya como líder, y cuanto más respete y valore a Judith como empleada, más probable será que lleguen a un acuerdo. Pero si la ira de Judith hacia Malaya es intensa y se expresa de una forma inapropiada, o si Malaya está enfadada con Judith, entonces el enojo entre ellas tendrá que resolverse para que puedan alcanzar y aceptar una solución.

Objetivos a largo plazo

El objetivo a largo plazo de la asertividad es el desarrollo de una forma automática de hacer frente a las situaciones difíciles, una que implique no sólo expresar los sentimientos, sino también hallar soluciones. Miguel, por ejemplo, que está recién casado, puede esperar que haya muchos más conflictos familiares en el futuro; eso es normal en cualquier matrimonio. Por lo tanto, sería útil que Miguel aprendiera a responder automáticamente de una forma que le permita dar una expresión apropiada a su enfado, al tiempo que también comunica su deseo de resolver el problema en cuestión. Cuanto más automática sea la asertividad de Miguel, más probable será que tenga una vida tranquila y feliz.

Cuándo ser asertivo

No es necesario ser asertivos en todas las situaciones. Una vez más, no todo comportamiento desagradable deben enfrentarse, no todos los desacuerdos deben discutirse y no todos los problemas pueden resolverse. Tienes que escoger qué problemas exigen una reacción asertiva y cuáles puedes dejar ir. En algunas situaciones, pueden ser de utilidad otras estrategias SMART para «escoger y usar», como realizar cambios en tu estilo de vida (capítulo 4), eludir las provocaciones (capítulo 5), perdonar (capítulo 9) y relajarte (capítulo 10). Pero si un problema persiste en una relación que tú valoras, entonces vale la pena dedicar tiempo y energía a intentar mejorar la situación mediante una comunicación asertiva.

Cómo ser asertivo

Cuando expresas tus pensamientos y sentimientos asertivamente, te comunicas de una forma directa, sincera y apropiada. Comunicarte de una forma *directa* significa encontrarte con la persona con la que tienes un conflicto y hablar con ella, o escribirle. En cambio, la comunicación indirecta incluye contar chismes, quejarte o hacer que otra persona transmita tu mensaje. Comunicarte de una forma *sincera* y *apropiada* significa expresar tus sentimientos, creencias, deseos, opiniones y preferencias verdaderos en el momento adecuado; sin sarcasmo, sin gritos, sin exageración y sin hablar sin parar.

¿Cómo podría haber respondido asertivamente Judith después de que Malaya, su jefa, le programara los viajes de negocios sin haberle consultado primero? ¿Cómo podría haberle respondido Miguel a Angie, su esposa, cuando ésta le informó de que había hecho planes para los dos para Nochevieja sin haberle preguntado cómo quería él pasar esa noche?

> *Judith*: Malaya, me sentí confundida y un poco molesta cuando me enteré de que me habías programado un viaje sin consultarme antes. Fue un problema para mí. Me gustaría hablar contigo acerca de cómo podríamos hacer la programación de mis viajes juntas en el futuro, para que pueda funcionar mejor para ambas.

> *Miguel*: Angie, me sentí molesto cuando oí que íbamos a ir a casa de tu madre para Nochevieja. Realmente me sorprendió que no lo confirmaras conmigo. Me gustaría que habláramos sobre esto y pensemos cómo podemos estar más en armonía en el futuro.

Las respuestas asertivas de Judith y de Miguel tienen los mismos elementos esenciales y ambos transmiten el mismo mensaje general:

1. Esto es *lo que yo siento*.
2. Éste es el *comportamiento que a mí no me gustó*.
3. Esto es *lo que a mí me gustaría*.

Fíjate en el uso de las palabras «yo» y «a mí». Una frase asertiva normalmente empieza con «Yo siento…» porque ese tipo de declaración hace que la comunicación sea más humana, más personal y más auténtica. Puede ser una declaración en respuesta a algo que se ha hecho, como «Yo me sentí _________________________ cuando tú…».

O puede ser una declaración en respuesta a algo que se ha dicho, como por ejemplo, «Yo me sentí _________________ cuando tú dijiste…». ¿Te has fijado qué es lo que no hay en estas dos declaraciones? Dos cosas: acusación (*«Tú hiciste* que me enfadara») y exageración («Te has comportado de una forma tan irrespetuosa que *no quiero volver a verte nunca más»).*

Resumiendo, hay tres pasos para crear y dar una respuesta asertiva:

1. Dar a la otra persona un mensaje claro respecto a *cómo te sientes,* pero de una forma no tan enérgica que luego ya no quiera volver a hablar contigo.
2. Identifica el *comportamiento específico* que encuentras problemático.
3. Expresa *lo que tú querrías en lugar de eso.*

¿Cómo se ve esta fórmula en acción? Supongamos que un amigo tuyo tiene la costumbre de cancelar vuestros encuentros sin avisarte con suficiente antelación. La próxima vez que esto ocurra, tu respuesta podría ser «¡Nunca se puede contar contigo!». O, en lugar de eso, podrías decir, «Me sentí molesto cuando me cancelaste el almuerzo en el último minuto». Luego, podrías proponer una solución: «En el futuro, me gustaría que quedemos para almorzar sólo los fines de semana, para que el trabajo no interfiera. ¿Qué te parece?». Fíjate que esta respuesta también invita a tu amigo hablar un poco más contigo sobre el tema.

Para que puedas sentirte cómodo con esta fórmula de tres pasos para la asertividad, tendrás que repetirla varias veces. La mejor manera de hacerlo es trabajar con el ejercicio práctico 13. La figura 13.1 muestra las respuestas de Miguel a este ejercicio.

¿«Yo me siento...» o «Yo siento que...»?

Como un primer paso en la comunicación asertiva, es importante que digas cómo te estás sintiendo. ¡Pero cuidado! Si empiezas diciendo, «Yo siento que…», no podrás expresar un sentimiento, como «Yo me siento molesto» o «Me siento preocupado». Lo que probablemente estarás expresando será algún tipo de juicio. «*Yo siento que* deberías tratarme mejor» no es lo mismo que «*Me sentí triste* cuando no me llamaste por mi cumpleaños». La primera declaración implica una crítica. La segunda transmite información sobre ti.

Parte 1. Plantea el problema

Describe brevemente un caso reciente de un problema continuo que tú crees que puede resolverse con técnicas de asertividad.

Angie, mi mujer, le dijo a su madre que pasaríamos la Nochevieja en su casa sin habérmelo comentado primero. Quiero mucho a mi suegra, pero no me gustó que no me tuviera en cuenta al planear una fiesta tan importante.

Figura 13.1. Las respuestas de Miguel al ejercicio práctico 13.

Parte 2. Crea una respuesta asertiva

Utiliza la fórmula de tres partes para crear y expresar una respuesta asertiva al problema que detonó tu ira.

Yo me sentí… (Escribe un sentimiento: molesto, incómodo, extraño, preocupado, triste…)
realmente sorprendido y molesto

…cuando tú… (Identifica el comportamiento específico que no te gustó)
le dijiste a tu madre que iríamos a su casa en Nochevieja sin haberme consultado primero.

Me gustaría… (Propón una solución o pídele a la persona que hable del tema contigo)
hablar contigo primero sobre este tipo de planes para que tomemos las decisiones juntos y no me coja desprevenido otra vez.

Figura 13.1 bis. Las respuestas de Miguel al ejercicio práctico 13.

Diferenciar las respuestas asertivas, verbalmente agresivas y no asertivas

Cuando respondes con agresividad verbal, expresas tus sentimientos y pensamientos, pero a expensas de la otra persona. Intentas tomar el control de la situación hablando con fuerza, exagerando deshonestamente tus reacciones y pasando por alto los derechos de la otra persona. El mensaje que transmites es que tus ideas son absolutamente correctas y que la otra persona es tonta si piensa de una forma distinta. Así es como sonarían Judith y Miguel si respondieran a sus respectivas situaciones con agresividad verbal:

Judith: Malaya, fuiste realmente desconsiderada cuando me programaste ese viaje. ¡Toda la relación con mi hija se ha echado a perder! No voy a tolerar este tipo de estupideces en el futuro.

Miguel: Escucha, Angie. Me puse furioso cuando me enteré de que íbamos a pasar la Nochevieja en casa de tu madre. ¡Nos estropea todas las fiestas! ¿Qué diablos te pasa? No voy a ir y ya está. Deberías tener más cuidado con este tipo de cosas.

En ambas respuestas, el mensaje es «Yo tengo la razón y tú estás equivocada», «Esto es lo que quiero y no me interesa lo que tú quieres» y «¡Más te vale hacer las cosas a mi manera!». Las palabras transmiten egocentrismo, acusación y amenaza. Las respuestas verbalmente agresivas no son eficaces y pueden ser arriesgadas. Por ejemplo, Judith podría arriesgarse a ser despedida y Miguel probablemente crearía hostilidad y distancia entre su mujer y él. Recuerda, el objetivo en un conflicto es abrir la comunicación, pero los mensajes verbalmente agresivos suelen hacer que la otra persona se cierre o se enoje contigo poniéndose a la defensiva.

Cuando respondes de una forma no asertiva, dejas de lado tus propios sentimientos y deseos para complacer a los demás. Te guardas tu enojo en tu interior, permaneces en silencio y evitas el conflicto. Así es como sonarían Judith y Miguel si respondieran de una forma no asertiva a sus respectivas situaciones:

Judith: Antes de que programaras mi viaje, había planeado ir al concierto escolar de mi hija, pero no te preocupes. Simplemente le compré un helado cuando llegué a casa. Habrá muchas oportunidades para ir a otros conciertos.

Miguel: Esperaba que pudiéramos pasar la Nochevieja con nuestros amigos, pero podemos ir a casa de tu madre. No me importa.

Todos dejamos de lado nuestros propios deseos de vez en cuando para evitar un conflicto o para complacer a alguien. Pero ser habitualmente no asertivo interfiere con tu capacidad de construir relaciones cercanas y sinceras y puede producir una baja autoestima, tensión y trastornos físicos como dolores de estómago y problemas para dormir.

A la larga, la agresividad verbal y la falta de asertividad conducen al fracaso. Ninguna de las dos respuestas puede crear el tipo de comunicación abierta que caracteriza una buena relación con tu cónyuge, tus hijos, tu pareja, tus amigos y conocidos y tus compañeros de trabajo.

El equilibrio entre tus derechos y los de la otra persona

Supongamos que tienes un problema persistente con otra persona y le has dicho cómo te sientes, lo que no te gusta y lo que te gustaría que ocurriera en lugar de eso. Hasta ahí, todo bien. Pero ¿y si la otra persona quiere algo distinto? ¿Cómo puedes ser asertivo y, aun así, respetar las necesidades o los deseos de la otra persona?

En ocasiones hay reglas, políticas o leyes específicas que regulan el comportamiento. Por ejemplo, muchas asociaciones de condominios exigen que los propietarios presenten una solicitud para obtener el permiso para cambiar plantas o el color de la puerta delantera, y la mayoría de los lugares de trabajo tienen políticas que rigen la duración de la jornada laboral, la programación de las vacaciones, el comportamiento entre compañeros de trabajo, etc. Pero en la mayoría de las situaciones en las que se desencadena tu ira no hay una política establecida o una autoridad legal. Es posible que creas que has sido tratado injustamente, mal, que has sido rechazado, desatendido, incomprendido o que te han faltado al respeto. Lo que debes recordar es que el objetivo de ser asertivo no es ganar y salirte con la tuya cada vez, a toda costa. El objetivo es encontrar una solución mutuamente satisfactoria, y eso significa que tienes que pensar un poco en el equilibrio entre lo que tú quieres y lo que la otra persona quiere.

Ferdinand, un fontanero de treinta y siete años, trabajaba para una empresa pequeña en crecimiento que atendía a hogares de la zona suburbana. Últimamente, tenía la impresión de que Armando, su jefe, se estaba aprovechando de él porque lo enviaba a atender muchas llamadas durante la noche. Ferdinand había acudido a atender catorce llamadas de ese tipo en los dos últimos meses, pero su colega Max sólo había sido enviado a atender tres. Ferdinand estaba enojado por tener que pasar tantas noches lejos de su familia y amigos, y se acercó a su jefe de una forma asertiva.

«Armando –le dijo–, me gustaría hablar contigo. Ayer me sentí realmente molesto. Me enviaste a atender esa llamada muy tarde y dejaste que Max se fuera a casa temprano. Ésa ha sido la quinta vez en esta semana. Me gustaría encontrar una mejor solución para las ocasiones en las que hay un aumento de las llamadas nocturnas, de manera que no tenga que atenderlas todas yo».

La respuesta de Armando lo sorprendió.

«Ése ha sido un verdadero problema –dijo Armando–. Max ha tenido un problema de salud, así que se cansa con facilidad, y al parecer no puede trabajar bien de noche. Su médico no sabe qué es lo que le ocurre. Es posible que tarde un tiempo en averiguarlo».

La respuesta de su jefe obligó a Ferdinand a tomar una decisión. Tenía que balancear sus propios derechos con los de Max y con lo que era mejor para la empresa. Ferdinand quería una distribución más equitativa del trabajo nocturno, pero decidió ayudar a Max y a la empresa asumiendo la carga de trabajo adicional durante otras seis u ocho semanas. Estrictamente hablando, su decisión no produjo una solución que fuera justa para él, pero Ferdinand consideró que estaba haciendo lo correcto.

Unos dos meses más tarde, el estado de Max empeoró y tomó la baja médica. Armando contrató a dos fontaneros adicionales, pidió a Ferdinand que ejerciera de supervisor y le dio un aumento; todo ello porque Ferdinand había demostrado ser un buen comunicador y que era flexible y estaba dispuesto a ayudar encontrando una solución viable a un problema inesperado.

La ilusión óptica que aparece en la figura 13.2 es una buena representación de algo que puede verse de dos maneras distintas, mutuamente exclusivas. John y Peter tienen dos impresiones distintas de la imagen y ambos tienen razón. En este momento están discutiendo sobre el número de barras que hay en la imagen (John ve cuatro y Peter ve tres), pero lo que cada uno de ellos podría hacer en lugar de eso es practicar ver la imagen desde la perspectiva del otro. Ésa es una técnica útil para cualquiera que desee evadir el conflicto comprendiendo por qué la otra persona dice lo que dice y hace lo que hace.

John: «Veo cuatro barras Definitivamente hay cuatro».

Peter: «¿Qué? ¿Estás loco? ¡Vuelve a mirar! Obviamente, sólo hay tres barras».

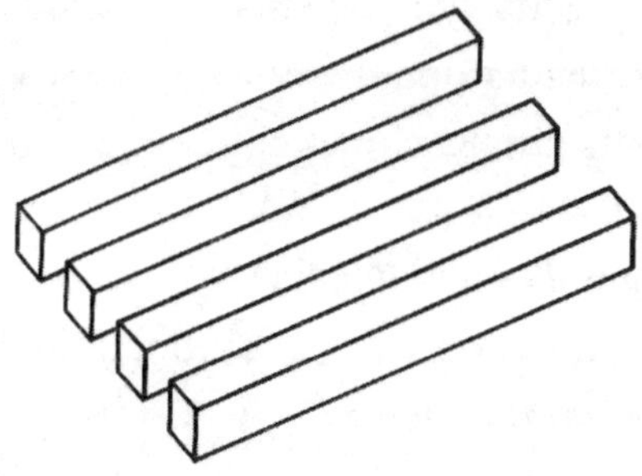

Figura 13.2. Perspectivas distintas.

¿Por qué no darle un uso práctico a esa ilusión óptica? Piensa en un conflicto que tengas con alguien. Primero, describe el conflicto desde tu propio punto de vista. Puedes describírselo a un amigo o una amiga, o puedes describirlo en voz alta para ti mismo. (Si estás hablándote a ti mismo en público, ¡asegúrate de tener un teléfono móvil en la mano!). Luego, imagina que eres la otra persona que participa en el conflicto. Describe el problema desde el principio, desde la perspectiva de la otra persona, y asegúrate de describir tantos elementos del conflicto como puedas desde su punto de vista. Si no estás acostumbrado a pensar de esta manera, te resultará difícil considerar el problema desde cualquier otra perspectiva que no sea la tuya. Pero adoptar el punto de vista de la otra persona puede proporcionarte una verdadera comprensión del conflicto. ¡Pruébalo!

Desarrollar un estilo de vida asertivo

Cuando seas asertivo, asegúrate de mirar a la otra persona y de relajarte. Utiliza no sólo las habilidades sociales e interpersonales que aprendiste en el capítulo 12, sino también las técnicas de respiración profunda que aprendiste en el capítulo 10. Mantén una actitud agradable y utiliza un tono de voz firme. Sé consciente de la importancia de transigir y recuerda que tu tarea consiste en hallar soluciones en las que ambos salgáis ganando. Escucha siempre a la otra persona –después de todo, a la gente le gusta saber que es escuchada– y sé consciente de tu lenguaje corporal. La práctica y la repetición te ayudarán a hacer que la asertividad sea tu forma natural de reaccionar. He aquí algunas técnicas para trabajar en tus interacciones cotidianas con otras personas.

Practica las declaraciones de «sentimiento»

Describe lo que estás sintiendo (no pensando) o lo que sentiste (no pensaste) usando frases como éstas:

- Me estoy sintiendo enfadado mientras escucho cómo me estás describiendo.
- Ahora mismo siento que me estás faltando al respeto, porque no me estás permitiendo contar mi versión de la historia.
- Me estoy sintiendo frustrando, porque parece que lo único que me dices es que estoy equivocado.
- Me sentí enfadado cuando…
- Me sentí molesto cuando…
- Me sentí incómodo cuando…
- Me sentí feliz cuando…
- Me sentí irritado cuando…
- Me sentí bien cuando…

Acostúmbrate a usar este tipo de frases poniéndote a tí mismo la tarea de hacerlo dos veces al día durante siete días. Expresa los sentimientos negativos así como los positivos, pero no te excedas, o podrías parecer una persona egocéntrica. Nota que cuando te sugerimos frases para describir eventos negativos, a menudo usamos la palabra «molesto» en lugar de «enojado» o «furioso». Aunque es posible que en realidad tengas un sentimiento intenso o moderadamente intenso, en la mayoría de las situaciones que incluyen un conflicto social la palabra «molesto» será mejor recibida que una palabra más fuerte.

Expresa tus deseos y preferencias

Practica hablar de maneras que expresen tus opiniones o deseos. Quieres que tu mensaje sea personal y claro, y deseas indicar que estás compartiendo algo que tiene importancia. Una vez más, no expreses tus preferencias todo el tiempo, sino practica hacerlo una o dos veces al día. Éstos son algunos ejemplos:

- Me gustó esta película.
- Me encanta el Museo de la Ciencia.
- Preferiría una pizza esta noche.
- Realmente me gustaría que…
- Me gustaría ir a _________________ en nuestras vacaciones.
- Espero verte otra vez.

Describe el comportamiento y las situaciones con precisión y sin exagerar

Cuando estés hablando con otras personas, recuerda que tus comentarios deberían ser específicos y precisos en lugar de ser generales y excesivos. Describe un comportamiento concreto en lugar de hacer generalizaciones excesivas. He aquí algunos ejemplos:

- No me gustó la película porque se me hizo demasiado larga.
- Realmente disfruté la fiesta porque Jackie se tomó la molestia de presentarme a todos sus amigos.

- El parque de atracciones no fue tan divertido como esperaba porque las colas eran demasiado largas.
- Jason fue realmente desconsiderado hoy porque estuvo escribiendo mensajes de texto mientras yo intentaba hablar con él.

Recuerda, los elementos esenciales de una respuesta asertiva son: (1) «Así es como me siento», (2) «Éste es el comportamiento que no me gustó» y (3) «Esto es lo que me gustaría». Expresar el enojo de una forma asertiva y productiva es la última de las diez estrategias SMART para «escoger y usar», y ciertamente te deseamos buena suerte en tu misión de reducción de la ira. Pero hay dos cosas más que debemos mencionar:

1. Supongamos que has trabajado diligentemente con las diez estrategias, pero todavía estás experimentando una ira problemática. Ese problema se trata en el capítulo 14, «What If I Still Get Angry?».
1. ¿Cómo puedes combinar la reducción de la ira con técnicas que directamente aumenten la felicidad? Ese tema se trata en el capítulo 15, «Live a Happier Life».

Ambos capítulos se encuentran en la parte 6 de este libro, que te puedes descargar desde www.newharbinger.com/42266

Puntos clave

✓ Ser asertivo significa (1) expresar tus pensamientos y sentimientos de una forma directa, sincera y apropiada; (2) defender lo que deseas y (3) negociar soluciones mutuamente deseables con la otra persona.

✓ No es necesario ser siempre asertivo. Tendrás que decidir qué situaciones merecen tu tiempo y energía.

✓ La agresividad verbal y las acusaciones empeoran las situaciones porque hacen que los demás se cierren y aumentan las probabilidades de que las personas se enojen contigo.

✓ No ser asertivo significa renunciar a tus propios deseos y evadir los problemas para complacer a los demás. Un patrón persistente de falta de asertividad interfiere con la creación de relaciones cercanas, sinceras y saludables.

✓ Es importante tener en cuenta el punto de vista de la otra persona.

✓ Ser asertivo no significa salirte con la tuya a toda costa. Requiere que seas cuidadoso respecto al equilibrio entre lo que tú quieres y lo que la otra persona quiere.

Lectura sugerida para los temas de los capítulos

Introducción

Deffenbacher, J. L.: «Evidence for Effective Treatment of Anger-Related Disorders». En *Anger-Related Disorders: A Practitioner's Guide to Comparative Treatments*, ed. E. L. Feindler. Nueva York: Springer, 2006.

Kassinove, H. y Raymond, C. T.: «Application of a Flexible, Clinically Driven Approach for Anger Reduction in the Case of Mr. P». *Cognitive and Behavioral Practice* 18 (2011), 222-234.

Tafrate, R. C. y Kassinove, H.: «Anger Management for Adults: A Menu-Driven Cognitive-Behavioral Approach to the Treatment of Anger Disorders». En *Anger-Related Disorders: A Practitioner's Guide to Comparative Treatments*, ed. E. L. Feindler. Nueva York: Springer, 2006.

Capítulo 1

DiGiuseppe, R. y Tafrate, R.C.: *Understanding Anger Disorders*. Nueva York: Oxford University Press, 2007.

Kassinove, H., ed.: *Anger Disorders: Definition, Diagnosis, and Treatment*. Washington, D.C.: Taylor & Francis, 1995.

Mostofsky, E.; Maclure, M.; Hofler, G. H.; Muller, J. E. y Mittleman, M. A. «Relation of Outbursts of Anger and Risk of Acute Myocardial Infarction». *American Journal of Cardiology* 112 (2013), 343-348.

Potegal, M., y Novaco, R.: «A Brief History of Anger». En *International Handbook of Anger*, ed. M. Potegal, M. Stemmler, y C. Spielberger. Nueva York: Springer, 2010.

Capítulo 2

Averill, J. R.: «Studies on Anger and Aggression: Implications for Theories of Emotion». *American Psychologist* 38 (1983), 1145-60.

Capítulo 3

Miller, W. R. y Rollnick, S.: *Motivational Interviewing: Helping People Change.* 3.ª ed. Nueva York: Guilford Press, 2013.

Schumacher, J. A. y Madson, M. B.: *Fundamentals of Motivational Interviewing: Tips and Strategies for Addressing Common Clinical Challenges.* Nueva York: Oxford University Press, 2015.

Tafrate, R. C. y Kassinove, H.: «Angry Patients: Strategies for Beginning Treatment». En *Roadblocks in Cognitive-Behavioral Therapy: Transforming Challenges into Opportunities for Change*, ed. R. L. Leahy. Nueva York: Guilford Press, 2003.

Capítulo 4

Coccaro, E. F.; Fridberg, D. J.; Fanning, J. R.; Grant, J. E.; King, A. C. y Lee, R.: «Substance Use Disorders: Relationship with Intermittent Explosive Disorder y with Aggression, Anger, and Impulsivity». *Journal of Psychiatric Research* 81 (2016), 127-32.

Elliot, A. J. y Aarts, H.: «Perception of the Color Red Enhances the Force and Velocity of Motor Output». *Emotion* 11 (2011), 445-49.

Krizan, Z. y Herlache, A. D.: «Sleep Disruption and Aggression: Implications for Violence and Its Prevention». *Psychology of Violence* 6 (2016), 542-52.

Kwong, M.: «The Impact of Music on Emotion: Comparing Rap and Meditative Yoga Music». *Inquiries Journal/Student Pulse* 8:5 (2016). www.inquiriesjournal.com/a?id=1402

Toohey, M. J. y DiGiuseppe, R.: «Defining and Measuring Irritability: Construct Clarification and Differentiation». *Clinical Psychology Review* 53 (2017), 93-108.

Capítulo 5

Lohr, J. M.; Olatunji, B. O.; Baumeister, R. F. y Bushman, B. J.: «The Psychology of Anger Venting and Empirically Supported Alternatives That Do No Harm». *Scientific Review of Mental Health Practice* 5 (2007), 53-64.

Seidman, S. A. y Zager, J.: «A Study of Coping Behaviours and Teacher Burnout». *Work & Stress* 5 (1991), 205-16.

Capítulo 6

D'Zurilla, T. y Goldfried, M. R.: «Problem Solving and Behavior Modification». *Journal of Abnormal Psychology* 78 (1971), 107-26.

Nezu, A. M. y Nezu, C. M.: «Problem Solving». En *Psychopathology and Health*, ed. J. C. Norcross, G. R. VandenBos, D. K. Freedheim, y N. Pole. Vol. 4 del *APA Handbook of Clinical Psychology*. Washington, D.C.: *American Psychological Association*, 2016.

Nezu, A. M.; Nezu, C. M. y D'Zurilla, T. J.: *Problem Solving Therapy: A Treatment Manual.* Nueva York: Springer, 2013

Capítulo 7

Ellis, A. y Tafrate, R. C.: *How to Control Your Anger Before It Controls You. Secaucus,* NJ: Carol Publishing, 1998.

Capítulo 8

Eifert, G. H.; McKay, M. y Forsyth, J. P.: *ACT on Life, Not on Anger: The New Acceptance and Commitment Therapy Guide to Problem Anger.* Oakland: New Harbinger, 2006.

Gardner, F. y Moore, Z.: *Contextual Anger-Regulation Therapy.* Nueva York: Routledge, 2014.

Kolts, R.: *The Compassionate Mind Guide to Managing Your Anger: Using Compassion-Focused Therapy to Calm Your Rage and Heal Your Relationships.* Oakland: New Harbinger, 2012.

Capítulo 9

ENRIGHT, R. D.: *8 keys to forgiveness*. Nueva York: Norton, 2015.

ENRIGHT, R. D. y FITZGIBBONS, R. P.: *Forgiveness Therapy: An Empirical Guide for Resolving Anger and Restoring Hope*. Washington, D. C.: *American Psychological Association*, 2015.

Capítulo 10

FRIED, R.: *Breathe Well, Be Well: A Program to Relieve Stress, Anxiety, Asthma, Hypertension, Migraine, and Other Disorders for Better Health*. Nueva York: Wiley, 1999.

GOYAL, M.; SINGH, S. y SIBINGA, M. S.: «Meditation Programs for Psychological Stress and Well-Being: A Systematic Review and Meta-Analysis». *JAMA Intern Med* 174: 3 (2014), 357-68.

JACOBSON, E.: *You Must Relax: Practical Methods for Reducing the Tensions of Modern Living*. 5.ª ed. Nueva York: McGraw-Hill, 1978.

KABAT-ZINN, J.: *Wherever You Go, There You Are: Mindfulness Meditation in Everyday Life*. Nueva York: Hyperion, 1994.

PLUTCHIK, R.: *Emotions and Life: Perspectives from Psychology, Biology and Evolution*. Washington, D. C.: *American Psychological Association*, 2003.

Capítulo 11

DEFFENBACHER, J. L. y MCKAY, M.: *Overcoming Situational and General Anger: A Protocol for the Treatment of Anger Based on Relaxation, Cognitive Restructuring, and Coping Skills Training*. Oakland: New Harbinger, 2000.

GRODNITZKY, G. R. y TAFRATE, R. C.: «Imaginal Exposure for Anger Reduction in Adult Outpatients: A Pilot Study». *Journal of Behavior Therapy and Experimental Psychiatry* 31 (2000), 259-79.

TAFRATE, R. C. y KASSINOVE, H.: «Anger Control in Men: Barb Exposure with Rational, Irrational, and Irrelevant Self-Statements». *Journal of Cognitive Psychotherapy* 12 (1998), 187-211.

Capítulo 12

Ames, D.; Maissen, L. B. y Brockner, J.: «The Role of Listening in Interpersonal Influence». *Journal of Research in Personality* 46 (2012), 345-49.

Ekman, P.: *Emotions Revealed: Recognizing Faces and Feelings to Improve Communication and Emotional Life*. Nueva York: Owl Books, 2003.

Kowalski, R. M.: «Aversive Interpersonal Behaviors: On Being Annoying, Thoughtless and Mean». En *Behaving Badly: Aversive Behaviors in Interpersonal Relationships*, ed. R. M. Kowalski. Washington, D. C.: *American Psychological Association*, 2001.

Moyers, T. B. y Miller, W. R.: «Is Low Empathy Toxic?» *Psychology of Addictive Behaviors* 27 (2013), 878-84.

Rosengren, D. B.: *Building Motivational Interviewing Skills: A Practitioner Workbook*. 2.ª ed. Nueva York: Guilford Press, 2018.

Capítulo 13

Paterson, R. J.: *The Assertiveness Workbook: How to Express Your Ideas an Stand Up for Yourself at Work and in Relationships*. Oakland: New Harbinger, 2000.

Lectura recomendada para problemas relacionados con la ira

Los siguientes libros tratan sobre los problemas que pueden superponerse a tu ira.

ADDIS, M. E. y MARTELL, C. R.: *Overcoming Depression One Step at a Time: The New Behavioral Activation Approach to Getting Your Life Back* (Oakland: New Harbinger, 2004).

ALBERTI, R. y EMMONS, M.: *Your Perfect Right: Assertiveness and Equality in Your Life and Relationships*, 10.ª ed. (Oakland: Impact, 2017).

BARLOW, D. H.; FARCHIONE, T. J.; SAUER-ZAVALA, S.; LATIN, H. M.; ELLARD, K. K.; BULLIS, J. R.; BENTLEY, K. H.; BOETTCHER, H. T. y CASSIELLO-ROBBINS, C.: *Unified Protocol for Transdiagnostic Treatment of Emotional Disorders: Workbook*, 2.ª ed. (Nueva York: Oxford University Press, 2017).

DALEY, D. C. y MARLATT, G. A.: *Overcoming Your Alcohol or Drug Problem: Effective Recovery Strategies Workbook*, 2.ª ed. (Nueva York: Oxford University Press, 2006).

EDINGER, J. D. y COLLEEN, E. C.: *Overcoming Insomnia: A Cognitive-Behavioral Therapy Approach*, 2.ª ed. (Nueva York: Oxford University Press, 2014).

HORVATH, T.: *Sex, Drugs, Gambling, and Chocolate: A Workbook for Overcoming Addictions*, 2.ª ed. (Oakland: Impact, 2004).

KNAUS, W.: *End Procrastination Now! Get it Done with a Proven Psychological Approach* (Nueva York: McGraw-Hill, 2010).

Leahy, R. L.: *The Worry Cure: Seven Steps to Stop Worry from Stopping You* (Nueva York: Three Rivers Press, 2005).

McKay, G. D. y Maybell, S. A.: *Calming the Family Storm: Anger Management for Moms, Dads, and all the Kids* (Oakland: Impact, 2004).

Miller, W. R. y Muñoz, R. F.: *Controlling Your Drinking: Tools to Make Moderation Work for You*, 2.ª ed. (Nueva York: Guilford Press, 2013).

Mullen, S.: *Real Food Heals: Eat to Feel Younger and Stronger Every Day* (Nueva York: Avery, 2017).

Rothbaum, B.; Foa, E. y Hembree, E.: *Reclaiming Your Life from a Traumatic Experience: A Prolonged Exposure Treatment Program* (Nueva York: Oxford University Press, 2007).

APÉNDICE B

Información para encontrar un terapeuta

Los estudios han demostrado sistemáticamente que las personas que siguen un tratamiento presentan mejoras sustanciales en la reducción de la ira. Considera la posibilidad de contactar con una, o más de una, de estas organizaciones, las cuales te podrán ayudar a encontrar un terapeuta cualificado en tu localidad.

Academy of Cognitive Therapy

http://academyofct.org
Haz clic en *Get Connected* en el botón que pone *Find a Therapist* para llegar a la página *Find a Certified CBT Therapist*.

The Albert Ellis Institute

http://albertellisinstitute.org
Haz clic en *Find a Therapist* en la parte superior de la página para encontrar a un terapeuta en tu localidad.

American Psychological Association

http://apa.org
Haz clic en *Psychology Help Center* en la parte superior de la página para ir al enlace *Find a Psychologist*.

Association for Behavioral and Cognitive Therapies

http://abct.org

Haz clic en *Find Help* en la parte superior de la página y luego en el enlace *Find a CBT Therapist.*

Motivational Interviewing Network of Trainers (MINT)

http://www.motivationalinterviewing.org

Haz clic en *Trainers/MINT Members* en la parte superior de la página para llegar a un mapa en el que se muestran las localidades en las que puedes encontrar profesionales.

Las universidades que tienen programas de doctorado en Psicología son otra importante fuente de información para encontrar terapeutas. Puedes contactar con el Departamento de Psicología de alguna universidad cercana para ver si ellos tienen una clínica de formación, o quizás ellos te puedan recomendar a un terapeuta cualificado en tu localidad. Y, ciertamente, puedes ponerte en contacto con los autores en nuestras sedes universitarias.

Raymond Chip Tafrate es psicólogo clínico y profesor en el Departamento de Justicia Criminal y Criminología en la Universidad Estatal de Connecticut Central. Es socio y supervisor en el Albert Ellis Institute en Nueva York y miembro de la Motivational Interviewing Network of Trainers. Asesora con frecuencia a las agencias y programas de justicia penal acerca de problemas difíciles de cambiar como la desregulación de la ira y el comportamiento delictivo. Es coautor de varios libros y ha presentado sus investigaciones en Norteamérica, Europa, Asia y Australia.

Howard Kassinove es un psicólogo clínico titulado, expresidente del Departamento de Psicología de la Universidad de Hofstra y exdirector del programa de doctorado de Psicología Clínica y Escolar. Kassinove es miembro de la American Psychological Association, la American Psychological Society, el Albert Ellis Institute y la Behavior Therapy and Research Society. Editor de *Anger Disorders,* ha publicado más de sesenta artículos y ha dado numerosas conferencias en Estados Unidos, Europa y Asia.

El autor del prólogo, **Matthew McKay,** es profesor en el Wright Institute en Berkeley, California. Es autor y coautor de numerosos libros, incluyendo *The Relaxation and Stress Reduction Workbook, Self-Esteem, Thoughts and Feelings* y otros más. McKay recibió su doctorado en Psicología Clínica de la California School of Professional Psychology y se especializa en el tratamiento cognitivo conductual de la ansiedad y la depresión. Vive y trabaja en el área de la bahía de San Francisco.

Índice